LIU SHAOQI

# 刘少奇

## 哲学思想研究

ZHEXUE

SIXIANG

YANJIU

商孝才 著

黄河出版传媒集团
宁夏人民出版社

**图书在版编目（CIP）数据**

刘少奇哲学思想研究 / 商孝才著. -- 银川：宁夏人民出版社，2020. 8
ISBN 978-7-227-07260-7

I. ①刘… II. ①商… III. ①刘少奇（1898–1969）– 哲学思想 – 研究 IV. ①B261

中国版本图书馆 CIP 数据核字（2020）第 175425 号

**刘少奇哲学思想研究** 商孝才 著

责任编辑 杨海军 管世献
责任校对 陈 晶
封面设计 张 宁
责任印制 马 丽

黄河出版传媒集团
宁夏人民出版社 出版发行

出 版 人 薛文斌
地 址 宁夏银川市北京东路 139 号出版大厦（750001）
网 址 http://www.yrpubm.com
网上书店 http://www.hh-book.com
电子信箱 nxrmcbs@126.com
邮购电话 0951-5052104 5052106
经 销 全国新华书店
印刷装订 宁夏凤鸣彩印广告有限公司
印刷委托书号 （宁）0018673

开本 787 mm × 1092 mm 1/16
印张 21
字数 305 千字
版次 2020 年 8 月第 1 版
印次 2020 年 8 月第 1 次印刷
书号 ISBN 978-7-227-07260-7
定价 53.00 元

# 出版说明

《刘少奇哲学思想研究》第一版于1993年由宁夏人民出版社出版，全书210千字。该书作者商孝才先生是华东师范大学哲学系教授，已退休。商先生自20世纪80年代初就开始研究刘少奇的哲学思想，从研究成果来看，一直持续到2000年初。他经常参加全国性的刘少奇思想理论学术研讨会。1998年11月，他应邀赴北京人民大会堂出席由中共中央召开的“刘少奇同志诞辰一百周年纪念大会”；2018年11月，他已82岁，还应邀亲赴湖南长沙参加由中共中央党史和文献研究院、中共湖南省委联合举办的“刘少奇与中华民族伟大复兴”学术研讨会，以纪念刘少奇诞辰120周年。正如商先生所说，研究刘少奇几乎耗费了其毕生的精力，所以，他是名副其实的刘少奇研究专家。

1993年《刘少奇哲学思想研究》在我社出版以来，受到理论界的关注，《人民日报》等报刊发表了多篇书评，得到了社会各界的好评，产生了良好的社会效果。发表在《人民日报》1994年4月18日，由华东师大原副校长林远先生撰写的评介文章认为：“善于利用矛盾的统一性解决党内矛盾、人民内部矛盾、经济建设中的矛盾等等，是刘少奇哲学思想的重要特色。”“实践证明，刘少奇关于矛盾统一性的思想，其理论价值和实践意义是重大和深远的，在当前，对我们建设有中国特色的社会主义有特殊的意义。”《中国哲学年鉴》（1994）“新书选介”栏目发表的由北京大学哲学系教授李清崑撰写的评介文章说，《刘少奇哲学思想研究》是“中国第一部研究刘少奇哲学思想的著作，填补了中国当代哲学思想研究的一个空白，具有一定的开拓性”。发表在《江汉论坛》1994年第5期，由湖北社会科学院荣开明教授撰写的评论文章认为，本书是刘少奇理论研究的又一崭新成果，作者潜心研讨的“必然逻辑是激励人们运用刘少奇为之做出了巨大贡献的毛泽东思想，去深刻理解和正确掌握邓小平有中国特色的社会主义理论，进而为深化改革、扩大开放、促进发展、保持稳定提供锐利的思想武器”。

本次再版因为加入了作者新的研究内容，因此全书分上、下篇。上篇保留了《刘少奇哲学思想研究》第一版的全部内容，订正了部分错讹之处；下篇则又把商先生 1993 年之后关于刘少奇哲学思想研究的多篇成果增加进来，进一步丰富了原书内容，将刘少奇哲学思想研究引向深入，论证其哲学思想对建设有中国特色社会主义的理论价值和深远的历史意义。同时，为表示对本书第一版责任编辑张钟和先生的尊重，在下篇的最后，我们把本书第一版出版后张先生写下的一篇书评加入进来，以此记录并感谢他对《刘少奇哲学思想研究》第一版出版所做的贡献。

希望本书的再版能够持续推动理论界对刘少奇哲学思想的研究，推动相关研究同新时代我国社会主义现代化建设和党的建设等实际更好地结合起来，并向纵深发展。

宁夏人民出版社

2020 年 7 月

# 目 录
# CONTENTS

## 上 篇

## 下　篇

# 上篇

SHANG PIAN

# 导 论

刘少奇是伟大的无产阶级革命家，是我们党杰出的马克思主义理论家、思想家。他在长期的革命和建设的具体实践中，一贯重视学习和研究马克思主义哲学，并创造性地运用马克思主义哲学的基本原理，解决中国革命和建设实践所遇到的实际问题，进而形成了一整套带有鲜明特色的哲学思想，为毛泽东哲学思想的形成与发展做出了独特的贡献。

## （一）刘少奇对马克思主义哲学体系的探索

刘少奇的哲学思想见于他的大量的讲话和论著中，体现在他的实际工作中。他依据实事求是的哲学方法，对马克思主义的哲学体系做过深入的探索。

1941 年 10 月 3 日，刘少奇在华中局党校做了一次讲演，题目是《人为什么犯错误?》，副标题是“矛盾、立场与对矛盾之处理方针”。这个报告是讲党的建设问题，而对马克思主义哲学体系也做了较为系统的探索。他从研究人的问题入手，分析物质观、运动观、时空观、真理观等，讲到马克思主义哲学的基本观点和基本法则。他突出论述了主观和客观、对立统一的矛盾法则，同时也讲了质和量、否定之否定这两个哲学规律，最后讲了“哲学中的诸范畴”。这个哲学体系结构对于我们今天探讨马克思主义哲学体系有重要的启示。

1. 明确了哲学研究的对象

刘少奇在《人为什么犯错误？》的第二部分“我们的哲学”中，开宗明义地指出：“哲学是研究自然、社会、思维的（不是特殊的）发展的法则的学问，它所研究的范围，包括自然科学、社会科学、思维方法论，总之，一般的运动法则——这是我们关于哲学的定义。”他从此出发，展开了全书的结构。刘少奇在这里给我们明确了哲学与各门具体科学之间是一般与特殊的关系，用个别的具体科学代替或取消哲学的研究是不对的，把自然辩证法和历史唯物论的研究排除在马克思主义哲学之外也是不对的。

2. 马克思主义哲学体系是开放的

马克思主义哲学体系是开放的，不断发展的，不是凝固不变的。马克思在《资本论》等著作中表述了辩证唯物论和历史唯物论。恩格斯在《反杜林论》等著作中，在系统批驳杜林的唯心主义和形而上学论点时，较系统地表述了新的哲学体系。列宁在《唯物主义和经验批判主义》《哲学笔记》等著作中，根据当时斗争的需要，突出了认识和对立统一规律问题，并提出了唯物辩证法体系的设想。斯大林在《苏联共产党（布）党史简明教程》中，提出了辩证唯物主义和历史唯物主义的新体系。毛泽东在延安时期，根据当时斗争的需要，撰写了《实践论》《矛盾论》和《辩证唯物论（讲授提纲）》，依据马克思主义哲学的基本观点，对哲学体系进行了独立的创造和发展。刘少奇在1941年给党校学习的干部从哲学的高度讲人为什么犯错误，如何少犯错误与及时改正错误的道理时，他没有拘泥于斯大林的哲学体系，也没有拘泥于毛泽东的《实践论》《矛盾论》和《辩证唯物论（讲授提纲）》，而是从所论问题的实际需要出发，根据实际和理论的发展情况阐发马克思主义哲学的基本原理。他这种实事求是的精神是永远值得我们学习和发扬的。

3. 在学术研究中要有追求真理的勇气

斯大林提出辩证唯物主义和历史唯物主义哲学体系之后，苏联和中国哲学界曾奉其为正宗，不敢越雷池一步。在当时，刘少奇没有照搬斯大林的哲学体系，而是依据马列主义哲学的基本原理，突出了对立统一规律和主观与客观的矛盾运动。他指出：“辩证法有诸范畴，而最基本的范畴，则是对立统一的法则”；“任何一个矛盾，都有统一性和斗争性”，但是，“矛盾的最基本的性质是矛盾的统一性”；等等。这不仅表现了刘少奇在理论上有胆有识，而且表现了他对毛泽东的《实践论》和《矛盾论》的捍卫、丰富和发展，表现了他追求真理的勇气。

4. 重视对人的研究

刘少奇十分重视对人的研究。他在 1941 年 6 月专门写了《人的阶级性》一文，1941 年 10 月又写了《人为什么犯错误？》，并在此文的第一部分“人”中，对人性问题做了精辟的阐发。他在人的问题上的基本思想是：人具有两种属性，“即人的自然性和人的社会性”；人的社会性在阶级社会中便是人的阶级性，而党性则是阶级性的最高表现；人性不是抽象的、固定不变的，而是具体的、发展的。社会实践和科学理论的发展证明，刘少奇关于“人”的理论是科学真理，完全符合马克思列宁主义的基本原理。我们长期把“人”的研究排除在哲学研究之外，是完全错误的。

《人为什么犯错误？》是一篇哲学著作，但是，主旨不是写体系严密的哲学，而是从世界观的高度研究分析（中国共产党）人“为什么犯错误”这个党的建设的重大课题。所以，在开宗明义地提出人为什么犯错误的问题之后，立即从“人的二重性”分析主观与客观之间的矛盾是人之所以犯错误的基本原因；依据马克思主义哲学的基本观点和基本法则，具体分析了矛盾的基本属性，分析了人的认识上的错误；从立场与对事物的处理方针的角度，分析了人的立场上的错误。这种从中国革命的实际问题出发，有的放矢地研究马克思主义哲学的做法，是刘少奇坚持实事求是的哲学方法，把马克思主义普遍原理同中国革命的具体实践相结合的具体表现。

## （二）唯物辩证法的基本法则

什么是哲学？刘少奇说：“哲学是研究自然、社会、思想的一般的发展法则的学问，它所研究的范围，包括自然科学、社会科学、思想方法论，总之，一般的运动法则——这是我们关于哲学的定义”，“我们的哲学叫辩证唯物论，或唯物辩证法”。刘少奇强调哲学是唯物论和辩证法的统一，自然观和历史观的统一，是研究“一般运动的法则”。

客观世界有哪些运动法则呢？第一，世界是物质的，“人类的思想是物质的属性，是发展到最高度的头脑的运动”，“生命与思想，都是一种物质运动的形态”。第二，一切物质都是运动的，而不是静止的、固定的和不生不死的，“一切事物都是过程，都有其空间性和时间性。任何过程永不重复，历史永不打转身”，“运动乃是螺旋的运动形态，曲线的运动，不是单纯的循环”。第三，一切事物，一切现象，都与其他事物、其他现象互相联系、互相制约、互相影响，并不是孤立的、与其他事物无关的存在。“物质的存在及其可认识性，就是由于事物之相互关联、相互依存、相互制约、相互矛盾，而又相互影响。”第四，一切事物内部都是矛盾的结构，“因此，事物的运动，是其内部运动，矛盾之相互制约、斗争，就是事物之运动、发展”。我们观察任何事物，都必须从客观的发展与事物之相互关系去观察，必须从其矛盾内部去观察，才能认识事物的本质。第五，矛盾的形式可分为两大类：一类是基本上对抗的矛盾，“这一矛盾的发展，一定表现为外力的冲突，与不可调和的状态”；另一类是基本上不对抗的矛盾，“可以调和的矛盾，可以相互斗争，又可以相反相成的矛盾。这种矛盾的解决是可以用改良方法取得的”。刘少奇还明确指出：“如果我们把矛盾性质认识错了，我们在实践上就要犯错误。”第六，任何一个矛盾，都有统一性和斗争性，但是，“矛盾的最基本的性质是矛盾的统一性”。两个相反的东西，在一定条件下，可以结合成为一个新东西。但是，“矛盾的结合，不是把两种对立矛盾消灭，而是保持着两种矛盾的性质，并不是完全打成一片，完全溶解，它们仍然相互矛盾着斗争着”。第七，任何矛盾都是普遍性和特殊性的统一。任何事物从发生、发展到死亡的全过程都是矛盾的，“矛盾不是在事物发展中间半途插进去的，而是随事物之出现就发生了的”。一切差别，一切不同的东西，在一定条件下，都可能发展成为矛盾，“差别亦是矛盾之一种形态”。但是，“差别的东西，是没有形成的矛盾，是矛盾的萌芽，是可能发展成为矛盾而尚未形成的矛盾”，不要把“差异就是矛盾”简单化。任何矛盾都具有特殊性。宇宙中一切事物都是多样的，是错综复杂的，“世界上没有两个完全相同的东西，绝对相同的东西（数学上的等号）是假设的”，这样就构成了事物的多样性。“事物的这种多样性，是由于矛盾的特殊性规定的。”[1]因此，我们在思想方法上，既要不怕矛盾，又要具体地把握矛盾的特殊性质，进而认识事物的本质特点。以上是刘少奇关于唯物辩证法基本观点和基本法则的概述。刘少奇认为，这些基本观点和基本法则都是对客观物质世界的反映，人们遵循它们就能有效地认识世界和改造世界；违背它们，在社会实践活动中就会受挫折或遭到失败。人们犯错误，就是对唯物辩证法基本观点和基本法则的背离。

唯物辩证法要求人们按照事物的一般法则去观察事物和处理问题，按照客观事物的发展和联系的规律，全面地客观地去看问题，从而得出正确的结论，作为我们行动的正确向导；形而上学却习惯于从事物的静止的、孤立的状态去看事物，片面地主观地去看问题，因而不能得出正确的结论，不能提出指导我们行动的正确方针。“左”倾冒险主义犯错误，就在于他们观察问题的主观性和片面性。

### （三）刘少奇哲学思想的基本特征

刘少奇哲学思想是马克思主义哲学基本原理在中国革命和建设的具体实践中的运用和发展，是毛泽东哲学思想的重要组成部分，是具有鲜明的中国特色的马克思主义哲学。

1. 实事求是是刘少奇哲学思想的核心

实事求是是马克思列宁主义普遍原理与中国革命的具体实践相结合的根本体现，是毛泽东思想的精髓，是中国共产党人在中国革命和建设的长期艰苦斗争中，逐步形成的根本立场、观点和方法，是中国共产党人的思想路线及其一切言行的准则。刘少奇哲学思想是毛泽东思想的重要组成部分，因此，在刘少奇哲学思想的丰富内容中，其核心也是实事求是，实事求是贯穿

---

①刘少奇：《人为什么犯错误？》，1941 年 10 月 3 日。

于刘少奇哲学思想的各个方面。

刘少奇在近半个世纪的革命活动中一直把实事求是作为研究问题的科学方法。他反复强调，我们研究问题和办事情，一定要从实际出发，而不要“从主观愿望出发”。我们订计划、指导工作，都要符合客观实际。当客观实际发生了变化，我们的认识也要随着客观实际的发展而不断前进。他坚决反对经验主义和教条主义，坚决反对在我们党内长期存在的公式化、刻板化和僵化的思维模式。在党的建设问题上，他强调实事求是地开展党内斗争，有“左”反“左”，有右反右，什么也没有，那就什么也不反。他认为，坚持实事求是，既是工作路线问题又是党性问题。他希望共产党员做老实人，办老实事。他极为痛恨弄虚作假、瞒上欺下的恶劣作风。在实际工作和经济建设中，他反复强调，要善于调查研究，深入了解实际情况，搞经济建设必须从中国的实际国情出发，否则，就要碰钉子，革命和建设就要受挫折。

刘少奇认为，坚持实事求是，就是坚持真理，因此，“坚持实事求是，必须有高度的革命精神、革命勇气才能做到”①。没有革命勇气，就不敢实事求是。只要有了革命的勇气和革命的精神，就“什么话也敢讲，就敢于实事求是，敢于坚持真理”②。可见，刘少奇对实事求是思想的论述是深刻的，是他的哲学思想的最大特色。

2. 强调实践对理论的基源性和优越性

刘少奇十分强调社会实践在社会生活和认识过程中的决定作用，强调一切从实际出发、理论联系实际。在长期的革命和建设实践中，一方面，他坚决反对轻视理论的重要性，轻视理论对实践的指导作用的错误倾向，强调没有马克思列宁主义理论做指导，中国革命就不能达到胜利；另一方面，他又坚决反对脱离实际的“学院式”的研究马克思列宁主义理论的做法。他说：

①《刘少奇选集》上卷，人民出版社 1981 年版，第 313 页。

②《刘少奇选集》下卷，人民出版社 1985 年版，第 439 页。

“轻视实践的重要性，轻视实践对理论的基源性与优越性”[①]，是极端错误的。他在《人为什么犯错误?》一文中还明确讲道，人之所以区别于其他动物，即在于“人有思想、能改造世界、能进行生产、能认识客观世界的规律性”。他在这里强调的是，人之所以区别于其他动物的根本点在于，人在社会生产劳动中认识世界和改造世界。

刘少奇特别强调实践在人们的认识过程中的决定作用。第一，实践是认识的来源。客观世界只有成为人们的实践对象时，才能成为人们的认识对象。任何认识都是通过人们的社会实践活动产生的。“一个人如果不懂得正确的意见只能是对于实际事物的客观的全面的反映，而坚持要按自己的主观的片面的想法去办事，那末，即使他有一切善良的动机，也还是会犯或大或小的错误。因此，为了避免犯错误，必须正确地认识客观实际，正确地辨明是非。”[②]第二，实践是认识发展的根本动力。刘少奇在《人为什么犯错误?》一文中指出：“人类的认识过程是与人类社会发展阶段相适应的，是进步与发展的过程。人类在实践中每一个新的发明，能使人类的认识前进一步，都是主观与客观的矛盾进一步的统一，因之，人类的认识，也向真理逼进一步，或进一步获得真理。”不仅如此，由于“客观世界是不断在发展着的，不断产生新的事物，因之，人类的认识就要被迫着不断地去了解客观发展的世界”。把人们认识发展的动力归结为人类的“求知欲”“好奇心”等原因是错误的。第三，实践是检验认识正确与否的根本标准。马克思早就指出：“人的思维是否具有客观的真理性，并不是一个理论问题，而是一个实践问题。人应该在实践中证明自己的思维的真理性。”[③]刘少奇在长期的理论研究活动中，始终坚持这一马克思主义基本观点。他强调任何认识和理论都必须到实践中检验，在实践中修改它、补充它。1948 年 10 月，他在同华北记者

①《刘少奇选集》上卷，人民出版社 1981 年版，第 218 页。

②《刘少奇选集》下卷，人民出版社 1985 年版，第 265 页。

③《马克思恩格斯全集》第 1 卷，人民出版社 1972 年版，第 16 页。

团的谈话中指出："党的政策是否正确要在群众中考验。你们要把党的政策执行结果如实告诉我们，中央时刻在准备考验自己的政策。中央是这个样子，各级党委也应该是这样子。如果政策有错误，就修正它，如果它是不完全的，就把它补充得完全起来。"[①]第四，实践是认识的目的。他在《人为什么犯错误？》中明确讲："人类认识本质之目的，即在寻求事物运动的法则。把握法则，能使我们从复杂的现象中找出一定的规律，即找出事物一定的发展方向，指出事物的前途，以及将来大体的推测。"但"有了法则的认识"并不是目的，其目的"而在于拿了这种对于客观规律性的认识去能动地改造世界"。所以，实践是认识的出发点，又是认识的归宿点。

3. 能动的矛盾学说

刘少奇哲学思想的又一特点是能动性，即强调在坚持唯物辩证法的对立统一规律、主观与客观相统一原则的基础上，主观必须积极地、主动地去反映和反作用于客观，充分发挥矛盾的统一性在事物发展中的作用。

唯物辩证法告诉我们，一切事物内部都是矛盾的结构，矛盾双方的相互制约和斗争推动事物的运动及发展。矛盾的两种根本属性是矛盾的同一性（统一性）和斗争性。在事物发展过程中，斗争性是绝对的，统一性是相对的，刘少奇也是坚持马克思主义这一基本原则的。他认为"矛盾的统一性和斗争性是矛盾的两重性"，"事物之统一，亦是斗争的一种形态，相互依赖是斗争，相互渗透亦是斗争，对立物之统一是事物之相反相成的形态"。[②]但是，他强调："矛盾的最基本性质是矛盾的统一性。"这是刘少奇哲学思想中最引人注目的部分。

矛盾的斗争性和统一性在事物发展中的地位和作用虽然不同，但都是不可缺少的。只有矛盾的统一性和斗争性相结合，才能推动事物的运动、变化和发展。而在重视矛盾的斗争性在事物发展中的作用的同时，充分发挥矛盾

①《刘少奇选集》上卷，人民出版社 1981 年版，第 403 页。

②刘少奇：《人为什么犯错误？》，1941 年 10 月 3 日。

的统一性的作用，则更有利于减少阻力，使矛盾得到顺利解决，推进事物的发展。刘少奇在长期的革命实践和哲学理论研究中格外重视矛盾统一性的作用。他认为，解决非对抗性的矛盾，解决党内问题，“我们的方针应是利用矛盾的统一性（不去扩大它的斗争性）”，就是带有敌对性质的矛盾，只要双方都采取利用矛盾的统一性及双方的一切优点，“那对于促进矛盾的和解是更有利的，可以得到相反相成的效果”。[①]无论在民主革命时期，还是在社会主义革命和建设时期，刘少奇都反复强调，我们要自觉地“利用矛盾的统一性及双方的一切优点，来推动和促进这个矛盾的和解和妥协（经过适当的斗争），以达到双方团结一致，共同努力进行生产的目的”，而不要“利用矛盾的斗争性及双方的一切弱点，进行挑拨，来推动与促进这个矛盾的斗争和破裂”。[②]经过十年“文化大革命”，当人们从斗争的狂热转入冷静的反思时，对刘少奇关于矛盾统一性的论述，才有了更深刻的认识。随着社会的发展、人类的进步，刘少奇的这一哲学思想——“矛盾的最基本性质是矛盾的统一性”，必将得到越来越深刻的研究和发挥。

我们必须指出的是，刘少奇强调矛盾的统一性及其作用，并不否认矛盾的斗争性及其在事物发展中的作用。他始终坚持革命的、能动的矛盾学说。1957 年 4 月 27 日，他在中共上海市委召开的党员干部大会上的讲话中明确指出：“我们共产党人不是斗争的嗜好者，我们在主观上没有必要去故意地、人为地使斗争激烈化，使斗争紧张起来，似乎非要斗一下我们才舒服，不斗一下就不过瘾。但我们也不害怕斗争，在需要用强硬的斗争的办法来解决矛盾的时候，我们是不吝惜斗争的。我们采取什么方针和方法来解决矛盾，不是凭主观愿望决定的，而是由客观矛盾的性质决定的。只在必要的时候才采取强力的办法、压服的办法。”[③]可见，刘少奇的能动的矛盾学说，是与形而上学、“调和论”、“斗争绝对论”有着原则的区别。能动的矛盾学说是刘少奇哲学思想的一个重要的理论特色。

---

①②③《刘少奇选集》下卷，人民出版社 1985 年版，第 96、94、302 页。

4. 独具特色的两类矛盾学说

刘少奇哲学思想的第四个特征是他在关于历史唯物主义的诸多论述中所集中体现的两类社会矛盾学说。他认为，用马克思主义的社会历史观作指导，科学地分析和解决社会主义制度下存在的两类不同性质的社会矛盾，正确处理居于社会生活中主要地位的人民内部矛盾，是推进社会主义事业不断向前发展的关键问题。

历史唯物主义认为，阶级和阶级斗争是一种历史现象，它必将随着生产力的发展而最终消灭，而社会主义历史时期正处在消灭阶级的过程中。在我国，社会主义改造基本完成以后，阶级斗争作为社会生活中主要矛盾的时代已经结束了。如何正确认识和处理社会主义制度下存在的敌我矛盾与人民内部矛盾，马克思、列宁等无产阶级革命理论家们并没有留下完满的答案。以毛泽东为代表的中国共产党人创造性地提出并形成了两类矛盾学说的科学理论体系，是对马克思主义理论的丰富和发展。

刘少奇对两类矛盾理论的形成和发展做出了独特贡献。早在 1949 年 7 月，中国新民主主义革命胜利前夕，刘少奇在一次党内报告中使用了“外部矛盾”和“内部矛盾”的提法。他认为，中国人民民主专政，有它的外部矛盾与内部矛盾，有它的外部斗争与内部斗争。所谓外部矛盾与外部斗争，就是它与帝国主义、封建主义、官僚资本主义、国民党残余势力的矛盾和斗争；所谓内部矛盾与内部斗争，就是人民民主专政内部各阶级间、党派间的矛盾与斗争。这个报告是刘少奇开始探索社会主义社会两类矛盾学说的重要标志。

1951 年，刘少奇在《国营工厂内部的矛盾和工会工作的基本任务》一文中，就国营工厂内部的两类矛盾问题做了较前更明确的论述。随着社会主义改造的基本完成和大规模的社会主义建设的开始，正确认识和解决社会主义制度下的两类矛盾问题已成为理论战线和实际工作中亟待解决的一个问题。1957 年初，毛泽东在《关于正确处理人民内部矛盾的问题》的讲话中，明确地系统地阐述了两类矛盾学说，提出了人民内部矛盾是国家政治生活主题的思想。稍后，刘少奇进一步发挥了这一思想，更明确地提出了“现在人民内部的矛盾已成为主要的矛盾”[①]的观点，并指出：“当前的问题，就是如何正确地处理人民内部的矛盾。”[②]这就使两类矛盾学说更加完善和准确。

如何正确地区分和处理社会主义条件下存在的各种矛盾呢？刘少奇认为，首先是认识矛盾的性质，在严格地区分两类不同性质矛盾的基础上，采取两种不同的处理方法。对于敌对性的矛盾，“就要强调斗争”。在必要的时候采取强制的办法、压服的办法。为了缩小打击面，在没有危险的情况下，也可以用处理非对抗性矛盾的办法来解决对抗性的矛盾。如果是非对抗性的矛盾，就不采取斗争的办法，而采取“团结—批评—团结”的办法，就要“用和风细雨的办法，要用小民主的办法”来解决[③]。同时，用民主的方法解决人民内部矛盾，还要辅以社会主义法制。刘少奇说：“无产阶级专政条件下，国家也是教育机关。要把人民教育成共产主义者，不光是靠学校教育。”[④]政法机关“对敌人是专政机关，对人民来说，要成为处理人民内部矛盾的机关”，“也有教育人民、处理人民内部矛盾的任务”。[⑤]

从唯物辩证法的观点出发，刘少奇还认为，事情是复杂的，两类矛盾在一定条件下可以互相转化。对抗性矛盾在一定条件下会转化为非对抗性矛盾，非对抗性矛盾在一定条件下也会转化为对抗性矛盾。矛盾转化了，处理的方针和方法也要随之转化；否则，在根本立场和方针上就要犯严重错误。可见，刘少奇关于两类矛盾的理论，是对毛泽东关于“两类矛盾”理论的发挥、丰富和发展，对于我们今天认识和处理社会现实问题具有重大的指导意义。

5. 实际工作中体现的哲学思想

刘少奇哲学思想的突出特点是实践性。他一贯重视学习和研究马克思主义哲学。他一生虽然很少写过马克思主义哲学的专著，但他善于运用马克思主义哲学的基本原理指导无产阶级革命和社会主义建设的实践活动。他的哲学思想是指导实际工作的活生生的中国化的马克思主义哲学。他的工人运动

①②③④⑤《刘少奇选集》下卷，人民出版社 1985 年版，第 296、295、302、452、452 页。

和白区工作的理论、统一战线的理论、战略和策略的理论、党的建设的理论、政权建设的理论、文化建设的理论、经济建设的理论等，都蕴含着马克思主义哲学的光辉思想。他的许多精辟的哲学观点，常常闪现在他为指导革命和建设的实际工作而撰写的各种文章、讲话和著作中，既是实践经验的高度概括，又体现了无产阶级世界观和方法论在实践中的具体运用和发展。因此，我们学习和研究刘少奇的哲学思想，必须结合中国革命和建设的实际情况，学习和研究他的各种文章、讲话和著作。

刘少奇是我们党的杰出的马克思主义理论家，他的哲学思想是丰富的。他强调的“实事求是”“实践对理论的基源性和优越性”“能动的矛盾学说”“独具特色的两类矛盾学说”“实际工作中体现的哲学思想”等，仅是其哲学思想的主体框架。全面地探讨和继承刘少奇留给我们的丰富的哲学遗产，是摆在理论工作者面前的一项艰巨而重大的历史任务。

# 一　实事求是

实事求是是毛泽东哲学思想的精髓，它体现了唯物论、辩证法和认识论的统一，体现了科学的世界观和方法论的统一。用“实事求是”四个大字概括马克思主义哲学，并指导我们党的工作，是毛泽东的一大创造。刘少奇在长期的革命斗争中，不仅始终不渝地坚持实事求是这一马克思主义基本原则，而且做出了许多深刻而精辟的论述。

## （一）“实事求是”是一种哲学方法

1937 年 3 月 4 日，刘少奇在《关于过去白区工作给中央的一封信》中，在总结白区 10 年秘密工作的经验，分析白区工作中“左”倾思潮的根源时指出：“左”倾思潮在党内没有得到纠正，其影响最久、最深，给党的危害也最大。“这种错误的根源，一方面固然是对于形势的估计错误，另一方面还是一种思想方法、哲学方法上的错误，还是我们的行动有了原则，还应否实事求是，应否估计形势，以及如何估计形势的问题。”这就是说，原则是主观的东西，人们做事情，处理问题，只有原则还是不够的，还必须从客观实际出发，有实事求是这个哲学的思想方法。刘少奇在这里不仅提出了“实事求是”这个思想原则，而且把它提到哲学方法的高度，这是一个具有深远意义的理论上的创见。他的这一深刻的思想在当时虽然不为人们所注意，但是实际上是我们党的正确的思想路线的概括。通过延安整风，这条思想路线就更加明确。毛泽东在《改造我们的学习》的报告中，对“实事求是”四个字做了科学的解释。他说：“‘实事’就是存在着的一切事物，‘是’就是客观事物的内部联系，即规律性，'求'就是我们去研究。我们要从国内外、省内外、县内外、区内外的实际情况出发，从其中引出其固有的而不是臆造的规律性，即找出周围事变的内部联系，作为我们行动的向导。"[①]经过毛泽东的阐述，实事求是作为我们党的思想路线就更加明确了。今天我们在探索这条思想路线的形成过程时，毫无疑问，应该充分肯定刘少奇对毛泽东思想的形成和发展所做出的杰出贡献。

刘少奇认为，实事求是的哲学方法，要求我们看问题、办事情要从实际出发，而不能"从主观想象出发"。他特别强调"实际"这两个字。他说，我们要"很实际地去了解问题，了解环境，很实际地去布置、计划与指导工作"[②]。又说："总任务与总策略是一个，但一到实际工作上，各地方各部门就各有不同。我们的同志就要善于细心地去分析各地方各部分的特殊环境与条件，去决定在这个工厂、这个农村，在今天可以做什么？能够做什么？怎样做法？这些做好了，明天又做什么？我们的同志如能这样去做工作，就不会不实际。"[③]他把了解客观实际情况，提到认识世界和改造世界的第一的、突出的地位，抓住了唯物主义认识路线的根本点。对于那种不注意了解客观实际情况，只从"原则"和条条出发的教条主义做法，他深恶痛绝，多次从哲学上进行了批判，讥笑教条主义者是把"原则"当作圣经，是实践中的唯心主义者，是假马克思主义者，造成了我们党的一种"恶劣的传统"，需要肃清和改变。当1935年遵义会议后，我们党内正确思想路线开始占据主导地位的时候，刘少奇在白区工作中提出要在党内实行两种性质的转变。一种是组织和工作方式上的转变，另一种则是哲学观点上的转变。他说："后一种转变，是从机械的转到活泼的，主观的转到客观的，空谈转变到实际，形而上学转到辩证法。"[④]他强调这种转变"对我们是一个极艰难的任务，然而这是决定一切的东西。……全党同志必须进行极艰苦的工作与学

①《毛泽东著作选读》上册，人民出版社1986年版，第478页。

②③④《刘少奇选集》上卷，人民出版社1981年版，第45、43、56页。

习，来完成这一个伟大的转变”[①]。我们党内政治路线上的分歧，最主要的根源在于两条不同的认识路线。刘少奇早在20世纪30年代就非常明确地提出了这一点，这的确是他具有坚定的唯物主义世界观和深邃的马克思主义哲学理论素养的表现。他的这些论述在今天对于共产党员仍有一定的指导意义和教育意义。

刘少奇认为，在人们周围存在着各种各样的实际，而实际又是千变万化的。实事求是的哲学方法要求我们要从具体的实际出发。人们的认识应该随着变化了的实际而不断前进，才能逐步地求得对客观世界的正确认识。刘少奇尖锐地批评了我们党内曾经长期存在着的公式化、刻板化和僵化了的思维模式。他指出：“它只注意事物的表面与形式，而不注意事物活泼的内容；它只记得马克思主义的条文，而不能将这些条文活泼地运用到具体环境中去。”[②]他认为，“由这种形而上学的哲学所产生出来的错误，给我们党的损失是很大的”，“我们的同志必须坚决抛弃这种主观主义与形式主义，用马克思的辩证法来代替”。[③]刘少奇的这些论述充分体现了实事求是的思想原则是唯物论、辩证法和认识论的统一。

## （二）反对脱离实际的经验主义和教条主义

刘少奇一贯坚持实事求是，一切从实际出发的哲学方法，注意马克思主义理论与中国革命实际相结合，坚决反对脱离实际的经验主义和教条主义。他批评教条主义者说：“他们以背诵个别的原理和结论而自满，甚至以‘真正’的马克思列宁主义者自居，然而他们决不是真正的马克思列宁主义者，他们的活动方法是和马克思列宁主义完全相反的。”[④]刘少奇赞赏的是另一种人，他们不以背诵马克思主义原理和结论为满足，而是站在马克思主义的坚定立场上，掌握马克思主义的精神和实质，掌握马克思主义的哲学方法，身

①《刘少奇选集》上卷，人民出版社1981年版，第57页。

②③④《刘少奇选集》上卷，人民出版社1981年版，第71、71、106页。

体力行，活泼地去指导一切革命斗争，改造现实，同时改造他们自己。刘少奇肯定地说："只有这种人的态度，才是正确的态度。"①

刘少奇在革命实践中十分强调反对脱离实际，不从实际出发的"空谈"。1936年他提出肃清空谈主义的领导作风，要求共产党员，"尤其是领导同志们绝不要空谈。你们应该客观些、细心些、诚实些，有什么你们就说什么，懂得，你们就说懂，不懂得，你们不要说懂"②。他认为，党的总任务与总策略是一个，但一到实际工作上，各地方各部分就各不相同。我们要善于细心地去分析各地方各部分的特殊环境和条件，去决定在这个工厂，这个农村，在今天可以做什么？能够做什么？怎样做法？这些做好了，明天又做什么？刘少奇还特别强调指出，各级领导干部"不要在你们自己还没有弄清楚的问题上教训别人，指导别人。与其对下面指导错了，不如少去指导还好"③。刘少奇对当时在高级领导机关中存在的空谈主义作风进行了严厉的批评，并告诫各级领导干部，要把革命精神同务实精神结合起来，"我们的同志都有热烈的革命精神，但一定要加上真正的务实精神，才能切实推动工作与革命"④。

实事求是的哲学方法要求我们在制定各种方针和政策时，要以是否符合客观实际为标准。1945年4月，刘少奇在《对中央妇委同志的讲话》中指出："任何指导方针，都要实事求是。从分析具体情况出发，才能求出正确的方针和指示，以此方针去指导群众斗争，再从群众斗争中去考验这些方针和指示的正确性。"⑤我们的方针和政策，如果"不从今天可能办到的事情出发，而从固定的公式、口号出发。这就是主观主义、教条主义"⑥。

教条主义者在解决问题和决定方针的时候，总是不从周围的实际情况出发，而是从书本上的公式出发，拿什么决议上的条文来做根据，即拿一般的概念、一般的理论来做根据，而不拿实践中的经验和客观实际来做根据。刘少奇认为，这是实践中的唯心主义者，是假马克思主义者。客观事实的发展

①②③④⑤⑥《刘少奇选集》上卷，人民出版社1981年版，第107、42、42、70、307、308页。

常常是愚弄他们的，他们总是灰心失望，死气沉沉的。真正的马克思主义者则相反，“他们在决定指示和方针的时候，不是在历史上相同的事情和相象的事情里面去求得，而是由调查研究周围的情况中去求得。在工作时，他们不拿书本上的引证和成语来做根据，而拿实践的经验来做根据”①，以是否符合客观实际为标准。在刘少奇看来，依据客观实际情况制定方针和政策，并不是一个简单的公式，它包含着极为丰富的内容，它体现实事求是的科学精神。

刘少奇强调，任何一个口号的提出，都要从实际出发。他在 1926 年 10 月 5 日写了《论口号的转变》一文中提出，在群众一切斗争中，口号的作用极大。口号能反映群众的要求和愿望，能使群众精神特别振作，特别一致，发生强有力的行动。因此，口号性质的转变及口号的转变，要依斗争的实际形势的转变来决定。“如果争斗的形势已经改变，口号不及时地随之而改变，群众即没有一致的目标，将使争斗不能继续前进，无力而至于溃散。”②刘少奇还指出，不仅全国革命争斗的口号如此，而且在工厂或乡村中小争斗的口号也是如此。1935 年 12 月 9 日北平学生抗日救国示威游行后，开始了全国性的革命运动高潮。这时群众中提出了“打倒卖国贼宋哲元”的口号。刘少奇分析后认为，宋哲元有转向抗日的可能性，便劝大家把口号改为“拥护宋哲元将军抗日”。这样，群众的救国运动取得了进一步合法的可能性，也促使了宋哲元转向同情抗日，争取了地方实力派，使得从北平开始的“一二·九”抗日救亡运动，很快扩展成为全国规模的革命高潮。

实事求是的哲学方法，要求我们客观地和全面地把握实际，并注意客观实际的发展变化。任何事物都有自己的特殊法则，各级领导同志要依据特殊的环境和条件制定方针和政策。否则，丢掉实事求是的哲学方法，“忽视与离开各地特殊情形，一切好的决议都要变成空谈”③。

---

①②③《刘少奇选集》上卷，人民出版社 1981 年版，第 296、10、44 页。

## （三）实践对于理论具有基源性和优越性

马克思主义哲学认为，要坚持实事求是的原则，就一刻也离不开社会实践。因为，实事求是是一个认识过程，是同社会实践紧密结合的，也只有在不断的实践过程中，才能求得对客观事物规律性的认识。

人是实践活动的主体。人们为了生存，就必须从事改造客观世界的斗争。人们在改造客观世界的斗争中，改造自然界，改造社会，同时也改造自己。刘少奇说："革命者要改造和提高自己，必须参加革命的实践，绝不能离开革命的实践。"[①]革命者要求的自己的进步，必须到革命的实践活动中自我锻炼和修养。在抗日战争年代，他号召广大革命者、共产党员要积极奔赴抗日前线，到抗日运动的烽火中锻炼成长。

刘少奇深刻论述了理论与实践的关系。他明确指出"实践对理论的基源性与优越性"[②]。人们只有亲自参加革命实践，才能深刻体验和认识社会发展的规律性。如果脱离实践，要找到真理，找到正确的道路，成为真正的马克思列宁主义者，一般来说是不可能的。因此，他坚决反对脱离实际、脱离实践的理论研究；同时，他也反对轻视理论的重要性，轻视理论对实践的指导作用。他认为，这两种认识"都没有把理论与实践的关系正确解决与正确联系"[③]。任何理论都离不开社会实践，"实际的有生命的马列主义，恰恰就包含在这些问题（按：即实际问题）中，包含在一切人们的社会的具体实践中，而不在书本的公式上及一切抽象的神秘的地方"[④]。理论如果离开实践，它就会变成死板的教条，而不能成为实践的指南。任何理论都必须到实践中去检验，在实践中修改它、补充它。1948 年 10 月，刘少奇同华北记者团谈话时明确指出："你们要把党的政策执行结果如实告诉我们，中央时刻在准备考验自己的政策。中央是这个样子，各级党委也应该是这样子。如果政策有错误，就修正它，如果它是不完全的，就把它补充得完全起来。马列

①②③④《刘少奇选集》上卷，人民出版社 1981 年版，第 99、218、218、219 页。

主义的领导，应该如此。”①

刘少奇认为，坚持实事求是，必须尊重人民群众的社会实践和客观条件，反对脱离客观条件和客观规律的主观盲动性。在1958年“大跃进”的年代里，《人民日报》曾用大字标题提出和宣传“人有多大胆，地有多大产”的口号，使很多人头脑发热，盲目蛮干。在1962年的中央工作会议上，刘少奇针对1958年后的严重教训明确指出，社会实践证明“这个口号是错误的，应该取消”②。那种完全否定主观能动性的客观主义是错误的，但是不能反对重视条件。要做好一切事情，都必须有一定的条件。要有客观的条件，还要有主观的条件。必要的客观条件和必要的主观条件都成熟了，都具备了，问题才能解决，事情才能办好。一切问题的解决，取决于时间、地点、条件。刘少奇说：“条件是可以经过人们的努力去创造和改变的，但是不具备一切必要的条件，事情是不能办好的。”③人们的主观能动性只有在符合客观规律性的条件下，在人民群众的社会实践中，才能够发挥伟大的作用。刘少奇还指出，我们在社会主义经济建设问题上的根本经验教训在于不实事求是。什么是“大跃进”呀？我国社会主义建设总路线所指出的多、快、好、省这几个方面，是互相促进、互相制约的。“大跃进”的要求是：既要多、快，又要好、省；既要数量，又要质量；既要照顾需要，又要根据可能的条件；既要高速度，又要按比例；既要从当前的实际出发，又要有长远打算。刘少奇说：“正确地处理这些互相促进、互相制约的关系，就是实事求是。”④

刘少奇这种坚持实事求是，一切从实际出发，尊重社会实践和客观条件的作风，是非常可贵的。社会实践反复证明，不坚持实事求是，不从实际出发，不尊重社会实践和客观条件，势必犯主观盲动主义的错误，也就达不到认识世界和改造世界的目的。

①《刘少奇选集》上卷，人民出版社1981年版，第403页。

②③④《刘少奇选集》下卷，人民出版社1985年版，第426、427、361页。

### （四）坚持实事求是要有革命的勇气

刘少奇于1945年在《对中央妇委同志的讲话》中指出，任何指导方针，都要实事求是，但是，“坚持实事求是，必须有高度的革命精神、革命勇气才能做到”①。到了社会主义革命和建设时期，他还反复重申这个观点。1962年他在中央工作会议上又明确讲：“要实事求是还要有勇气。没有勇气，就不能实事求是。”②在我们的同志中，特别是在干部中，有些人往往屈服于某种压力，对党对同志说假话。刘少奇针对这种情况指出：“对于那些被迫说假话的人，对于这种软弱的人，应该说几句话。毛泽东同志以前说过：为了坚持真理，为了实事求是，为了说老实话，应该有‘五不怕’，这就是不怕撤职、不怕开除党籍、不怕老婆离婚、（毛泽东：这是对男的说，对女的说是不怕老公离婚。）不怕坐牢、不怕杀头。准备了这‘五不怕’，什么话也敢讲，就敢于实事求是，敢于坚持真理。”③

刘少奇认为，实事求是既是一个重大的理论问题，又是一个重大的实践问题。在实际工作中，在处理具体问题中，在对人对事中做到实事求是是很不容易的。这里有立场观点和思想方法的问题，也有知识经验、思想水平和客观条件的问题，特别是有党性的问题。1941年8月，毛泽东为中央起草的《中央关于调查研究的决定》中说：“粗枝大叶、自以为是的主观主义作风，就是党性不纯的一个表现；而实事求是，理论与实际密切联系，则是一个党性坚强的党员的起码态度。”刘少奇在1962年中央工作会议上所作的报告中，引用了毛泽东的这段话，明确指出：“中央认为，现在有必要向全党再强调提出这一个加强党性的问题。”④他还强调说：“必须把树立实事求是的作风，作为加强党性的第一个标准。”⑤他希望那些把实事求是的作风丢到脑后的同志，迅速地回到马克思主义的轨道上来，回到毛泽东思想的轨道上

---

①《刘少奇选集》上卷，人民出版社1981年版，第313页。

②③④⑤《刘少奇选集》下卷，人民出版社1985年版，第438、439、397、397页。

来。这是“党中央号召”[1]。

实事求是之所以是党性问题，是因为它关系到党的利益和人民的利益问题，关系到革命和建设的成败问题。不实事求是，不仅是指我们在实际工作中由于种种原因在认识上发生错误，给工作造成损失，而且是指这样一种人，“他们并不是因为一时不了解情况而犯错误，却是故意弄虚作假，瞒上欺下。这种极端恶劣的作风，不但是同我们党的实事求是的作风不相容，也不止是党性不纯的表现，而且是丢掉了共产党人应该有的忠诚老实的态度，是丧失党性的表现”[2]。有的干部，在工作中为了争名誉、出风头，不惜向党作假报告，有意夸大成绩，隐瞒缺点，掩盖错误。有的干部对上级派去的检查当地工作的人员，竟然千方百计地封锁消息，不让他们了解真实情况，甚至打击那些如实反映情况的干部和群众。在1959年“大跃进”的年代里，有的干部大吹大擂地叫喊，小麦亩产上万斤，中稻亩产四万三千斤，粮食吃不光了。刘少奇针对这种不实事求是的情况说：“在革命战争时期，毛泽东同志再三说，部队缴了敌人的枪，要把数字如实上报，不准多报一支，也不准少报一支。但是，这几年来，有些同志对所报数字居然那么不负责任，随心所欲，信口开河，爱说多少就说多少。他们完全没有考虑，这样做了会引起什么样的后果。”[3]他还严厉批评说：“这种对党、对上级弄虚作假，不是属于不了解情况的问题，甚至不是主观主义的问题，而是一种极不老实的欺骗行为，是一种纯粹的资产阶级作风，是完全违反党的纪律的行为。这还有什么党性呢?”[4]刘少奇正告那些不老实的人，必须迅速地彻底地改正错误，做一个真正有共产主义思想的共产党员，否则，他们的前途是很危险的。他希望我们所有的干部，都应该听老实话，听老实人的话。同时，必须在党员中间大力提倡说老实话、办老实事、当老实人，坚决反对弄虚作假。“对于一贯作假、屡教不改的人，必须给以纪律处分。”[5]所以，实事求是的作风，是一个党性问题。坚持实事求是的原则，首先的一条是增强党性锻炼和修

①②③④⑤《刘少奇选集》下卷，人民出版社1985年版，第398、398、399、399、400页。

养。没有这一条，做到实事求是地处理问题，实事求是地对人对事，是根本不可能的。

实事求是既然是个党性问题，坚持实事求是就必须具有革命的精神和勇气。一方面不要怕打击报复。不要因为怕打击报复，把分明是黑的说成是白的，或者分明是白的，却不敢说是白的。另一方面，如果自己做错了事，在工作中由于种种原因，对党对人民造成了损失，要勇于承认错误，不要怕作检讨，怕受批评，怕丢面子，在这两个方面，如果没有勇气，没有革命精神，没有毛泽东讲的“五不怕”精神，是难于坚持实事求是的原则的。

坚持和发扬实事求是的作风，关键是领导，各级领导同志支持什么，鼓励什么，批评什么，这是至关重要的。1958 年后的三年困难时期，我们党内不实事求是的恶劣作风为什么那么盛行？“文化大革命”中胡乱批斗干部和知识分子的狂风为什么刮那么大？近几年党内不正之风为什么那么严重？其关键是有些领导机关和领导人，对说老实话、做老实事、敢于反映真实情况、敢于实事求是地说出自己意见的人，不仅不支持，不表扬，反而进行批评和打击；有些不说老实话、作假报告、夸张成绩、隐瞒缺点的人，甚至有些看着领导眼色行事，对领导人投其所好、送其所需的人，不仅没有受到应有的批评和处分，反而受到不应有的表扬和提拔，这就在党内不少干部的心目中，造成了一种不正常的印象，以为“谁老实谁就吃亏”。有些人甚至把做假当作聪明，把老实当作愚蠢。刘少奇说：“我们必须用很大的努力，彻底改变这种情况。”[①] 各级领导机关和领导人应改正自己的错误，表扬那些受过批评和打击的老实人，并且向他们道歉；批评那些不说老实话、作假报告的人，并且要他们切实改正错误。我们要正告那些不老实的人，必须迅速地彻底地改正错误，做一个真正有共产主义思想的共产党员。否则，他们的前途是很危险的。“那些不老实的人，虽然在某些时候可能占点小便宜，但是，在我们党内，在人民中，终究是要吃大亏的。那些说老实话、做老实事

①《刘少奇选集》下卷，人民出版社 1985 年版，第 399 页。

的老实人，虽然在某些时候可能吃点亏，但是，最后是决不会吃亏的，他们一定会取得我们党和人民群众的最大的信任。”[①]我们所有的领导机关和领导干部，都应该听老实话，听老实人的话，大力支持和表扬敢于反映真实情况、敢于实事求是地说出自己意见的人；在党员和干部中间，必须大力提倡说老实话、办老实事、当老实人，坚决反对弄虚作假，对于一贯作假、屡教不改的人，必须给以纪律处分。刘少奇认为，只有这样做，我们才能把党员和干部中的那种不正常的现象改变过来，才能把毛泽东一贯提倡的实事求是的作风不断地发扬光大。

刘少奇在长期的革命实践中，关于实事求是的论述是非常深刻的，是对毛泽东哲学思想的丰富和发展。

---

①《刘少奇选集》下卷，人民出版社 1985 年版，第 400 页。

# 二　能动的矛盾学说

刘少奇一贯重视马克思主义矛盾学说的学习和研究，并善于运用马克思主义矛盾学说指导中国革命的实践活动。他的矛盾学说的基本观点，大量体现在他为指导中国革命和建设而撰写的各种文章、著作和讲话中，既是实践经验的高度概括，又是马克思主义矛盾法则在社会实践中的具体运用和发展。他的矛盾学说的重要特点是能动性。他认为，“矛盾的最基本的性质是统一性”，我们要善于利用矛盾的统一性认识事物和解决问题。特别是在认识和解决社会问题时，要格外注意“主观对客观矛盾所起的作用”。刘少奇关于充分发挥矛盾统一性在事物发展中作用的理论，对我们深刻领会马列主义、毛泽东哲学思想的真谛，对指导社会主义革命和建设事业的发展，有重大的现实意义和深远的历史意义。

## （一）统一性是矛盾的最基本的性质

刘少奇在《人为什么犯错误?》中，分析矛盾的一般属性时指出：“矛盾的统一性和斗争性是矛盾的两重性”，但是，“矛盾的最基本的性质是矛盾的统一性”。他的这一哲学观点是符合马克思主义哲学的基本观点的，是对客观矛盾本性的深刻揭示，是对马列主义矛盾法则的重要发挥。

### 1. 矛盾对立双方的不可分性

矛盾同一性的含义、同一性与斗争性的关系、同一性在矛盾中的地位以及如何用以指导实际斗争，都是刘少奇哲学思想中最引人注目的部分。

什么是矛盾的同一性？刘少奇在《人为什么犯错误？》中说，同一性就是一致性，“是对立双方的相互依赖、相互推移、相互转化、相互渗透等”。他的意思是：其一，同一性是指矛盾双方的共同性，矛盾双方不可分割的内在联系性；其二，矛盾双方的共通性，相互贯通性，亦即矛盾双方在一定条件下的相互转化性；其三，它体现着对立双方相互吸引、相互稳定的趋势。刘少奇关于矛盾同一性的思想，是对马克思、列宁、毛泽东关于矛盾同一性思想的深刻发挥。

列宁说：“辩证法是一种学说，它研究对立面怎样才能够同一，是怎样（怎样成为）同一的——在什么条件下它们是相互转化而同一的。”[①]列宁这段话是什么意思呢？一切过程中矛盾着的各个方面，本来是互相排斥、互相斗争、互相对立的。世界上一切事物的过程里和人们的思想里，都包含着这样带矛盾性的方面，无一例外。如此说来，客观事物本来是极不同一的，怎样又说是同一的呢？

第一，原来矛盾着的各个方面，都不是孤立地存在，假如没有和它作对的矛盾的一方，它自己这一方就失去了存在的条件。没有资产阶级，就没有无产阶级；没有无产阶级，也就没有资产阶级。没有帝国主义的民族压迫，就没有殖民地和半殖民地；没有殖民地和半殖民地，也就没有了帝国主义的民族压迫。一切对立的成分都是这样，因一定的条件，一面互相对立，一面又互相联结、互相贯通、互相渗透、互相依赖，这种性质叫作同一性。一切矛盾着的方面都因一定的条件具备着不同一性，所以称为矛盾；然而又具备着同一性，所以互相联结。列宁所谓辩证法研究“对立怎样能够是同一的”，就是说的这种情形。怎样能够呢？因为互为存在的条件，这就是矛盾双方不可分割的内在联系性。

第二，矛盾着的事物的互相转化。这是说，事物内部矛盾着的两方面，因为一定的条件而各向着和自己相反的方面转化，向着它的对立方面所处的地位转化。这种转化是客观事物的本性，这也叫同一性。为什么这里也有同

①列宁：《哲学笔记》，人民出版社 1974 年第 3 版，第 111 页。

一性呢？比如，被统治的无产阶级经过革命转化为统治者，原来是统治者的资产阶级却转化为被统治者，转化到对方原来所占的地位。私有制和公有制、战争与和平等等，所有矛盾着的东西，总是由这一个变到那一个，其间一定包含了一定的“共同点”或同一性。否则，矛盾的对立双方绝对不会发生互相转化，这更加深刻地说明了矛盾着的对立双方有不可分割的内在联系性。

关于矛盾的对立双方不可分性，黑格尔也曾明确表示过这个意思。他说：“变易这个表现，包含‘有’的属性，同时更包含与‘有’正相反对之‘无’的属性，而这两种属性在变易这一表现里，又是不可分离的。所以变易就是有与无的统一。”列宁对黑格尔的这一见解是持肯定态度的。他在《哲学笔记》中指出：“不可分性这个用语有时比统一更好。”[①]恩格斯在谈到形式和内容的关系时也曾提到“整个有机界不断地证明形式和内容的同一或不可分离”，其意思也是指“同一性”，即“不可分离性”。

可见，矛盾同一性的根本含义就是矛盾对立双方的“不可分离的内在联系性”，这是矛盾的最基本的性质。

在“文化大革命”时期，刘少奇关于“矛盾的对立双方不可分离的内在联系性”这一哲学观点，受到林彪、“四人帮”的恶毒攻击。他们说，刘少奇这一哲学观点是“宣扬阶级调和论”，是“反对无产阶级革命”。他们认为“香花与毒草”，“工农兵与才子佳人”等，“只能是‘并吞’的关系，没有任何‘并存’的余地”[②]。他们的这种观点，在理论上是荒谬的，在实践上是有害的。

其一，“矛盾双方不可分离的内在联系性”，是对“矛盾双方的相互依存性”的深刻揭示。矛盾双方互为存在的前提，矛盾双方都不能离开另一方面独立存在和发展。如果一方消失了，另一方仍然存在和发展，它们之间便

①列宁:《哲学笔记》,人民出版社 1974 年第 3 版,第 107 页。

②见 1969 年 11 月 7 日《文汇报》。

不能构成矛盾的统一体，矛盾双方也根本不可能共处于一个统一体中。当然，这里讲的“不可分离的内在联系性”，绝对不是说“矛盾的对立双方永远不可分离”。刘少奇“从来没有讲过永远不可分”，“永远”二字是批判者强加给他的。

其二，“香花和毒草”只能是“并吞”，没有“并存”的余地吗？如果是那样的话，矛盾的对立双方只能是“绝对”的对立，没有任何共同性。无产阶级与资产阶级、社会主义与资本主义之间，如果只有对立，没有任何“并存”的余地，它们怎样共处于一个统一体之中呢？它们怎样实现向自己的对立面转化呢？结果只能是这样，矛盾双方时时刻刻进行“你死我活”的斗争，事物根本不能稳定下来，这实际上否定了事物的存在和发展。这是根本违背唯物辩证法的。

2. 同一性制约着矛盾的斗争性

刘少奇在理论和实践上格外重视矛盾的同一性的研究和应用，并认为“矛盾的最基本的性质是矛盾的统一性”，而绝不是否定矛盾的斗争性。在“文化大革命”中，林彪、“四人帮”一伙批判刘少奇只讲矛盾的统一性，否定矛盾的斗争性，是对刘少奇哲学理论的歪曲，是对刘少奇进行的政治陷害。

什么是矛盾的斗争性？刘少奇明确讲：“矛盾的斗争性，表现在相互排斥、相互压制、相互摩擦、相互斗争、相互对抗、相互制约、相互打击、相互冲突等。”[①]这种矛盾的斗争性质的存在是绝对的，在事物的发展全过程中始终存在。因为，矛盾的结合，两个相反的东西结合成一个新东西，不是把两种对立的东西消灭，不是完全打成一片，不是完全溶解，而是保持着两种相反东西的性质，它们仍然相互冲突着、斗争着。因此，“事物之统一，亦是斗争的一种形态，相互依赖是斗争，相互渗透亦是斗争，对立物之统一是事物之相反相成的形态”[②]。“相反”就是说两个矛盾方面的相互排斥，或互相斗争；“相成”就是说在一定条件之下两个矛盾方面互相联结起来，获

①②刘少奇：《人为什么犯错误？》，1941 年 10 月 8 日。

得了同一性。这就是说，相反的东西有同一性，矛盾就是具有同一性和斗争性这样“两重的性质”。

所以，问题不在于承认不承认矛盾的斗争性，而在于同一性和斗争性在矛盾统一体中各处于一种什么地位？同一性和斗争性究竟是一种什么关系？在过去很长的时间里，人们认为“共产党的哲学是斗争哲学”，“斗则进，不斗则退，不斗则修”，“斗争就是一切，斗争就是政策”，把共产党的哲学归结为一个“斗”字。在“文化大革命”中，就是用这种哲学的思想方法作指导，不断地开展政治大批判运动，搞什么“大批判开路”，结果斗得党不团结、国不安宁，给伟大的社会主义事业带来极为严重的损失。

刘少奇认为，矛盾具有统一性和斗争性这样“两重的性质”，而“矛盾最基本的性质是矛盾的统一性”。因为，我们通常讲矛盾的斗争性是绝对的，统一性是相对的，这当然是对的；但是，我们对“绝对和相对”的关系不能简单化地理解。刘少奇在《人为什么犯错误？》中明确讲：“绝对也是有条件的。世界上只有相对的绝对真理，没有绝对的绝对真理，只有在相对的条件下，才有绝对。”矛盾斗争性之存在是绝对的，但是，其斗争的性质、斗争的形式和方法，绝对不是没有任何条件的。绝对的斗争性总是要受相对的同一性所制约。

首先，斗争性必须存在于同一个统一体之中。矛盾对立的双方如果根本没有任何共同的因素，就无法共处于同一个统一体之中，它们也就根本斗争不起来。我们讲的斗争性，是指矛盾的对立双方在同一个统一体内部的争斗。我们通常讲的无产阶级和资产阶级之间的矛盾斗争，如果不是资本主义生产方式这一共同的经济结构把它们联结起来，它们就不能成为同一生产体系中相互对立的社会集团，它们之间的斗争也就无从谈起。

其次，同一性制约着斗争的规模和范围。世界上根本不存在不受同一性制约的斗争性。斗争性总是有限度的。一般来说，旧事物不到灭亡之时，这时的斗争要有利于维持统一体的存在和发展，无论如何不要随意超越这个限度；当事物走完自己的历史行程，达到灭亡之时，其斗争要有利于旧的统一体的破裂和新的统一体的建立。社会实践反复证明，不受同一性限制的斗争性，主观随意性地胡乱斗争，不利于甚至破坏事物的存在和发展。在民主革命时期，我们党建立的统一战线，其方针和政策是又联合又斗争。如果看不到统一战线内部对立双方的“共同利益和共同要求”，只是采取“左”倾机会主义的“打击政策”，只能把国民党资产阶级斗跑，使统一战线破裂或灭亡。这已被中国革命的历史发展所证实。

再次，同一性是斗争的目的和出发点。在事物的发展过程中，斗争性始终存在。但是，斗争之目的和出发点是什么呢？当一个事物还未走完自己的历史行程，对立双方斗争之目的是为了使一方制服另一方，或者一方强制另一方做些让步或妥协，维护该事物的同一，促进它的稳定发展。当一个事物走完自己的历史行程，先进事物的斗争目的，是为了实现对立双方矛盾地位的转化，使旧的统一体破裂，新的统一体建立起来。当一个事物不到灭亡之时，而它的对立面硬行要推翻它；或者当一个事物将要灭亡之时，而且它的对立面已有足够的力量推翻它，它却顽固地不想退出历史舞台，都要受到历史规律的严厉惩罚。我们讲的矛盾的同一性，就是指“一切矛盾着的东西，互相联系着，不但在一定条件下共处于一个统一体中，而且在一定条件下互相转化”[①]。列宁所谓“怎样成为同一的（怎样变成同一的），——在怎样的条件下它们互相转化，成为同一的”，就是这个意思。可见，同一性是斗争性之目的和出发点。这更加深刻地说明了，斗争性受同一性的制约，同一性是矛盾的最基本的性质。

### （二）善于利用矛盾的统一性解决社会问题

我们在过去的哲学研究中，往往重视斗争性在事物发展中的作用，并把斗争性视为事物发展的动力，这当然也是有道理的。因为斗争性在事物发展过程中，可以使矛盾双方力量发生变化，进而使矛盾双方向对立面转化。斗

---

①《毛泽东著作选读》上册，人民出版社 1986 年版，第 171 页。

争性是事物有生命的表现，但是，却往往忽视对矛盾同一性在事物发展中的作用的研究和宣传，不善于自觉地利用矛盾的同一性解决问题。实践证明，这是哲学理论研究方面的一种偏差，对无产阶级革命和社会主义建设事业的发展是极为不利的。

列宁说："发展是对立面的斗争。"同时他又说："发展是对立面的统一"，"要认识世界上一切过程的'自己运动'、自身的发展和蓬勃的生活，就要把这些过程当作对立面的统一来认识"。[①]毛泽东也明确地说："矛盾着的对立面又统一又斗争，由此推动事物的运动和变化。"[②]这就是说，马克思主义哲学要求我们，研究事物的发展和变化，绝不能只着重于矛盾的斗争性，而忽视同一性的作用。刘少奇在长期的理论研究和实际工作中，是极严格地遵守这一马列主义基本原则的。

唯物辩证法认为，矛盾的同一性是保持事物的相对稳定性，是维持事物的相对静止状态，这是事物存在和发展的前提；矛盾双方的相互依存性，决定矛盾的一方的存在和发展要以另一方的存在和发展为条件，矛盾的任何一方都不能脱离另一方而孤立的存在和发展；矛盾的相互渗透性，决定了矛盾双方都要相互利用和吸收有利于自身发展的因素，对抗性的矛盾是如此，非对抗性的矛盾更是如此，任何一种矛盾，双方都包含着相互利用的因素。无产阶级革命者如果不懂得这个道理，不能自觉地利用自己对立面中一切有利于自身发展的因素，就会限制自身的存在、发展和壮大，甚至把自身推向死亡的绝路。"文化大革命"中，林彪、"四人帮"一伙在批判刘少奇时，把这些重要思想歪曲为"把无产阶级与资产阶级、革命的人民与阶级敌人合二而一了"，"人与人之间，就只剩下'好朋友'、'好夫妻'、'好兄弟'、'好父子'等等的关系了"。[③]这只能暴露了他们对唯物辩证法的无知和险恶

①列宁:《哲学笔记》,人民出版社 1974 年第 3 版,第 406 页。
②《毛泽东著作选读》下册,人民出版社 1986 年版,第 766 页。
③见 1969 年 11 月 7 日《文汇报》。

用心。

刘少奇在一生的革命实践和理论研究中，十分重视并善于自觉地利用矛盾的同一性解决社会矛盾和问题。他反复强调，因为任何事物（或矛盾）都有“两重性”，我们解决矛盾常常是“强调某一方面，有时强调斗争方面，而有时则强调统一方面，即强调统一性”[①]，而不是只讲斗争性。他还明确讲，解决非对抗性的矛盾，解决党内问题，“我们的方针应是利用矛盾的统一性（不去扩大它的斗争性）”[②]。我们不是斗争的“嗜好者”“斗殴家”。他不认为“斗争得愈凶愈好”，“愈激烈愈尖刻就愈好”。他坚决反对那种“没有正确立场的‘打手’，无原则的‘斗争家’”[③]。1951 年，刘少奇在《国营工厂内部的矛盾和工会工作的基本任务》一文中，依据我国实际情况和阶级关系的新变化，更加明确地指出，我们共产党人解决社会矛盾，特别是在无产阶级专政的条件下，要自觉地“利用矛盾的统一性及双方的一切优点，来推动和促进这个矛盾的和解和妥协（经过适当的斗争），以达到双方团结一致，共同努力进行生产的目的”，而不要“利用矛盾的斗争性及双方的一切弱点，进行挑拨，来推动与促进这个矛盾的斗争和破裂”。[④]他还说，人们在解决社会矛盾中，究竟采取什么方针、态度和办法，“或者利用矛盾的统一性促进矛盾的和解，或者利用矛盾的斗争性促进矛盾的冲突和破裂”，这是由人们在“矛盾中所站立的地位来决定的。他们或者站在矛盾之外、矛盾之上，或者站在矛盾之中的某一个方面，各自从自己站立的地位即立场出发来决定对这个问题所应采取的方针、态度和办法”。[⑤]刘少奇还认为，人们在矛盾中所站立的地位即立场若是不同，“但是如果双方都采取使矛盾和解的方针，那对于促进矛盾的和解是更有利的，可以得到相反相成的效果”[⑥]。因为，任何矛盾的和解都是相互的、有条件的，而促进矛盾的斗争则是只要

①②刘少奇:《人为什么犯错误?》,1941 年 10 月 3 日。

③《刘少奇选集》上卷,人民出版社 1981 年版,第 187 页。

④⑤⑥《刘少奇选集》下卷,人民出版社 1985 年版,第 94、96、96 页。

一方面就可以的，是无条件的、绝对的。只要一方面主观任意地扩大矛盾的斗争及双方的一切弱点，就会促进矛盾的冲突和破裂。在新中国建立初期，刘少奇要求党的干部，人民中的觉悟分子，站在工人阶级和人民的立场上，利用工人阶级和民族资产阶级矛盾的同一性及双方的一切优点，来推动这个矛盾的和解和妥协，（经过适当的斗争，）以达到团结一致，共同努力进行生产和建设新国家之目的。他要求共产党人，人民中的觉悟分子，要高度警惕工人阶级和人民的敌人、反革命分子，站在反对工人阶级和人民的立场上，利用工人阶级和民族资产阶级矛盾的斗争性及双方的一切弱点，进行挑拨，来推动与促进这个矛盾的斗争和破裂，以达到他们反革命的破坏目的。

刘少奇还认为，我们在解决社会矛盾和党内问题时，如果不自觉地利用矛盾的同一性及双方的一切优点，在一定条件下，可能推动不对抗的矛盾成为对抗的；如果自觉地正确地利用矛盾的同一性及双方的一切优点，也可能使对抗的矛盾成为不对抗的。在我们党的历史上有许多这方面的经验和教训。在土地革命战争时期，王明“左”倾冒险主义者，在党内外实行“残酷斗争，无情打击”的政策，把许多不对抗的矛盾弄成对抗的，给党的事业造成极大的损失。在新中国建立后的多次政治运动中，特别是在“文化大革命”中，这方面的教训更是难忘的。社会实践还证明，有些本来是对抗性的矛盾，只要我们正确地利用矛盾的同一性及双方的一切优点，采取正确的方针和方法，可以使对抗的激烈程度缓和下来，甚至变成不对抗的。因为矛盾的最基本的性质是同一性，在处理问题和解决矛盾时，只要我们尽力利用和扩大矛盾的同一性及双方的一切优点，就会减少阻力，使矛盾得以顺利解决。在党的历史上，特别是新中国建立以后，我们对民族资产阶级所采取的教育、改造的方针，顺利地完成了对资本主义工商业的社会主义改造，就是非常成功的例证。在新的历史时期，邓小平同志提出的“一国两制”的科学构想，就是中国大陆和台湾，中国内地和香港、澳门共同处于中华人民共和国的统一体中。统一后，台湾、香港、澳门仍搞它们的资本主义，大陆搞社会主义，还是一个统一的中国。一个中国，两种制度，长期不变。这样，为了中华民族的利益，为完成民族统一大业，把社会主义的大陆和资本主义的台湾、香港、澳门统一为“一个统一的中国”。用“一国两制”的办法解决香港问题，既考虑到了香港的实际情况，又考虑到了中国和美国的实际情况，中国人民、英国人民和香港人民都能够接受。这是邓小平同志创造性地利用矛盾同一性及双方一切优点解决问题的光辉范例。还有，在处理国与国之间的关系时，我们党依据列宁的教导，主张用和平共处五项原则作为处理国家之间关系的准则，取得了巨大成功，这也是以正确地利用矛盾的同一性及双方的一切优点为哲学根据的。总之，大量的历史的和现实的事实证明，善于自觉地利用矛盾的同一性及双方的一切优点，可以使世界上和我们社会生活中的许多错综复杂的矛盾从死胡同里找到光明的出路。

刘少奇是伟大的马克思主义理论家和革命家，他一生是坚持革命的辩证法的，他强调共产党人要善于自觉地利用矛盾的同一性解决社会矛盾和问题，绝不是否定在一定条件下利用矛盾的斗争性解决问题的必要性。1957 年 4 月 17 日，他在中共上海市委召开的党员干部大会上的讲话中明确指出：“我们共产党人不是斗争的嗜好者，我们在主观上没有必要去故意地、人为地使斗争激烈化，使斗争紧张起来，似乎非要斗一下我们才舒服，不斗一下就不过瘾。但我们也不害怕斗争，在需要用强硬的斗争的办法来解决矛盾的时候，我们是不吝惜斗争的。”①我们采取什么方针、态度和办法解决社会矛盾，不是凭主观愿望决定的，而是由矛盾的客观性质和状况决定的。我们马克思主义者强调利用矛盾的同一性及双方的一切优点解决问题，绝不是否定矛盾的斗争性之作用，只是在非常必要的时候，才采取强力的办法、压服的办法解决矛盾。邓小平同志在应用矛盾的同一性——主张和平解决香港、台湾问题而提出“一国两制”构想的同时，又指出：我们坚持用和平的方式解决台湾问题，但是我们不能放弃用非和平的方式统一台湾。这就坚持了彻底的辩证法，而反对了形而上学。

---

①《刘少奇选集》下卷，人民出版社 1985 年版，第 302 页。

## （三）主观对客观矛盾所起的作用

刘少奇在《人为什么犯错误？》一文中指出，观察客观事物和分析矛盾的时候，我们要注意客观性；但是，“当我们去处理事物（矛盾）时，则是主观的（有一定的立场，为了一定的利益）”。因此，我们在处理事物或解决矛盾时，要注意“主观对客观矛盾所起的作用”。

1. 要正确理解和发挥主观的作用

刘少奇认为，客观决定主观，主观反映客观物质世界的发展规律。从这一意义上说，客观对主观有决定性。但是，主观对客观也不是无所作为的，“主观，在客观所决定的范围内，也有决定性。主观可能推动不对抗的矛盾成为对抗的矛盾，同时，亦可以缓和对抗的矛盾，使对抗的不对抗”①。在革命的实践活动中，我们在处理复杂的社会矛盾时，往往把不对抗的矛盾弄成对抗的，而把对抗的矛盾弄成不对抗的，在这里主观的作用是很大的。人们在处理复杂的社会矛盾时经常犯错误，往往在于对主观的作用没有正确的发挥。

刘少奇强调主观对客观矛盾所起的作用，不是说人们可以随心所欲地处理问题和解决矛盾，而是说：第一，矛盾的存在及其性质都是客观的，我们的主观愿望要符合矛盾的客观实际。我们不仅要正视客观矛盾的存在，而且要把握矛盾的客观性质。第二，人们确定解决矛盾的方针和方法，要根据客观矛盾的实际性质。对抗的或敌对的矛盾，其解决方式是暴力或革命的；而不对抗的矛盾，用调和的方法、改良的方法、协商的方法，即用温和的手段来解决。第三，主观对客观矛盾的作用，更重要的表现在，如果不正确地发挥主观的作用，在一定条件下，主观可以推动不对抗的矛盾成为对抗的；如果正确发挥主观的作用，也可以使对抗的矛盾成为不对抗的。在我们党的历史上有许多这方面的经验教训。在土地革命战争时期，王明“左”倾冒险主

①刘少奇:《人为什么犯错误？》,1941 年 10 月 3 日。

义者，在党内外实行“残酷斗争，无情打击”的政策，把许多不对抗的矛盾弄成对抗的，给党的事业造成极大损失。在新中国建立后的多次政治运动中，特别是在“文化大革命”中，这方面的教训更是难忘的。社会实践还证明，有些本来是对抗的矛盾，只要我们正确发挥主观的作用，采取正确的方针和方法，可以使对抗的激烈程度缓和下来，甚至变成不对抗的。因为矛盾的最基本的性质是统一性，在处理问题和解决矛盾时，我们应尽力利用和扩大它的统一性，减少阻力，使矛盾得以顺利解决。在党的历史上，特别是新中国建立以后，我们党对民族资产阶级所采取的方针就是非常成功的例证。在新的历史时期，我们党提出的“一国两制”的科学构想，努力争取用和平方式解决港澳和台湾问题，也是以此为哲学根据的。

刘少奇关于“主观对于客观矛盾所起的作用”的科学论断，是指我们要正确认识矛盾的客观性质，采取正确的方法，促使对抗矛盾性质的转化，以达到正确解决矛盾；而对非对抗性的矛盾，要尽力利用和扩大矛盾的统一性，用温和的手段加以解决。当然，这绝不是否认矛盾的斗争性。这是说，在解决复杂的社会矛盾的过程中，应尽力利用和扩大矛盾的统一性，用恰当的手段促使矛盾的解决，只是在非常必要的时候，才采取强硬的手段来解决矛盾。

2. 一定的立场确定处理矛盾的方针

刘少奇认为，正确发挥主观对于客观矛盾所起的作用，其关键是确立正确的立场。因为，人们处理矛盾的方针和方法，是由人们确定的立场决定的。人们犯错误，当然有不认识矛盾的原因，只有认识矛盾之后，才能谈到确立处理矛盾的方针和方法。只有认识矛盾之后，人们才能支配矛盾和控制矛盾，才能决定如何去处理矛盾。“但是，单是认识矛盾，还是不能决定我之处理方针。首先应当确定我之一定的立场，没有一定的立场，就没有一定的方针，只有确定立场之后，才能够决定我们的处理方针。”[①]因为，处理矛

①刘少奇:《人为什么犯错误？》,1941 年 10 月 3 日。

盾方针的确定，“是看你对这一矛盾的态度、关系如何来确定的”①。因为，你的立场决定你的利益，决定你的要求，在你的利益与要求上，决定你对矛盾的处理方针，“或是推动这一矛盾的发展，或是阻止这一矛盾的发展，或是毁灭这一矛盾，或者是使矛盾发展到一定的阶段而又使其停止，或者是矛盾分裂，或者是保持其统一性”②。可见，矛盾能否得到正确解决，主观的作用、立场的作用是至关重要的，它关系到是推动矛盾的发展，还是阻止这一矛盾，或是毁灭这一矛盾的问题。

3. 客观与主观之间的矛盾是人犯错误的基本原因

人是自然界长期发展的产物，所以人是自然界的一部分。从这个意义上说，人是自然的人，人具有自然性。人要生存和发展就要从自然界取得物质生活资料，从事生产活动。这就又把自己同自然界区别开来，对立起来，使人成为自然界的改造者。这正如马克思所说：“为了进行生产，人们便发生一定的联系和关系；只有在这些社会联系和社会关系的范围内，才会有他们对自然界的关系，才会有生产。”③在这个意义上说，人又是社会的人，人具有社会性。刘少奇认为，人一方面受自然界的支配（靠天吃饭），同时又受社会的支配，这就养成人之存在的二重性，即人的自然性与人的社会性。但是，区别人与其他动物，主要的是人有思想，能改造世界，能进行生产，能认识客观世界的规律性。所以，只有人在认识和改造世界的实践活动中才犯错误。不能想象其他动物也能犯错误。因为，社会生产活动把人与自然界区别开来和联系起来，形成主观与客观的矛盾运动。这正如刘少奇所指出，人要去了解客观自然发展的规律，在了解客观发展规律的过程中，就会发生客观与主观之间的矛盾。在实践中，“主观与客观的矛盾，与主观常常落后于客观，就是人类不免犯错误的基本原因”④。

刘少奇认为，错误既然是人犯错误，那么，犯错误的原因就应进一步从

---

①②④刘少奇:《人为什么犯错误？》,1941 年 10 月 3 日。

③《马克思恩格斯选集》第 1 卷,人民出版社 1972 年版,第 362 页。

主观方面，从主观对于客观的矛盾关系上去说明。具体来说，一是由于人的认识上的错误，二是由于人的立场上的错误。在认识方面，是人们在认识和改造客观世界的过程中，背离了辩证唯物论的基本观点和违背了唯物辩证法的基本法则；在立场方面，是人对客观事物及其规律的错误态度和由此而采用的错误方法。由于不认识规律而犯了错误，叫作认识上的错误。认识了规律，但为了个人的或一小集团的利益和要求，特别是出于阶级的偏见而不按客观规律办事，这就是立场上的错误。在阶级社会中，一般地说，剥削阶级，特别是走向反动的剥削阶级，出于剥削人民压迫人民的本性，总是歪曲历史，“阻止社会进化和人类历史进化”，这是明显的立场上的错误，刘少奇称之为“绝对错误”。在以往的阶级社会中，由于生产规模的狭小，历史的局限性，处于被剥削地位的劳动人民，“对于社会历史的发展不可能有全面的认识，这里面难免也有立场上的错误”。①

主观与客观的矛盾，主观常常落后于客观，这是“人类不免犯错误的基本原因”。其中，认识上的错误是人所共有的，而立场上的错误则因阶级地位的不同而不同，所犯错误的性质也有区别。在当今的时代，人们只有站在无产阶级的立场上，才能正确发挥“主观对客观矛盾所起的作用”，才能正确认识和解决各种复杂的社会矛盾。社会实践证明，处理社会问题或解决社会矛盾，绝不能离开立场，“舍弃立场就是忘掉自己。所以，处理矛盾，要看我们的地位（立场）而来确定我们的方针”②。刘少奇对人为什么犯错误的这种理论分析，是符合马克思主义的，对于提高我们的思想水平和工作能力具有十分重要的意义。

①②刘少奇:《人为什么犯错误？》,1941年10月3日。

# 三　人民内部矛盾学说

在我国生产资料所有制社会主义改造基本完成以后，刘少奇依据毛泽东关于两类矛盾的理论，在1957年4月明确提出，在我国现阶段的社会政治生活中，“人民内部的矛盾已成为主要矛盾”①。我国社会主义发展的实践证明，刘少奇的这个论断是完全正确的，它符合我国社会主义发展的客观实际，是对毛泽东的两类矛盾理论的重大贡献。

## （一）两类矛盾学说的提出

关于社会主义制度下存在两类矛盾的问题，无产阶级革命导师马克思、恩格斯、列宁也有过一些设想和论述，然而，把两类不同性质的矛盾，特别是人民内部矛盾问题的认识和处理作为科学的理论体系提出来，则是我们党的创造，是毛泽东、刘少奇等无产阶级革命家的历史功绩。

早在1941年10月，刘少奇在中共中央华中局党校所作的《人为什么犯错误？》的报告中，就从哲学的高度阐明了两类矛盾的学说。他说：“矛盾的形式，可以分成两大类。”一类是对抗的矛盾，也就是敌对的、拮抗的，或冲突的矛盾；另一类则是不对抗的矛盾，也就是“可以调和的矛盾，可以相互斗争，也可以相反相成的矛盾”。这两类矛盾在一定时期内、一定条件下，在性质上可以转化，在形式上可以发展。刘少奇认为，对抗的矛盾在最初阶段，在一定时期、一定条件下，可以不是对抗的，但基本上一定要发展到对抗的阶段。不对抗的矛盾，在一定时间和条件下，在形式上也会发展到对抗，这是矛盾发展的一般形式。因为“一切矛盾的发展，都有渐进与飞跃的

①《刘少奇选集》下卷，人民出版社1985年版，第296页。

发展，都有质变，因之，也都有否定。所以，不对抗的矛盾，也有飞跃，也有质变，也有否定”。但是，这两类矛盾在性质上是根本不同的，“对抗的矛盾，不仅发展到一定阶段，才来对抗一下，而是基本上的对抗，是不可调和的。但不对抗的矛盾，在一开始的阶段，可以不对抗，即是在一定的具体问题上，一定的时间内，一定的条件下，可以不对抗”。这就是说，不对抗的矛盾，只有在一定的时间和条件下，在形式上才发展成对抗，不是所有的不对抗的矛盾，一定要发展成对抗。因此，对矛盾的性质，我们一定要认识清楚，如果我们把矛盾的性质认识错了，我们在实践上就要犯错误。把对抗的矛盾看成不对抗的矛盾，导致在解决这一矛盾时，采取了不对抗的方式，这就在根本上犯了错误。例如，社会民主党把资产阶级与无产阶级的矛盾看成是不对抗的，从而产生了第二国际的全盘错误；党内的调和主义者、自由主义者，把党内根本原则分歧这一对抗矛盾看成是可以不对抗的，所以他们也犯了错误。刘少奇说这就是叫老鼠与猫交朋友。但是，如果把不对抗的矛盾认为是对抗的矛盾，同样也是犯了错误。例如，托洛茨基就把工人和农民的矛盾认识错了。所以，正确认识矛盾的性质是正确处理矛盾的前提。刘少奇在《人为什么犯错误？》的报告中阐发的两类矛盾学说，是继毛泽东的《矛盾论》之后，中国共产党人对马克思主义矛盾学说的创造性运用和发展。

1949 年 7 月，中国新民主主义革命胜利前夕，刘少奇在一次党内报告中使用了“外部矛盾”和“内部矛盾”的提法。他说：“中国人民民主专政，有它的外部矛盾与内部矛盾，有它的外部斗争与内部斗争。所谓外部矛盾与外部斗争，就是它与帝国主义、封建主义、官僚资本主义及与国民党残余势力的矛盾和斗争。……所谓内部矛盾与内部斗争，就是人民民主专政内部各阶级间党派间的矛盾与斗争。”[①]这是刘少奇的两类矛盾学说的进一步发展，也是他开始探讨社会主义社会两类矛盾学说的重要标志。

1951 年，刘少奇在《国营工厂内部的矛盾和工会工作的基本任务》一文

①转引自《学习与研究》1986 年第 1 期。

中，又进一步提出和论证了两类矛盾的问题。他指出，所有的工厂和矿山都是人类向自然界进行斗争，即进行生产的机关和工具。当工厂及其生产品被资本家所占有，资本家从而剥削并压迫直接从事生产的工人的时候，在工厂内部与生产关系上存在着劳资之间的阶级矛盾。“这是一种在根本上敌对的不能和解的矛盾。”①由于这种矛盾的存在，生产工人们的积极性受到压制，使工厂的生产力不能充分发挥，有时候还要破坏生产力。而当工人阶级领导的国家已经建立，并把工厂收归国有，又进行了民主改革以后，我们的国营工厂内部就再没有阶级对抗和剥削关系存在了，工厂管理机关与工人的关系就从根本上变为一种同志的关系了。因而他们能够而且应该团结一致，充分发挥自己的力量，去向自然界进行斗争，发展生产。因此，这时构成国营工厂内部的基本矛盾，“就是国营工厂管理机关与工人群众之间的矛盾，就是国营工厂内部的公私矛盾。这种矛盾与资本家工厂中的阶级对抗完全不同，它是一种在根本上非敌对的、可以和解也应该调和的矛盾”②。他还强调指出：“它是一种不容否认的、客观存在的、真正的矛盾，是在长时期内要我们来认真地加以调整和处理的矛盾。”③

刘少奇认为，正确认识和处理国营工厂管理机关与工人群众之间的这种“可以和解也应该调和的矛盾”是极为重要的。工厂收归国有后，阶级矛盾和剥削关系消灭了，国营工厂中所要处理的已经不是阶级矛盾和剥削关系，以及由这种矛盾和关系所发生的问题。现在，我们在国营工厂中必须来处理另外一种新的矛盾和关系，以及由这种矛盾和关系所发生出来的各种问题。他说：“目前在国营工厂中所发生的一切问题，差不多都是从这个基本问题上发生出来的，或与这个基本问题有关系的。如果不能正确地处理这个问题，就不能正确地处理国营工厂中的一切问题。”④

经过以上分析，刘少奇进一步明确指出，矛盾大体上可以分为两类：一类是在根本上敌对的不能和解的矛盾；另一类是在根本上非敌对的可以和解

①②③④《刘少奇选集》下卷，人民出版社 1985 年版，第 92、93、93、93~94 页。

的矛盾。我们在观察问题的时候，必须分清这两类矛盾的不同性质，既不可以把敌对的不能和解的矛盾看作是非敌对可以和解的矛盾，也不可以把非敌对的可以和解的矛盾看作是敌对的不能和解的矛盾。“工人阶级内部的矛盾，例如，国营工厂管理机关与工人群众个别部分之间的矛盾，就是属于后一类矛盾。如果把这种矛盾看成是一种敌对的不能和解的矛盾，因而采取一种敌对的不妥协的态度去对待，那就在根本上犯了错误。”①他进而提出了解决国营工厂管理机关与工人群众之间矛盾的方针和政策。

从以上分析中我们可以看出，刘少奇在1951年写的《国营工厂内部的矛盾和工会工作的基本任务》一文中，对两类矛盾的理论，特别是对人民内部矛盾的特点的论述是非常精辟的。这篇文章在两类矛盾学说的创立和发展中，居于十分重要的地位。但是，这篇文章在当时只是他读邓子恢《在中南总工会筹委会扩大会上的报告》和高岗《论国营工厂中行政与工会立场的一致性》两篇文章时的笔记，没有公开发表。

20世纪50年代中期，对当时的社会主义阵营来说，是一个多事之秋。在欧洲，相继爆发了波兰和匈牙利事件，社会矛盾达到尖锐冲突的程度。在我国，随着三大改造的基本完成，新的社会矛盾也在不断产生。例如，工人的就业问题，学生的升学和分配问题，各行各业、各部门间的生活待遇问题，以及物价问题、住房问题等等，都是在人民群众中比较敏感和意见较多的问题。由于我们国家刚刚开始社会主义建设，在某些制度上还存在着不合理和不完善的地方，也由于在领导机关中存在着官僚主义的弊病，再加上东欧的影响，我国的一些地区也出现了风浪。1956年冬到1957年春，在我国大约有一万名工人罢工，一万名学生罢课。在这种复杂的社会环境中，对这些社会问题怎样认识和处理，怎样从理论上给以正确的分析和从方法上给予妥善的引导，是我们党所面临的迫切的任务。

到了1955年5月，毛泽东在《驳“舆论一律”》和1956年4月的《论十大

---

①《刘少奇选集》下卷，人民出版社1985年版，第94页。

关系》中，对社会主义社会的矛盾问题进行了探讨和论述。1956年12月党中央在《再论无产阶级专政的历史经验》一文中首次公开提出了两类矛盾的论断。1957年1月，毛泽东在各省市自治区党委书记会议上的讲话中，特别是同年2月在《关于正确处理人民内部矛盾的问题》的报告中，系统地论述了这个问题，提出了人民内部矛盾是国家政治生活主题的思想，形成了完整的两类矛盾的学说。1957年4月27日，刘少奇在中共上海市委召开的党员干部大会上的讲话中，进一步论证了两类矛盾的理论，进而丰富和发展了两类矛盾的学说。两类矛盾学说的创立，特别是人民内部矛盾理论的提出和论述，是对马列主义矛盾学说的重大发展。

## （二）人民内部矛盾的表现及其根源

毛泽东在《关于正确处理人民内部矛盾的问题》中指出："关于正确处理人民内部矛盾的问题，这是一个总题目。"①刘少奇在1957年4月27日中共上海市委召开的党员干部大会上的讲话中，明确提出："应该讲，现在人民内部的矛盾已成为主要矛盾"②，并说"当前的问题，就是如何正确地处理人民内部的矛盾"③。

为什么说人民内部矛盾是我国现阶段国家政治生活中的主要矛盾呢？第一，阶级结构发生了变化。在我们国内，除台湾外，地主官僚资产阶级早已消灭了；经过社会主义改造，资产阶级作为阶级也基本上消灭了；反革命分子还是存在的，但是不多了，"还剩下一点残余，剩下一点尾巴，所以不能说现在我们国内敌我矛盾还是主要的"④。第二，无产阶级思想和非无产阶级思想是不是我国现阶段政治生活中的主要矛盾？不是。因为，无产阶级思想与非无产阶级思想的矛盾，首先表现在我们党内。例如主观主义、官僚主义、宗派主义、个人主义、本位主义等，在今天是一个很突出的问题，是我

①《毛泽东著作选读》下册，人民出版社1986年版，第756页。

②③④《刘少奇选集》下卷，人民出版社1985年版，第296、295、295页。

们大家必须研究和解决的问题。而且，首先要在共产党内部解决，尤其在共产党的干部中间解决。要把我们共产党干部中间的主观主义、官僚主义、个人主义、本位主义、宗派主义等，搞得少一点。所以，“这个矛盾也是人民内部的矛盾”[①]。“这里面当然也有阶级性问题，但是这些思想现在主要反映在人民内部。”[②]第三，工人阶级和农民的矛盾是不是我国现阶段国家政治生活中的主要矛盾？也不是。工人阶级和农民都是人民，而且今天的农民已经起了变化，是走向集体化了的新式农民。所以，如果说工人阶级和农民有矛盾的话，也是人民内部的矛盾。第四，生产力与生产关系、经济基础与上层建筑之间是什么性质的矛盾？也是人民内部的矛盾。今天的上层建筑是共产党领导的国家，包括政治、法律、文化等，这些上层建筑与经济基础之间的矛盾不是敌对性的。生产关系包括所有制和分配关系。今天的所有制主要是全民所有制与集体所有制。这两种所有制决定今天的分配关系。现在分配关系里面表现的矛盾最多了，所以，生产关系与生产力之间的矛盾，“是社会主义所有制内部的矛盾，是全民所有制内部的矛盾，是集体所有制内部的矛盾，也是人民内部的矛盾”[③]。至于先进与落后，也是人民内部的先进与落后的矛盾。刘少奇说：“现在的上层建筑与经济基础、生产关系与生产力、先进与落后的矛盾，不是表现在反动者与革命者之间，而是表现在人民内部。”[④]第五，人民与群众领导者之间的矛盾，人民群众与官僚主义者之间的矛盾，这同样是人民内部的矛盾。人民群众与领导者不存在什么敌我问题。至于领导机关的官僚主义者“除开了一种特殊情形，除开了少数特别恶劣的、顽固的、反人民的官僚主义者以外，一般犯了官僚主义错误的，还是属于人民内部矛盾”[⑤]。第六，唯物主义与唯心主义，真理与谬误，是与非，从思想体系上讲是不能调和的，是对抗的。这些矛盾在旧社会中往往表现在阶级之间，表现在敌我之间。而在今天的社会主义条件下，主要不是表现在敌我之间，不是表现在敌对阶级之间，而是表现在人民内部。刘少奇指出，

---

①②③④⑤《刘少奇选集》下卷，人民出版社 1985 年版，第 297、297、298、299、299 页。

"人民内部有唯物主义与唯心主义两种思想，人民内部有真理有谬误，人民内部有是有非。因此，这些矛盾，表现在人民内部是非对抗性的，是人民内部的矛盾"①。

在我国现阶段，人民内部的矛盾有多方面的表现形式。但是，就人民内部矛盾的特征来分析，大致分以下几类：第一，我国社会主义社会中各阶级、阶层和社会集团之间的矛盾，以及各阶级、阶层和社会集团内部的矛盾。这一类矛盾实质上是社会主义劳动者之间的矛盾。第二，不同民族、地区、部门和行业之间的矛盾，以及生产建设与文化教育间的矛盾、文化科学领域中的矛盾，等等。第三，党和政府同人民群众之间，即领导同群众之间的矛盾。如国家、集体和个人利益之间的矛盾，民主与集中、自由与纪律的矛盾。而最突出的是领导上的官僚主义与人民群众之间的矛盾。刘少奇认为，"如果领导机关不犯官僚主义，问题就可以解决了，矛盾就缓和了。即使群众中间有过高的要求，有不合理的要求，有错误思想，领导上如果没有官僚主义，也可以而且应当解释清楚，矛盾就不会紧张起来"②。对官僚主义的危害性问题，列宁明确讲过："共产党员成了官僚主义者。如果说有什么东西会把我们毁掉的话，那就是这个。"③另外，人民内部矛盾还表现在分配问题上。生产力与生产关系的矛盾，大量表现在分配问题上。比如工资问题、住房问题、升学问题、就业问题等等，都是分配问题。刘少奇在 1957 年 4 月 27 日的上海党员干部会议上的讲话中就论证了这个问题，并"建议同志们要好好研究这个分配问题"④。总之，在我们社会主义国家里，人民内部存在着相当复杂的矛盾关系，可以说有多种类型、多种层次，是一个庞大的矛盾群，它广泛地存在于社会生活的各个方面。

在我国现阶段，人民内部矛盾的产生和存在有各种根源，从根本上说，它是由社会主义社会自身发展的社会历史条件所决定的。具体地讲：第一，

---

①②④《刘少奇选集》下卷，人民出版社 1985 年版，第 300、303、303 页。

③《列宁全集》第 35 卷，人民出版社 1963 年版，第 552 页。

物质生产不发达，科学文化水平较低，不能充分满足人民日益增长的物质生活和文化生活的需要。这是人民内部矛盾产生和存在的经济根源。第二，社会主义制度不完善，剥削阶级和旧社会影响的长期存在。这是人民内部矛盾产生和存在的社会根源和思想根源。第三，对社会主义社会发展规律的认识有个逐步深化的过程，往往有反复，有曲折。特别是由于人们各自的生活经历、文化素养、认识条件、实践经验的不同，观察问题的角度、思想方法和思想水平的不同，在对社会主义社会发展规律的认识上，必然存在差异。这是人民内部矛盾产生和存在的认识根源。通过以上三个方面的分析，从总体上讲，人民内部矛盾是由我国现阶段社会主义社会基本矛盾的性质和状况的特点决定的。也就是说，社会主义社会基本矛盾的性质和特点，是人民内部矛盾产生和存在的总根源，而最主要和最深刻的根源是由物质生产力发展水平决定的。如我国现阶段的工农矛盾、脑力劳动和体力劳动的矛盾、城乡矛盾、生产与消费的矛盾，升学问题、就业问题、住房问题，国家、集体和个人三者利益的关系问题，特别是分配问题，都根源于生产力发展的状况。刘少奇在 1957 年 4 月 27 日的上海党员干部会议上的讲话中讲的分配问题，实际上是分析由于社会生产力发展水平较低，引起了许多问题亟待我们去解决。从这个角度分析，人民内部矛盾实际上是我国现阶段人民日益增长的物质文化生活需要同落后的社会生产的矛盾的具体表现。我们要不断地解决人民内部矛盾，促进社会主义事业的发展，就要立下决心，大干四化建设，发展社会生产力。

### （三）处理人民内部矛盾的方针和方法

毛泽东指出：“我们历来主张，在人民民主专政下面，解决敌我之间的和人民内部的这两类不同性质的矛盾，采用专政和民主这样两种不同的方法。”[①]毛泽东把民主和专政这两方面的职能同解决两类不同性质的矛盾联系

①《毛泽东著作选读》下册，人民出版社 1986 年版，第 765 页。

起来，是对马克思主义社会历史观的丰富和发展。

民主方法是解决人民内部各种矛盾的最基本的方法。在社会主义社会中，人民是国家和社会的主人，人民内部矛盾是根本利益一致基础上的非对抗性矛盾，因而只能用民主的方法，即用说服教育的方法和群众自我教育的方法加以解决。毛泽东在《关于正确处理人民内部矛盾的问题》一文中指出："在1942年，我们曾经把解决人民内部矛盾的这种民主的方法，具体化为一个公式，叫做'团结—批评—团结'。"[①]"我们现在的任务，就是要在整个人民内部继续推广和更好地运用这个方法，要求所有的工厂、合作社、商店、学校、机关、团体，总之，六亿人口，都采用这个方法去解决他们内部的矛盾。"[②]

刘少奇在许多讲话和论著中，也是反复强调用民主的方法解决人民内部矛盾。1951年，他在《国营工厂内部的矛盾和工会工作的基本任务》一文中就明确讲，对处理国营工厂中管理机关与工人群众之间的矛盾，"有两种不同的人，站在两种相反的立场上，采取两种根本相反的处理方针和政策"[③]。一种人是工人阶级和人民的敌人，即反革命分子，他们站在反对工人阶级和人民的立场上，"利用矛盾的斗争性及双方的一切弱点"，进行挑拨，来推动与促进这个矛盾的斗争和破裂，以达到他们反革命的破坏的目的。另一种是工人阶级和人民中的觉悟分子、共产党人，他们站在工人阶级和人民的立场上，"利用矛盾的统一性及双方的一切优点，来推动和促进这个矛盾的和解和妥协（经过适当的斗争），以达到双方团结一致，共同努力进行生产的目的"[④]。在这里，刘少奇提出了在解决人民内部矛盾时，要注意利用"矛盾的统一性，及双方的一切优点"，来推动矛盾的和解和妥协这样一个重要的哲学问题。在过去相当长的时间内，对这个问题我们是不理解、不重视的。唯物辩证法认为，任何矛盾都是统一性和斗争性的统一体，但是，"矛

①②《毛泽东著作选读》下册，人民出版社1986年版，第763、764页。

③④《刘少奇选集》下卷，人民出版社1985年版，第94、94页。

盾的最基本的性质是矛盾的统一性”[①]，而人民内部矛盾、党内的矛盾更是如此。“对党内的矛盾和斗争，我们的方针是利用矛盾的统一性，不是去扩大它的斗争性。”[②]

人们在解决人民内部矛盾的过程中，究竟采取哪一种方针和政策，是由人们对问题所持的立场决定的，是由人们牵涉到这个问题的矛盾中所站立的地位来决定的。他们或者站在矛盾之外、矛盾之上，或者站在矛盾之中的某一个方面，各自从自己站立的地位即立场出发来决定对这个问题所采取的方针、态度和办法，或者利用矛盾的统一性促进矛盾的和解，或者利用矛盾的斗争性促进矛盾的冲突和破裂。在处理矛盾过程中，人们在矛盾中所站立的地位相同，他们就会有共同的立场；在矛盾中所站立的地位如果不同，他们也就会有不同的立场。人们有共同的立场，双方可以采取矛盾和解的方针。如果人们在矛盾中所站立的地位不同，或者说立场根本相反，在这种情况下，“如果双方都采取使矛盾和解的方针，那对于促进矛盾的和解是更有利的，可以得到相反相成的效果。因为任何矛盾的合作和和解都是相互的、有条件的，而促进矛盾的斗争则是只要一方面就可以的，是无条件的，绝对的”[③]。刘少奇在这里对解决人民内部矛盾的方针和政策的分析是精辟而深刻的。

1957 年 4 月 27 日，刘少奇在上海党员干部会议上，又明确指出：“当着矛盾表现为对抗的时候，要去解决矛盾，就要强调斗争。当着矛盾表现为非对抗性的时候，我们就不采取斗争的办法而采取‘团结—批评—团结’的办法来解决。”[④]他说，我们在主观上没有必要去故意地、人为地使斗争激烈化，使斗争紧张起来，似乎非要斗一下我们才舒服，不斗一下就不过瘾。当然，“我们也不害怕斗争，在需要用强硬的斗争的办法来解决矛盾的时候，我们是不吝惜斗争的。我们采取什么方针和方法来解决矛盾，不是凭主观愿望决定的，而是由客观矛盾的性质决定的”[⑤]。这就是说，在解决社会矛盾

①②刘少奇:《人为什么犯错误》,1941 年 10 月 3 日。

③④⑤《刘少奇选集》下卷,人民出版社 1985 年版,第 96、302、302 页。

的过程中，只在必要的时候才采取强力的办法、压服的办法。凡是可以采取说服、教育、团结的办法来解决问题的时候，我们都是采取说服、教育、团结的办法。“我们就是主张处理人民内部的矛盾要用和风细雨的办法，要用小民主的办法。”[①]1962年5月23日，刘少奇在同中央政法小组谈话时指出，这几年的政法工作，就问题方面来说，总的经验教训是混淆两类不同性质的矛盾，主要是误我为敌，打击面过宽。“就是说随随便便，马马虎虎，没有把两类不同性质的矛盾清楚地、严格地、细致地区分开来。”[②]过去我们犯了不少错误，但是，主要的错误是用处理敌我问题的办法去处理人民内部矛盾。用对付敌人的专政的办法来处理自己人的问题，处理劳动人民的问题，这是个根本错误。他说：“这不是共产党的方法，而是国民党作风，是站在人民之上，向人民施用压力。”[③]

用民主的方法解决人民内部矛盾，同时还必须辅以社会主义法制。加强社会主义法制建设，也是解决人民内部矛盾不可缺少的。社会主义民主本身就是民主和法制的统一。社会主义民主作为社会主义国家的一种制度，是不能脱离社会主义法制而独立存在的。毛泽东说：“人民为了有效地进行生产，进行学习和有秩序地过生活，要求自己的政府、生产的领导者、文化教育机关的领导者发布适当的带强制性的行政命令。没有这种行政命令，社会秩序就无法维持，这是人们的常识所了解的。”[④]1962年5月23日，刘少奇同中央政法小组谈话时也明确讲，我们的政法机关要担负起处理人民内部矛盾的任务。过去，我们一般认为公安局、法院只是处理敌我矛盾的机关，实践证明，这样认识问题有片面性。在无产阶级专政条件下，国家也是教育机关。他说：“要把人民教育成共产主义者，不光是靠学校教育。你们是专政工具，同时也有教育人民、处理人民内部矛盾的任务。”[⑤]对这个问题，过去我们不认识，结果犯了打击面过宽的错误。比如，劳动教养本来是处理人民

①②③⑤《刘少奇选集》下卷，人民出版社1985年版，第302、450、450、452页。

④《毛泽东著作选读》下册，人民出版社1986年版，第762页。

内部问题的，而往往采用处理敌我问题一样的办法。公安机关、检察机关和法院，对敌人是专政机关，对人民来说，要成为处理人民内部矛盾的机关。行政拘留、劳动教养、集训等，都是处理人民内部矛盾的辅助手段。在人民内部只讲民主不讲法制不是马克思主义。现实生活证明，人民内部的许多问题，单靠说服教育解决不了，必须靠法制机关绳之以法。人民中间有人犯了法，哪怕是高级干部，也要受到法律制止或制裁。当然，这同压迫人民的敌人的专政有原则区别。总之，我们要努力健全社会主义民主和法制，并“使这种制度和法律不因领导人的改变而改变，不因领导人的看法和注意力的改变而改变”①。

为了贯彻用民主的方法处理人民内部矛盾的方针和政策，刘少奇在1957年4月27日上海党员干部大会上的讲话中，对处理人民内部矛盾问题的几个错误观点进行了分析。他对这几个错误观点的分析，至今还是很有意义的。

一是关于站在人民之上的观点。有的领导人把本单位的群众看作是属于自己管的手下人。有的干部认为，我是管你们的，而你们是归我管的；你们应该听我的话，而我可以不听你们的话。这是什么态度？刘少奇说：“我想这个态度是官僚主义的态度，是根本错误的态度。”②刘少奇批评的这种官僚主义态度，1957年存在，现在也是存在的。这样的干部不是把自己看作是人民的一分子，不是把自己看作人民的公仆，而是把自己放在与人民对立的地位。这种观点，不是无产阶级观点，不是群众观点，而是剥削阶级观点、官僚主义观点。恩格斯曾经讲过，要防止国家经济机关由社会公仆变为社会主人。我们的党、政府，国家经济机关、教育机关的领导人本来是人民的公仆、社会的公仆，但现在有的干部自觉不自觉地变成了人民的老爷，把人民群众当作仆人。刘少奇说：“我们所有的领导人都是为人民服务的，是人民的公仆，是人民的勤务员，没有权利当老爷。”③我们的领导干部，在处理人

①《邓小平文选》(1975—1982)，人民出版社1983年版，第136页。

②③《刘少奇选集》下卷，人民出版社1985年版，第307、307页。

民内部矛盾的时候，只有把人民群众，即把普通的工人、普通的农民、普通的知识分子、普通的学生当作跟自己一样的人来看待，群众才信任我们，才能把事情办好。

二是关于只去分清群众的是非，而不分清领导人的是非的观点。处理人民内部矛盾也是分清是非问题。有的领导人只分清别人的是非，而不分清自己的是非。自己不分，别人去分他的是非，他又不准。而且有的领导人在分群众的是非时，只讲群众非，抹杀群众中的是。而讲到自己，只讲自己的是，不讲自己的非。“结果就是这样：非的就是群众，是的就是‘老子’。”①这是片面的，不符合事实的。这种观点，不能正确地解决人民内部的矛盾问题。

三是关于“以力服人，不是以理服人”的观点。有的领导人处理群众问题，是用力量去压服，而不是用道理去说服。群众中间闹起事来，他们不是想尽法子使群众闹事解消，使矛盾缓和，不是强调团结和统一，而是强调斗争，使矛盾激化起来。刘少奇说：“这是违背上面所讲的处理人民内部矛盾的方针的。人民内部的事情应该缓和，应该妥协解决。”②

四是关于“把人民内部的矛盾当作敌我矛盾来处理”的观点。这是几十年来的一个严重教训。在过去相当长的时间里，凡是群众中间闹起事来，有的领导人就去分群众的界线，问人家的动机，查人家的历史，甚至当作反革命事件处理。如果把人民群众当作敌人，这就根本错了，实际上是把自己当作人民的敌人了。当然，对待犯官僚主义错误的人，群众里面也有过分的，也需要教育。因为，“除开特别恶劣的、顽固的官僚主义者以外，对于一般犯官僚主义错误的人，还是应该从团结出发，经过批评，达到团结”③。

### （四）严格区分两类不同性质的矛盾，为冤假错案平反

刘少奇在长期的革命和建设实践中，不仅精辟地阐述了关于正确区分和处理不同性质矛盾的伟大学说，而且还正确运用这一马克思主义矛盾学说的

---

①②③《刘少奇选集》下卷，人民出版社 1985 年版，第 308、308、308 页。

原理解决实际问题，深刻体现了他那种实事求是，一切从实际出发的彻底唯物主义的思想风貌。

1960 年 6 月，湖南省郴县鲤鱼江电厂一位 20 岁的运煤女工，发现农民患浮肿病，农村缺粮情况很严重，认为是人民公社制度造成的，党中央、毛主席不知道。于是她写了“打倒、铲除、消灭人民公社”为内容的 12 张标语，到国务院北门外张贴，并告诉警卫战士，标语是她贴的，要求中央派人去农村了解情况。警卫人员当即把她送到北京市公安局西城分局处理。这个青年女工被送回原籍，当地判了她 5 年徒刑。这个女工交代这种行为的动机和目的，是为了使毛主席、党中央了解农村的真实情况。后来，湖南省政法领导机关经过复查，认为这个青年女工在国务院大门前张贴标语的内容是反动的，但对她本人可按人民内部矛盾的问题来处理，因为她本人过去一贯表现好，看不出她与共产党在根本上有什么矛盾和冲突，而且她张贴标语的目的和动机是让党中央和毛主席知道农村情况，使农民生活得到改善，不是以推翻人民民主政权为目的，所以建议由原判单位撤销对她的判决，予以释放，并与她原工作单位协商，不予开除，也不要歧视，但要对她进行反复耐心的教育。刘少奇审阅此份复查报告之后，立即批示把这个材料印发各省市委、中央各部委、各党组，并建议由湖南省委主要领导同志亲自和这个女工谈一次话，一方面适当地鼓励她认真向中央反映农村情况，另一方面适当地批评她反映情况的方法，“以便引导她走上正确的道路”。1961 年 4 月，刘少奇回湖南省做社会调查时，还向有关领导同志询问这个案件处理后的反映，并明确指出：“根据什么判她的罪，法律有这么一条吗？无非是根据她写了反动标语。反动标语是以反革命为目的，而她跑到北京，还相信中央，这能说是以反革命为目的吗!”他还严肃地指出，她向中央反映情况，“采取的方法是错误的，但这不应该判罪”。①

1961 年 4 月，刘少奇在天华大队做社会调查时，听到群众反映有个社员

①转引自《怀念刘少奇同志》，湖南人民出版社 1980 年版，第 341 页。

叫冯国全，给生产队养了一头牛。1957 年 2 月间牛死后，剖腹时在肺内发现一根三寸多长的 18 号铁丝。该队既未认真查明原因，也没有向上级请示报告，就擅自做出把铁丝钉进牛肚“破坏耕牛”的结论，先后两次斗争了养牛户冯国全，但冯一直未承认此事。刘少奇听到这个情况后，反复启发调查组思考这个问题，他说：“牛皮那么厚，牛劲那么大，铁丝怎么钉进牛肚子里？不可能吧？”还说：“牛是反刍动物。这个事要调查，不仅要查当事人，还要问问老兽医，或者问问专门学习这种医学的人。”调查组遵照刘少奇的指示，展开了深入细致的调查，发现这头牛是 1955 年 8 月从长沙县青山乡买去的，并查明牛死亡的真实原因是原牛主的寄子（当时 10 岁），因年幼无知，出于好奇心，将铁丝裹在青草内喂入牛口的。冯国全“破坏耕牛”完全是主观臆断所造成的冤案。这件时过 4 年的难案终于查清了，并为冯国全平反恢复名誉。冯国全激动地说：“这次刘主席帮我申了冤，我一辈子也忘不了党的恩情。”广大群众对此事也极为赞颂，并奔走相告：“共产党做事真是实事求是，几年前的事也查得一清二楚，搞个水落石出，真了不起。”①

刘少奇严格区分和正确处理两类矛盾的思想风貌，还有两个十分感人的例子。1961 年他在宁乡县炭子冲大队调查时，群众反映齐海湘家系赤贫，本人做过长工，下过煤窑，得了矽肺病，1948 年加入反动会道门，为一般教徒。1959 年，齐海湘因矽肺病严重，求神治病。同年 12 月他因反动会道门复辟活动罪被批斗后逮捕，判刑 8 年，不久后病死。此案确系混淆两类不同性质矛盾的错案。刘少奇随即进行了平反纠正，并对调查组说：“群众反映是一起错案，本人被捕后不久死了。人虽死了，也应查清，作出实事求是的结论。本人死了，还有子孙后代，我们要对案件负责，还要对他子女后代负责。”②

1961 年 4 月，正当刘少奇回乡的前几天，花明楼完小五年级一个 12 岁的学生，想起这两年干部打人，群众挨饿受苦，幼稚的心理上产生了一股牢

①②转引自《怀念刘少奇同志》，湖南人民出版社 1980 年版，第 337、341 页。

骚情绪。在放学回家路过刘少奇旧居时，捡起一块黄色土块，在电杆上写下了“打倒刘少奇”5个歪歪斜斜、稚气十足的大字。事情发生后，很快被公安部门查出，这个小学生被认为是犯了“书写反革命标语罪”，宣布开除学籍后再交公安部门处理，学校校长要撤职查办，班主任要追究政治责任。5月5日，刘少奇听了社、队干部的汇报后，默默地沉思了一阵，说：“这几年‘五风’刮得厉害，老百姓缺吃少穿，挨打受骂，这就免不了对党、对干部有牢骚。我是国家主席，当然有责任。小孩子写上标语，表示反对，让我看见，这也可以理解，不要怪他。我看，学籍不要开除，检讨也不要作，要让他继续上学，好好受教育，小孩子写上这么一条标语，不算什么反革命，不要给他处分。至于校长、班主任更不要责怪，怎么能怪他们！你们要做好他们的思想工作，退还他们的检讨，使老师安心，学生安心。”①

从以上种种事例来看，刘少奇不仅具有无产阶级革命家的博大胸怀，严格区分两类不同性质的矛盾，正确执行党的政策的严肃慎重态度，而且还具有对个人的政治生命高度负责的精神。这是永远值得我们学习的。

总之，刘少奇对毛泽东关于正确处理人民内部矛盾理论的形成和发展做出了很大的贡献。党的十一届三中全会以来，我们党总结了历史的经验和教训，坚持和发展了正确处理人民内部矛盾的伟大理论。当前，我国人民内部矛盾仍很突出，不少地方、工厂、机关、学校等都积累了许多问题、许多矛盾。但是，只要我们切实坚持我们党关于正确处理人民内部矛盾的理论、方针和政策，就可以不断地使矛盾得到解决，从而调动一切积极因素，团结一切可以团结的力量，形成浩浩荡荡的建设大军，早日把我国建设成为富强、民主、文明的社会主义的工业化强国。

①转引自《长沙党史通讯》1988年第3期。

# 四　党的策略的辩证法

分析矛盾，灵活机动的斗争艺术，团结一切可以团结的人，调动一切可以调动的力量，是推动无产阶级革命和社会主义建设胜利发展的中心环节，是中国共产党人的重要的策略思想。在这方面，刘少奇的哲学理论是很丰富的，需要我们认真地挖掘、继承和发挥。

## （一）白区工作中党的策略的辩证法思想

在第二次国内革命战争时期，中国共产党领导的革命根据地人民，坚持武装斗争，建立红色政权，实行土地革命，同时在白色区域（即国民党统治区）领导着广泛的群众运动，开展对敌斗争。这一时期，党在白区的工作同在革命根据地一样，也表现了两条路线的尖锐对立。刘少奇作为党的正确路线在白区工作中的代表，同王明等人的“左”倾错误路线进行了坚决的斗争。1936 年 4 月，他写了《肃清关门主义与冒险主义》《关于白区工作的提纲》；1937 年 3 月写了《关于过去白区工作给中央的一封信》；同年 5 月，在延安举行的白区党代表会议上作了《关于白区的党和群众工作》的长篇报告。在这些著作、信件和报告中，刘少奇结合总结 1927 年以来党在白区工作的历史经验，运用矛盾分析法，系统地论述了党在白区工作的斗争策略，揭露了“左”倾关门主义与冒险主义的策略错误，正确地阐明了在白区工作中党和群众的关系，公开工作和秘密工作的关系，以及在各种环境下领导群众斗争的艺术等一系列重要问题，丰富了马克思主义策略的辩证法思想。正如党的六届七中全会《关于若干历史问题的决议》指出的：“刘少奇同志在白区工作中的策略思想，同样是一个模范。”①

①《毛泽东选集》第 3 卷，人民出版社 1953 年版，第 931 页。

1. 党和群众的关系

党和群众的关系是马克思主义理论中的一个根本原则问题。为了争取与组织千百万群众在党的领导下进入民族革命的战场，我们必须正确建立党和群众的关系。中国共产党是用马克思列宁主义理论武装起来的无产阶级先锋队，是群众的领袖，而群众是党的智慧和力量的源泉，二者是辩证的统一。刘少奇认为，要正确地建立党和群众的关系，最重要的是党确实能够代表群众的利益，党的纲领、路线、方针、政策和策略，在斗争实践中证明是正确的；同时，还要有一个长期艰苦和正确地争取群众工作的过程，有一个正确的领导群众的方式和方法。我们的党员是否能成为群众的领袖，“不是由于法律的规定，不是由于党的任命，而是由于我们的党员能够了解群众，能够牺牲自己，最忠实地为群众的利益而斗争，能够说服群众，能够在长期的斗争中证明我们同志的主张是正确的”①。我们不是在组织上直接要求群众服从党的指挥，要求群众团体接受党的命令，而是要群众自愿地接受党的政治主张。我们要求群众接受党的政治主张，同时我们要尊重群众团体在组织上的独立性，尊重群众的民主权利和意见。刘少奇说：“只有我们的同志尊重群众，信任群众，群众才会尊重我们，信任我们。”②我们共产党员要以群众中一员的资格，在群众中出现，提出主张和办法，使群众自愿地接受，自动地跟着我们行动，而不是以共产党员或者自命为领袖的资格去命令和指挥群众。“这些，就是党员和群众之间的正确关系。”③

刘少奇为了教育党员正确处理好与群众的关系，还批评了两种错误倾向。一种错误倾向是有的同志只要求群众服从他，而他可以不服从群众，不尊重群众；他自以为群众领袖是可以自称的，是可以由党的决议任命的；他们甚至强迫群众，命令群众，包办一切，取消群众团体的独立性，破坏群众团体的民主原则。“这种错误，大大地妨害争取和团结广大群众在我们党的周围。”④另一种错误倾向是做群众的尾巴。当群众拒绝我们的正确意见时，

①②③④《刘少奇选集》上卷，人民出版社 1981 年版，第 59、60、60、60 页。

他们就悲观失望，表示没办法，不去耐心地进行说服工作，解释我们的主张，启发群众的觉悟，反而接受群众的错误思想，做群众的尾巴。

刘少奇说："正确建立党和群众的关系，是我们党同国民党争夺领导权的重要工作之一。"①国民党侮辱群众，不尊重群众的权利，命令和压迫群众。而我们则同国民党相反，群众就自然愿意亲近我们，抛弃国民党人，而举我们的同志为领袖。刘少奇这些重要思想，是对白区党与群众工作的历史经验的深刻总结，对指导我们进行社会主义革命和建设事业有重要的历史意义。

2. 公开工作与秘密工作的关系

公开工作与秘密工作的关系也是辩证的统一。刘少奇说："一般来说，所谓公开工作，就是能够合法地进行的工作。"②当然利用合法并不是合法主义。在严重白色恐怖的环境中，公开工作的范围应尽可能使之扩大，充分利用一切可能利用的合法组织和合法手段，以便广泛地争取和团结群众，加强群众的力量；而秘密工作的范围，应尽可能使之缩小，仅仅只有不能公开进行的工作才应该秘密地进行，使党的秘密组织保持稳定、精干。至于哪些团体和机关，哪些工作，在当时当地可能公开地合法地去进行，哪些只能半公开或只能秘密地进行，这要根据革命的形势以及具体的工作环境和条件的变化来确定。总的原则要使公开工作和秘密工作正确地恰当地联系起来，互相配合。但这种联系只是就内容上和政治上来说的，在组织上和工作方式、方法上则应使二者严格区别开来。比如，受党派遣到"群众中做公开工作的同志，他的一切行动和工作方式应当群众化，应当公开，不要在形式上表示自己的特别，暴露自己共产党员的面目"③。在群众中做公开工作的同志不能兼负党的秘密机关的工作，应当同秘密机关断绝关系，只同特别指定的同志发生关系。党的秘密文件也不能拿到群众机关中去，不要使敌人从公开工作的同志那里找到任何党的组织关系。在党的文件刊物上，不要登载公开群众团体的情况，不要使敌人从党的机关中找到任何

①②③《刘少奇选集》上卷，人民出版社 1981 年版，第 60、62、62 页。

同群众团体的关系。总之，“党内工作和群众工作、秘密工作和公开工作应当采用完全不同的方法去进行，派遣不同的干部去进行，在组织上不能混淆，在方法上不能重复”①。否则，把应当公开进行的工作拿到秘密机关来做，把应当秘密进行的工作拿去冒险公开，这样就会“使得应当公开的不能公开，应当秘密的不能秘密。结果就是党和群众工作都遭到破坏”②。

为了保存、聚积和加强群众的力量，白区党组织和党员干部，不但要善于把公开工作与秘密工作很好地结合起来，而且要学会领导群众斗争的艺术，学会策略方法的运用。刘少奇认为，领导党和群众在方式方法上是不同的。从方法论来说，要善于“审时度势”，一切依时间、地点和条件为转移，根据当时当地的环境与条件，根据群众的觉悟程度和敌我力量的对比，恰当地提出群众所能接受的口号、要求和斗争方式。

中国革命的发展史证明，刘少奇关于党内工作和群众工作、公开工作和秘密工作的策略思想是正确的，是符合马列主义的。列宁曾说：“假使布尔什维克当时不在最激烈的斗争中坚持一定要把合法的斗争形式同不合法的斗争配合起来，坚持一定要参加反动的议会以及其他一些受反动法律限制的组织（如保险基金会等），那末他们就决不能在1908—1914年间，保住（更不用说巩固、发展和加强）无产阶级政党的坚强核心。”③“左”倾关门主义和冒险主义者则完全不懂得领导群众的艺术，不懂得党内工作与群众工作、公开工作与秘密工作的区别和联系，也完全不懂得分析矛盾，利用敌人内部矛盾的策略，他们时常犯急躁病，不顾当时当地的环境条件和力量对比，总是一味要求“斗争”“进攻”；把“在相当条件下结束斗争、复工、暂时退守、保存力量”的正确提议当作“怕死”“动摇”的“机会主义”来反对；他们总是自以为“最革命”“最彻底”，要打倒一切敌人以至黄色工会，而不去区分当前谁是主要的敌人，谁是次要的敌人，不向那些愿意和我们合作的同

①②《刘少奇选集》上卷，人民出版社1981年版，第63、63页。

③《列宁选集》第4卷，人民出版社1972年第2版，第63页。

盟者作必要的妥协、让步，以便联合他们，进而去争取他们下层的群众，扩大和发展统一战线；如此等等。其结果使党脱离群众，使党陷于孤立，使白区的工作和组织遭到严重的破坏和损失。刘少奇针对这种策略指导上和方式方法上的"左"的错误，明确指出："我们许多同志在过去就是没有远见，不能忍耐，害着不能容许的急躁病，过于疏忽。他们在今天甚至不估计到明天的情形，甚至不估计当时的环境去布置与进行工作，如公开征收党员、举行革命竞赛、进行突击运动……随便再以'怕死'、'动摇'等话去批评同志，助长同志的冒险情绪。"① "左"倾机会主义者其所以不懂得领导群众的艺术，在群众斗争的策略指导上和方式方法上犯"左"的错误，从根本上说是因为他们的思想路线、思想方法是主观主义、形而上学的，不懂得在革命实践中运用唯物辩证的矛盾分析方法。

### （二）灵活机动地让步和妥协

刘少奇在长期的革命斗争中，十分讲究斗争策略，努力争取一切可以争取的力量。为了争取和团结更多的力量，他坚决反对"一切不合作"的关门主义，主张向那些愿意同我们合作的同盟者作必要的让步和妥协。这里讲的让步和妥协，一是指退让具有暂时性，今天的退让是为了明天的进攻；二是退让具有局部性，在此处的退让意味着在别处的进攻。

刘少奇在分析和平解决西安事变时指出，我们党在西安所作的某种限度的退让，"是向日本、亲日派以及反共顽固分子政治上的严重进攻"；局部的让步换来了中国革命事业的"向前进了一大步"。②可见，刘少奇讲的不是无原则的让步，而是把让步和进攻有机地结合起来的积极的、革命的让步。那种无原则的让步，是只讲退让，不讲进攻，走向另一个极端，失去了革命的大方向，导致革命遭受损失，甚至失败。

抗战前夕，刘少奇对冀察政务委员会委员长宋哲元所谓的让步就是一个

①②《刘少奇选集》上卷，人民出版社 1981 年版，第 65、75 页。

很好的例子。他在分析了宋哲元的政治态度后，认为他在降日问题上还在动摇中，于是把“打倒卖国贼宋哲元”的口号，改变为“拥护宋委员长抗日”的口号。宋哲元看到学生写的这种口号的传单后，即指派当时的北平市长秦德纯向群众讲话，表示了对群众运动的支持。我们党在口号上所作的妥协，使群众运动获得了合法发展的条件。刘少奇认为，那种绝对不妥协，绝不让步，什么都要打倒，实际上是什么都打不倒，结果是把可能同我们合作的同盟者推到敌人那边去。列宁曾说：“不学会正确的进攻和正确的退却，要取得胜利是不可能的。”①毛泽东也说：“革命的道路，同世界上一切事物活动的道路一样，总是曲折的，不是笔直的。”②刘少奇在长期的革命斗争中，坚持运用这种革命的辩证法，同形形色色的“直线理论”作斗争，在革命形势需要的时候，正确地提出妥协和退让的策略，引导革命在曲折中前进。

### （三）利用矛盾，争取多数

利用矛盾，争取多数是马克思主义的一条重要的策略原则。列宁曾明确讲：“要战胜更强大的敌人，只有尽最大的力量，同时必须极仔细、极留心、极谨慎、极巧妙地一方面利用敌人之间的一切‘裂痕’，哪怕是最小的‘裂痕’，利用各国资产阶级之间以及各个国家内资产阶级各集团或各派别之间的一切利益对立……谁不懂得这一点，谁就丝毫不懂得马克思主义，丝毫不懂得一般的现代科学社会主义。”③1935 年 12 月，毛泽东在《论反对日本帝国主义的策略》一文中也明确指出，敌人内部有大狗小狗、饱狗饿狗之间的斗争，这是一个不大不小的缺口，一种又痛又痒的矛盾。“但是这点斗争，这个缺口，这种矛盾，对于革命人民都是有用的。我们要把敌人营垒中间的一切争斗、缺口、矛盾，统统收集起来，作为反对当前主要敌人之用。”④1940 年，毛泽东又在《论政策》中用“利用矛盾，争取多数，反对少数，各个

①③《列宁选集》第 4 卷，人民出版社 1972 年第 2 版，第 185、225 页。

②④《毛泽东选集》第 1 卷，人民出版社 1952 年版，第 141、134 页。

击破”这四句简明的语言，概括了我们党对敌斗争的策略、思想、原则。刘少奇在长期的对敌斗争中，深深懂得这一点。他不仅很注意研究敌人内部的矛盾，而且采取灵活的策略，扩大矛盾，为我所用。

在土地革命战争时期，在敌强我弱的不利形势下，党内“左”倾关门主义只承认革命同反革命之间存在着矛盾，不承认反革命内部和反革命阶级之间也有矛盾。他们甚至提出“中间阶级是最危险的敌人”的错误口号，把许多可以团结的社会力量都赶到敌人那边去。毛泽东称这种策略是“孤家寡人”的策略。刘少奇也同这种错误倾向做了针锋相对的斗争，他批评这种关门主义者“完全不懂得利用敌人内部的矛盾，推动这些矛盾爆发，不懂得同敌人营垒中可能和我们合作的成分或者今天还不是我们主要的敌人，建立暂时的联盟，去反对主要的敌人”①，结果是“把他们推到反动营垒中去，巩固了敌人反对我们的联盟，加强了敌人反对我们的总的力量”②。刘少奇同这种关门主义相反，他十分注意发现和利用敌人内部的矛盾，善于寻找敌人内部的一切缺口，并扩大这种缺口。他认为，即使昨天是敌人，在客观形势变化的条件下，今天也可能成为我们的朋友，我们就不能把它拒之门外。在华中敌后游击战争中，刘少奇把这种策略运用于处理同敌、伪、顽的三角关系，利用矛盾、争取中间、孤立顽固、打击敌伪，使新四军在四面受敌的困境中得以生存和发展，充分显示了他在运用马克思主义策略原则上的高超斗争艺术。

### （四）历史地分析矛盾

历史地分析矛盾是唯物辩证法的客观要求。刘少奇在新中国建立前后，运用历史分析法，对民族资产阶级做了客观的分析，对我党制定关于利用和改造民族资产阶级的方针政策，恢复和促进工农业的发展起了重要作用。

1948 年底，天津和北平先后解放。当时，工商界由于不了解党的政策，有的还听信了反动宣传，工商业者人人自危，害怕没收工厂企业，不安心生

---

①②《刘少奇选集》上卷，人民出版社 1981 版，第 28、29 页。

产；有的人甚至想抽逃资金，一走了之；再加上帝国主义、反动派的破坏，市场极为混乱，物价飞涨，生产停顿，工人失业。就是工商业者王光英同志，当时也不想再当资本家，想脱掉资本家的帽子，丢掉企业和资本，转向搞技术工作。刘少奇了解到这些情况之后，从多方面进行工作，采取多种措施，安定工商业者的思想。他站在无产阶级立场上，站在社会主义事业的高度，感情真切地对王光英同志说，共产党员、干部，我们党内有许许多多，但是能在工商界起作用的却不多。“你如果穿着工商界衣服，屁股能坐在共产党、工人阶级一边，那就很好嘛！也可以为党工作嘛。”①这就通俗易懂地、形象地为工商业者王光英同志指明了努力的方向，王光英同志把刘少奇的这些教导当作一辈子受用不尽的座右铭。

1949 年 4 月，刘少奇受中央委托去天津视察工作，当时有一部分同志不能正确理解七届二中全会精神，进入城市以后，不把发展生产放到第一位，不去联合愿意同我们合作的资本家，而强调和资本家作斗争，支持工人的过高要求，盲目排挤私营企业，企图消灭资本主义。这种“左”倾冒险主义的倾向，是当时恢复和发展城市生产的严重障碍。刘少奇在天津进行了大量的调查研究，针对这种“左”倾和资产阶级的疑惧心理，根据七届二中全会精神，先后发表了八篇讲话，反复阐明了党对民族资产阶级和私人资本主义的方针政策。他的这些讲话的主要内容是：其一，城市的任务是发展生产，变消费城市为生产城市。实现这个任务的路线是，依靠工人阶级，团结其他劳动群众，争取知识分子，争取尽可能多的能够和我们合作的小资产阶级和自由资产阶级进行坚决的斗争。其二，自由资产阶级不是我们的斗争对象。如果作为斗争对象，即犯路线错误，是与中央的路线不符合。其三，对资产阶级的政策是又联合又斗争。只有斗争而不联合，是犯“左”的错误；只有联合而不斗争，则犯右的错误。但今天的重点是放在联合上，斗争是为了联合，把自己的朋友作为敌人来打击是错误的。其四，在城市发展生产。第一是发展公营企业的生产，第二是发展私营企业的生产，第三是发展手工

①转引自《缅怀刘少奇》，中央文献出版社 1988 年版，第 389 页。

业生产。为达此目的，要照顾四面八方，贯彻公私兼顾、劳资两利、城乡互助、内外交流的政策。其五，对资本主义要加以限制，劳资两利、公私兼顾就是限制，税收市场、价格，都是限制。如果有些资本家只图私利，不愿同我们合作，要搅乱市场，不服从国家协商、不顾人民利益，则予以经济上的打击。其六，社会主义革命一定要实行，但中国向社会主义过渡可能是和平转变。刘少奇还针对当时资本家不敢大胆经营的顾虑，指出“资本主义的生产方式，在一定的历史条件下是有进步意义的。在中国，他们在生产上是进步的。他们这种剥削对发展生产是有功劳的，是有进步的”[①]。因此，我们“要有限制地大力发展资本主义”，“无产阶级和资产阶级这两个阶级要在根本上调和，使其没有矛盾是不可能的。个别问题的调整和某些问题上的调和是可能的”。当然，“要根本解决，就只有搞社会主义”，对民族资产阶级“采取限制的政策，就是为了避免资本主义的前途”。[②]社会实践已经证明，刘少奇这些论述和分析是客观的，是符合历史辩证法的。但是，在“文化大革命”中，林彪、“四人帮”一伙，出于险恶的用心，制造出一个“剥削有功论”，对刘少奇进行诬陷和批判。

我们是历史唯物主义者，我们的目的是要最终消灭剥削、消灭阶级，但是在一定的历史条件下，我们并不笼统地反对剥削制度。在历史上，资本主义经济相对封建地主阶级的经济是一种进步，是一种新兴的先进的生产方式。马克思、恩格斯早在《共产党宣言》中就说：“资产阶级在它的不到一百年的阶级统治中所创造的生产力，比过去一切世代创造的全部生产力还要多，还要大。”[③]列宁在苏联实行新经济政策时也指出：“和社会主义比较，资本主义是祸害，但和中世纪制、和小生产、和小生产者散漫性联系着的官僚主义比较，资本主义则是幸福。……我们应该利用资本主义（特别是要把它引导到国家资本主义的轨道上去）作为小生产和社会主义之间的中间环节，作为

①转引自《怀念刘少奇同志》，湖南人民出版社 1980 年版，第 43 页。

②转引自《缅怀刘少奇》，中央文献出版社 1989 年版，第 390 页。

③《马克思恩格斯选集》第 1 卷，人民出版社 1972 年第 2 版，第 256 页。

提高生产力的手段、道路、方法和方式。”[①]毛泽东在《论联合政府》中曾回答为什么允许资本主义发展的问题时指出：“我们的回答是这样简单，拿资本主义的某种发展去代替外国帝国主义和本国封建主义的压迫，不但是一个进步，而且是一个不可避免的过程。它不但有利于资产阶级，同时也有利于无产阶级，或者说更有利于无产阶级。现在的中国是多了一个外国的帝国主义和一个本国的封建主义，而不是多了一个本国的资本主义，相反地，我们的资本主义是太少了。”[②]马列主义从来不否认资本主义在一定历史时期的进步作用和它的历史功绩。在经济落后的中国，私人资本主义受三大敌人的压迫和束缚，并没有得到充分的独立的发展，它留给人民共和国的遗产确实太少。刘少奇根据七届二中全会的精神，对民族资产阶级进行历史的分析。为了鼓励资本家的生产积极性，指出他们对发展生产的历史功劳，是完全符合马列主义的基本原则的。林彪、“四人帮”一伙制造的所谓“剥削有功论”，不仅是对刘少奇的恶意诬蔑和攻击，而且是对马列主义基本原理和历史分析法的背叛。

## （五）分清矛盾的主次

在我们的社会生活和工作中，矛盾是错综复杂和多种多样的，我们必须对矛盾进行具体分析，分清主次，抓住主要矛盾，集中全力加以解决。这是唯物辨证的党的策略方法的客观要求。

新中国建立初期，我们党面临的国内形势是十分严峻的。首先，我们面临的敌人还“是够大够多的”[③]。当时，帝国主义反对我们，台湾、西藏的反动派反对我们，国民党残余、特务、土匪反对我们，地主阶级反对我们，帝国主义在我国设立的教会学校和宗教界的反动势力，以及我们接收的国民党的文化教育和机构的反动势力也反对我们。这些都是我们的敌人，同这些敌人的斗争是很激烈的。其次，我们革命的胜利引起了社会改组。这种改组

①《列宁全集》第 32 卷，人民出版社 1963 年版，第 342 页。
②《毛泽东选集》第 3 卷，人民出版社 1953 年版，第 1009 页。
③《毛泽东选集》第 5 卷，人民出版社 1977 年版，第 21 页。

是必要的，但是，暂时也给我们带来很重的负担。由于社会经济改组和战争带来的工商业的某些破坏，许多人对我们不满。民族资产阶级跟我们的关系很紧张，他们惶惶不可终日，很不满。有些资本家大搞投机经营，和工人阶级进行明里暗里的斗争。失业的知识分子和失业的工人不满意我们，还有一些小手工业者也不满意我们。大部分农村，由于还没有实行土地改革，又要收公粮，农民也有意见。总之，新中国建立之初，中国国民经济是一个千疮百孔的破烂摊子，问题和困难很多。那么，对这些矛盾和问题，应该如何进行具体分析，订出正确的政策和策略方法呢？当时的主要矛盾是什么呢？对这些问题必须弄清楚，否则，在实际工作中势必迷失方向。

党中央、毛泽东、刘少奇等党和国家的领导人运用唯物辩证的思想方法，对这些问题进行了科学的分析并做出了科学回答。1949 年 7 月，刘少奇在《关于新民主主义的国家性质与政权性质》的报告中指出："中国人民民主专政，有它的外部矛盾与内部矛盾，有它的外部斗争与内部斗争。所谓外部矛盾与外部斗争，就是它与帝国主义、封建主义、官僚资本主义及其与国民党残余势力的矛盾和斗争。这在推翻国民党政权以后一个相当长的时间内仍然是存在的，并且仍然是主要矛盾和斗争。所谓内部矛盾和斗争，就是人民民主专政内部各阶级间各党派间的矛盾和斗争。这在今后将会逐渐加紧。但与外部矛盾比较，在一个相当长的时间内，仍将处于次要的服从的地位。"在这次讲话中，他还特别指出，有人说："在推翻国民党政权以后，中国无产阶级与资产阶级的矛盾，便立即成为主要的矛盾。"①这种说法是不对的。因为一个政权如果以主要的力量去反对资产阶级，那便开始变成无产阶级专政了。这将把目前尚能与我们合作的民族资产阶级赶到帝国主义那一边去。这在目前的中国实行起来将是一种危险的冒险主义的政策。刘少奇这些关于新中国建立初期主要矛盾的论述，为我们党制定国民经济恢复时期"不要四面出击"的策略思想奠定了理论基础。

---

①转引自张宝山《刘少奇对国营工厂内部矛盾和工会工作的理论建树》，见《〈刘少奇选集〉下卷学习研究文集》，中共中央党校出版社 1985 年版。

# 五　党的建设的辩证法

无产阶级政党是以马克思主义世界观为指导建立和发展起来的。恩格斯曾说："我们党有很大的优点，就是有一个新的科学的世界观作为理论的基础。"①这个新的科学世界观就是辩证唯物主义和历史唯物主义。以这个科学世界观为指导来建设中国共产党，阐明党的自身建设的矛盾和问题是刘少奇关于党的建设理论的中心内容。也可以说，刘少奇的唯物辩证法的哲学思想，最突出地体现在党的建设理论中，对党内矛盾发展规律做了非常生动而深刻的论述，为党的巩固、发展和壮大做出了重大的贡献。

## （一）毛泽东思想是党的理论基础和行动指南

马克思、恩格斯在谈到保持无产阶级政党的纯洁性时，曾明确指出，如果其他阶级的人入党，"首先就要求他们不要把资产阶级、小资产阶级等等的偏见的任何残余带进来，而要无条件地掌握无产阶级世界观"②。列宁也明确指出："只有以先进理论为指南的党，才能实现先进战士的作用。"③这就是说，无产阶级政党，必须坚持以马克思列宁主义为指导，以新的科学的世界观和方法论作为自身建设的理论基础和行动指南。刘少奇在党的思想建设方面，坚持用中国化的马克思主义——毛泽东思想建设我们党，形成了具有中国共产党特色的思想建设的理论。

---

①《马克思恩格斯选集》第 2 卷，人民出版社 1972 年版，第 118 页。

②《马克思恩格斯选集》第 3 卷，人民出版社 1972 年版，第 373 页。

③《列宁选集》第 1 卷，人民出版社 1972 年第 2 版，第 242 页。

1. 毛泽东思想是中国共产党人集体智慧的结晶

刘少奇对毛泽东思想的形成和发展的历史过程做了科学的分析和论述。他认为，毛泽东思想是以毛泽东为代表的中国共产党人，根据马克思列宁主义的基本原理，对中国革命斗争经验的高度概括和总结，是中国共产党人集体智慧的结晶。他在党的七大关于修改党章的报告中明确指出："百余年来，灾难深重的中国民族和中国人民，为了自己的解放而流血斗争，积有无数丰富的经验，这些实际斗争及其经验，不可避免地要形成自己的伟大的理论，使中国这个民族，不但是能够战斗的民族，而且是一个有近代科学的革命理论的民族。"①他这是说，毛泽东思想就是马克思列宁主义在中国这个半殖民地半封建国家民族民主革命中的继续和发展。它是从中华民族与中国人民长期的革命斗争中，特别是在中国伟大的三大革命战争——北伐战争、土地革命战争和抗日战争中，形成和发展起来的；是以毛泽东为代表的中国共产党人，对中华民族的解放事业和英勇奋斗的实践经验的理论概括和总结。

刘少奇还认为，毛泽东思想不只是中国共产党人在同国内外敌人进行斗争，同时又是在与党内各种错误的机会主义思想进行斗争的过程中形成和发展起来的。他在 1943 年写的《清算党内的孟什维克主义思想》一文中指出："中国共产党的历史，是马列主义在中国发展的历史，也是中国的马列主义者和各派机会主义者斗争的历史。这种历史，在客观上是以毛泽东同志为中心构成的。"②他认为，党内各派机会主义的历史，决不能成为党的历史。党内各种机会主义思想体系及传统，决不能成为党在思想上的体系及传统。党的历史，是与各种机会主义思想体系及传统作斗争并将其克服的历史。正是在这些斗争中，才显示出以毛泽东思想为代表的理论和路线的正确性，证明了它是指导中国革命从胜利走向胜利的客观真理。

刘少奇在论述毛泽东思想形成和发展的过程中，一方面指出毛泽东思想是中国共产党人集体智慧的结晶；另一方面他又指出，这种"关于整个中国

①②《刘少奇选集》上卷，人民出版社 1981 年版，第 332~333 页、300 页。

历史与中国革命的全部有系统的科学理论”，“只能由中国无产阶级的代表人创造出来，而其中最杰出最伟大的代表人，便是毛泽东同志”。[①]中国共产党的伟大领袖是毛泽东，中国共产党人与各种机会主义派别斗争的历史，也是以毛泽东为中心构成的。毛泽东是我们党和现代中国革命的组织者和领导者，是中国无产阶级的杰出代表。毛泽东把“马克思主义的普遍真理与中国革命的具体实践相结合，而把我国民族的思想水平提到了从来未有的合理的高度，并为灾难深重的中国民族与中国人民指出了达到彻底解放的唯一正确的道路——毛泽东道路”[②]。我们党和我国人民循着这条道路，在1927年前发动了空前伟大的革命运动，毛泽东是这个革命运动的组织者之一；在苏维埃土地革命时期，创造了伟大的红色区域和红军，毛泽东是红色区域和红军的最杰出的创造者与领导者；在抗日战争中，创造了伟大的解放区和人民的军队——八路军和新四军，毛泽东又是解放区和八路军、新四军的创造者与领导者。毛泽东是我们党的领袖，又是我们党的一个普通党员和人民的忠实的勤务员。所以，我们党的科学理论以毛泽东的名字命名，称为毛泽东思想，这是完全符合历史实际的。

2. 毛泽东思想是中国化的马克思主义

刘少奇在《论党》中指出：“毛泽东思想，就是马克思列宁主义的理论与中国革命的实践之统一的思想，就是中国的共产主义，中国的马克思主义。”[③]他在这里指出了毛泽东思想的本质特征——理论与实际相结合。毛泽东思想是中国化的马克思主义，是马克思列宁主义在中国的运用和发展。

马克思列宁主义是指导全世界无产阶级革命斗争的普遍真理，是世界无产阶级的科学指导思想。但是，它所提供的只是一般的指导原理，用这一原理指导某一国家的革命和建设，光靠背诵马列主义的词句，照搬其一般原理是不行的。特别是在我们这样的半殖民地半封建的社会里进行革命，与西方相比有很大的特殊性，更需要把马列主义普遍原理与中国的具体实践结合起

①②③《刘少奇选集》上卷，人民出版社1981年版，第333、319、333页。

来。毛泽东是成功地进行这项事业的杰出代表。在长期的革命实践中，毛泽东一直坚持反对党内把马列主义教条化的错误倾向，他把马列主义普遍原理运用于主要群众是农民、半殖民地半封建的经济文化落后的大国，使马克思主义中国化、民族化，从而形成了中国特色的马克思主义。刘少奇说："毛泽东思想，就是马克思主义在目前时代的殖民地、半殖民地、半封建国家民族民主革命中的继续发展，就是马克思主义民族化的优秀典型。"①这就是说，毛泽东以马列主义的一般原理为指导，依据中国特殊的经济、政治条件，"对于马克思列宁主义作独立的光辉的补充，并用中国人民通俗语言的形式表达出来，使之适合于新的历史环境和中国的特殊条件，成为中国无产阶级群众与全体劳动人民群众战斗的武器"②。毛泽东"出色地成功地进行了这件特殊困难的马克思主义中国化的事业"③，为马克思主义的丰富和发展做出了重大贡献。

刘少奇认为，毛泽东思想是一个完整科学的体系，是发展着与完善着的中国化的马克思主义，是中国人民完整的革命建国的理论。这些理论表现在毛泽东的各种著作以及党的许多文献上。这就是毛泽东关于现代世界情况及中国国情的分析，关于新民主主义的理论与政策，关于解放农民的理论与政策，关于革命统一战线的理论与政策，关于革命战争的理论与政策，关于革命根据地的理论与政策，关于党的建设的理论与政策，关于文化的理论与政策等。刘少奇说："这些理论与政策，完全是马克思主义的，又完全是中国的。这是中国民族智慧的最高表现和理论上的最高概括。"④

3. 全党学习毛泽东思想，提高全党的马列主义理论水平

刘少奇一贯重视提高全党的马克思列宁主义理论水平，并把这个问题提到关系中国革命成败的高度。他在《论党》中指出，毛泽东思想"是我们党的唯一正确的指导思想，唯一正确的总路线"，千百万人民斗争的实践反复证明，毛泽东思想"是客观的真理，是唯一正确的救中国的理论与政策"。⑤我

---

①②③④⑤《刘少奇选集》上卷，人民出版社 1981 年版，第 333、336、336、335、334 页。

们全党对马列主义、毛泽东思想不学行不行呢？少学行不行呢？刘少奇明确讲："不行。'没有革命的理论，就不会有革命的运动。'这是列宁的有名的话。革命的行动是受革命的理论指导的。理论正确，指导正确，革命就能胜利，否则不能胜利。"[①]在这里，他把党的指导思想与党的总路线统一起来。这就是说，我们党是否用马列主义、毛泽东思想作指导，关系到革命和建设事业的成败，关系到党的存亡问题。马列主义、毛泽东思想是党的理论基础，是我们观察一切问题、处理一切问题的武器。只有掌握了这个武器，才能站稳无产阶级立场，把握科学的思想方法，保证革命和建设的胜利。

刘少奇强调指出："中国党有一极大的弱点，这个弱点，就是党在思想上的准备、理论上的修养是不够的，是比较幼稚的。"[②]他还分析了造成我们党理论准备不足的原因：第一，马克思主义的著作传入中国的历史不久（在五四运动时才有很少的输入），不像欧洲各国，马克思主义的传播已有近百年的历史。第二，由于中国当时是客观革命形势很成熟的国家，要求中国革命者立即从事，而且以全部力量去从事实际的革命活动，无暇来长期从事理论研究和斗争经验的总结。第三，马克思、恩格斯、列宁、斯大林都是欧洲人，他们的著作都是用欧洲文字发表的。在他们的著作上说到中国的事情并不多。而中国的社会历史发展的具体道路和欧洲各国社会历史发展的道路相比，有其更大的特殊性。"因此，要使马克思主义中国化，要用马列主义的原理来解释中国社会历史实践，并指导这种实践，就觉得特别困难些。"[③]刘少奇认为，过去我们党领导的革命屡遭失败，重要原因是党内的理论准备不足。"中国党只要克服了这个弱点，就能有把握地引导中国革命到完全的胜利。"[④]因此，提倡全党的理论学习就十分必要。

刘少奇在长期的革命斗争中，以极大的努力从事提高全党的马列主义理论水平的工作。大革命失败后，他针对当时党内表现出来的悲观、消极、丧失革命性的右倾情绪，于 1928 年 12 月 2 日在《对于党的工作和组织的意

①②③④《刘少奇选集》上卷，人民出版社 1981 年版，第 409、220、222、220 页。

见》一文中提出，“党应用许多办法提高党员群众的政治意识”。这里讲的“党员的政治意识”，就是提高党员的马克思主义理论水平。1936 年，在建立抗日民族统一战线问题上，他批判了党内的“左”倾关门主义与冒险主义的错误倾向，从马克思主义理论的高度分析了产生这种错误倾向的原因，实质上也是强调了加强党内马克思主义理论教育的极端重要性。抗日战争爆发后，为了加强全党的马克思主义理论学习，他先后写了《论共产党员的修养》《做一个好的党员，建设一个好的党》《论党内斗争》《论党员在组织上和纪律上的修养》《清算党内的孟什维克主义思想》《关于建设党的几个问题》，以及 1945 年 5 月在党的七大上作的《关于修改党的章程的报告》等。新中国建立后，他还写了《共产党员标准的八项条件》《为更高的共产党员的条件而斗争》《为增强党的团结而斗争》等。这些著作不仅深刻系统地论述了党的性质、党的指导思想、党的纲领、党的群众路线、党的组织原则、党员的修养、正确开展党内斗争等问题，而且反复强调了在全体党员中进行马克思主义基本理论教育的必要性。特别是在《论党》中，他明确讲：“现在的重要任务，就是动员全党来学习毛泽东思想，宣传毛泽东思想，用毛泽东思想来武装我们的党员和革命的人民，使毛泽东思想变为实际的不可抗御的力量。”①他希望一切党校和训练班，都必须用毛泽东著作作基本教材；一切干部，都必须系统地研究毛泽东著作；一切党报，都必须系统地宣传毛泽东思想。“学习毛泽东思想，宣传毛泽东思想，遵循毛泽东思想的指示去进行工作，乃是每一个党员的职责。”②毛泽东思想是我们党的理论基础和行动指南。中国革命的社会实践反复证明，只有用毛泽东思想才能统一全国和全党的思想，只有毛泽东思想才能指导中国革命和建设不断地走向胜利。刘少奇的这些论述和教导，对加强我们党的思想建设，对指导中国的革命和建设，意义是重大而深远的。

---

①②《刘少奇选集》上卷，人民出版社 1981 年版，第 337、337 页。

## (二) 党的矛盾结构和性质

刘少奇说:“党的组织结构是怎样的呢?这同其他事物一样,是矛盾的结构,是矛盾的统一体。”[①]一切东西都是矛盾的统一体,即两个相反的东西结合在一起,成为一个新的东西而存在。相同的两个事物不能结合成一个新事物,一定要相反的、矛盾的东西结合起来,才能成为一个新东西。刘少奇特别强调结合不等于混合,不是总合,也不是“+”号。相同的东西加起来只能是量的增加,不会有质的变化。例如一头牛加一头牛仍是牛,一升米加一升米仍是米。但是一个男人和一个女人结合便成了夫妻关系。在自然科学方面,世界上已经发现了94种元素[②],每种元素的原子都是由原子核和电子组成的,都是由带正电的原子核和带负电的电子结合而成的。金原子是由79个带负电荷的电子和79个带正电荷的原子核组成的。水银原子是由80个带负电荷的电子和80个带正电荷的原子核组成的。由于电子结合的数量的不同和运动的不同,这就造成了世界上各种不同的物质。所以,宇宙间的一切东西都是矛盾的统一体。我们党也必然如此,是一个复杂的矛盾结构。

中国共产党是由各个不同的党员结合而成的,它的基本结构是支部。一个党支部要有三个以上的党员组成,这不是三个党员的总合,必须有支部书记和支部成员,这就是矛盾的结合,即是领导者和被领导者的结合。整个党的结合形式就是党的各级领导机关和全体党员的结合,就是党的中央和党的各部分、各机关以及各个支部的结合,就是党的领袖、党的干部和全体党员大会的结合,就是党的上级组织和下级组织的结合。这是一种矛盾的结合。这种矛盾的具体结合形式是民主集中制,党的民主集中制反映出党如何把广大的党员大众同党的领导者结合起来,如何把党的各部门同中央结合起来,如何把党的上级组织同下级组织结合起来。党的矛盾结构的思想基础是马列

①《刘少奇论党的建设》,中央文献出版社1991年版,第319页。

②指20世纪40年代已发现的化学元素总数,目前已发现的化学元素为106种。

主义、毛泽东思想，马克思主义造成各个党员和各个党组织的思想及行动的一致。所以，我们党是矛盾的统一体，“不是联合会，不是各个地方党部的联合组织，而是不同的党员，不同的组织部门结合成的一个集体性的整体”[①]。党的这种组织结构使党具有强大的战斗力，否则就是“乌合之众”了。

党既然是矛盾的统一体，党内不同思想的对立和斗争是要经常发生的。正因为如此，就有一个党内斗争和团结的问题。为了实现党内团结，必须对党内矛盾的性质和根源有一个正确的认识和分析。

刘少奇认为，党内矛盾固然有的是社会上阶级斗争在党内的反映，但是，大量的是由于党员观察问题的思想方法不同而造成的，由于“各种党员看问题的方法不同，就使他们处理问题的方法也各不相同，就引起党内许多不同意见、不同主张的分歧和争论，就引起党内的斗争”[②]。这就决定了党内矛盾，有的是阶级斗争的反映，而大量的是对工作的认识和方法上的分歧。对这种矛盾的处理，只能本着团结的愿望，用讨论的方法、批评与自我批评的方法去解决，绝不能用“无情打击”的强硬手段去解决，否则会影响党内团结，甚至导致党的分裂。

应当看到，党内矛盾是多种多样的，党内斗争也是很复杂的。在我们党内，有阶级异己分子混进来，也会有蜕化变质分子和其他坏分子产生。党对于这种人必须在政治上“无情打击”，在组织上加以清洗。不如此，就无法保持党的纯洁性和先进性。但是，在我们党内经常发生的、大量存在的是根本利益和革命目标一致的基础上产生的种种矛盾。这些矛盾是属于思想认识和工作作风等方面的是非问题。这种党内矛盾，“主要的是思想斗争，它的内容是思想原则上的分歧与对立”[③]。毛泽东曾提醒全党注意“党内无产阶级思想和非无产阶级思想”之间的矛盾，“即马克思主义和非马克思主义思想之间的矛盾”。[④]刘少奇进一步发挥了这个观点。他说：“在我们党内，最

---

①《刘少奇论党的建设》，中央文献出版社 1991 年版，第 321 页。

②③《刘少奇选集》上卷，人民出版社 1981 年版，第 153、179 页。

④《毛泽东选集》第 3 卷，人民出版社 1953 年版，第 1056 页。

本质的矛盾，就是无产阶级思想与非无产阶级思想的矛盾，其中最主要的是无产阶级思想与农民、小资产阶级思想的矛盾。”[①]只有在党内加强马克思列宁主义教育，不断克服小资产阶级以及其他各阶级反映在党内的思想，我们党的建设和党的事业才能进步和发展。否则，“如果党内的小资产阶级思想自由泛滥起来，甚至侵夺党的领导，压抑无产阶级思想的发展，我们党的建设和党的事业，就要后退，就要缩小”[②]。因此，党的主要问题，是党的思想建设问题。刘少奇说：“在党内，只能允许合法的斗争，只能允许思想斗争，一切违犯党章党纪的斗争方式，都是不能允许的。”[③]

### （三）党内斗争和党内团结的辩证统一

党内斗争和党内团结是党内政治生活中两个相反相成的方面，二者是辩证的统一。党内团结是开展党内斗争的出发点和落脚点，而党内斗争是实现党内团结的手段和途径。这是无产阶级政党自身建设和发展的辩证法。无产阶级革命导师历来认为，维护党内的团结是党的生命，是无产阶级革命事业胜利的基本条件。刘少奇在长期的革命实践中，一直为维护和增强党的团结而斗争。

党内矛盾也和其他任何事物的矛盾一样，总是同时存在着统一性和斗争性这两个方面。因此，刘少奇认为在处理党内矛盾问题上，既要讲斗争，又要讲团结。他在批评党内斗争问题上犯绝对主义错误的人时指出，这些人认为，承认“党内斗争的必要，就否定了党内和平”[④]，似乎“任何党内和平，即使是在原则路线上完全一致的党内和平，也是要不得的”[⑤]。这种认识是完全违反辩证法的。刘少奇认为，党内斗争和党内和平是辩证的统一，不能强调党内斗争，就“否定原则上一致的党内和平”。

纵观国际共产主义运动的历史，对待党内斗争大致有三种不同的态度。第一种，对党内矛盾采取调和主义的态度，主张无原则的和平，无原则的团

---

①②③④⑤《刘少奇选集》上卷，人民出版社 1981 年版，第 327、327、214、187、162 页。

结，取消党内斗争。这是组织问题上的右倾机会主义。第二种，对党内斗争采取绝对主义的态度，主张残酷斗争，无情打击，否认和反对任何“和平”，任何“妥协”。这是组织问题上的“左”倾机会主义。第三种，坚持党内斗争和党内团结的辩证法，既主张党内的原则斗争，又承认在原则一致基础上的必要的“和平与妥协”。这是在组织问题上唯一正确的马克思主义态度。刘少奇主张对党内斗争采取第三种态度。他在这里讲的“党内和平”，实际上是指党的统一和团结。在“文化大革命”中，林彪、“四人帮”却大批“党内和平论”，蓄意歪曲，其目的是为了推行“残酷斗争，无情打击”的政策。刘少奇关于“党内和平”的思想，是对历史经验教训的总结，深刻说明了党内斗争基本上是一种思想斗争，揭示了党内斗争和团结的辩证法。

刘少奇认为，党内矛盾既有对抗性，也有非对抗性，不能把一切的矛盾都看成是对抗的。他说：“原则上思想上的对立，和组织上方式上尽可能的不对立，是我们应该采取的党内斗争的正确方法。”①他在批评党内那些搞扩大打击面和过火斗争的人时指出：“他们在这些应作必要妥协的问题上，也实行不妥协的斗争，于是他们就没有不对抗的问题，没有不对抗的时候，没有不对抗的人。……他们把一切的矛盾都看成对抗，对抗着一切，这就是他们的绝对主义。”②刘少奇认为，“党内斗争不是斗得愈厉害愈好，而应有适当限度，应讲求适当，‘过’与‘不及’都是要不得的”③。他主张用非对抗的方式，解决党内存在的原则分歧，增强党的团结。

刘少奇认为，党内矛盾常常表现为党的利益和党员个人利益的矛盾。在处理这个矛盾的时候，既要坚持党的利益高于一切的原则，又要承认党员个人利益的合法性。他说：“在我们党内，党员的个人利益要服从党的利益，为了党的利益，还要求党员在必要的时候牺牲自己的个人利益。但是，这并不是说，在我们党内，不承认党员的个人利益，要抹煞党员的个人利益，要消灭党员的个性。党员总还有一部分私人的问题需要自己来处理，并且也还

---

①②③《刘少奇选集》上卷，人民出版社 1981 年版，第 211、188、212 页。

要根据他的个性和特长来发展他自己。”[①]刘少奇还认为，党员的个人利益，“应该完全溶化在党和无产阶级的一般利益和目的之中”[②]。在“文化大革命”中，林彪、“四人帮”把刘少奇的这个正确思想斥之为“公私溶化论”，大肆攻击和诬蔑。其实，刘少奇在这里所阐述的是无产阶级的公私观，它极其深刻地表述了客观存在着的公与私之间的辩证关系，对于我们引导党员正确地处理集体利益和个人利益之间的矛盾，维护党的团结和统一，是富有启发意义的。

刘少奇关于党内斗争和党内和平的理论，概括了党内矛盾运动和发展的规律，是对马克思主义唯物辩证法的形象而生动的阐述，它丰富和发展了毛泽东哲学思想。

## （四）民主和集中的辩证统一观

刘少奇说：“我们的党，不是许多党员简单的数目字的总和，而是由全体党员按照一定规律组织起来的统一的有机体，而是党的领导者被领导者的结合体，是党的首脑（中央）、党的各级组织和广大党员群众依照一定规律结合起来的统一体。这种规律，就是党内的民主的集中制。”[③]这是说，民主集中制是共产党的组织规律，是共产党团结统一的组织基础。刘少奇在长期从事党的建设的实践中，对民主与集中的辩证关系做了大量的研究和理论阐述。刘少奇关于民主集中制的理论原则，对于党的团结和统一具有重要的指导意义。

### 1. 民主与集中的辩证关系

在党的七大关于修改党章的报告中，刘少奇指出：“党内民主的集中制，照党章规定，即是在民主基础上的集中和在集中指导下的民主。它是民主的，又是集中的。”[④]又说：“党内民主的集中制，即是党的领导骨干与广大党员群众相结合的制度，即是从党员群众中集中起来，又到党员群众中坚

①②③④《刘少奇选集》上卷，人民出版社 1981 年版，第 135、135、358、358 页。

持下去的制度，即是反映党内的群众路线。”[1]这就是说，党的民主集中制是在民主基础上的高度集中和集中指导下的高度民主的对立统一。它反映党的领导者与被领导者的关系，反映党的上级组织与下级组织的关系，反映党员个人与党的整体的关系，反映党的中央、党的各级组织与党员群众的关系。

有人说：“民主是手段，集中是目的。”刘少奇认为，这种说法是错误的。因为它不能说明民主与集中的关系，不能说明民主与集中的矛盾的结合。党的目的是团结统一，只有民主或只有集中都不能达到这个目的。假使以为仅仅集中就是统一，则党内也就变成了封建家长制；假使只有民主而没有集中，也就不可能有真正的统一，党就变成了一盘散沙。可见，没有民主就没有集中，统一是在民主基础上的集中，民主和集中是辩证的统一，二者共存于民主集中制这一矛盾的统一体中，党内的正确结构是建立在民主集中制基础之上的。这是党的活动必须遵循的一种客观规律。

为什么说党的集中制是在民主基础上的集中呢？刘少奇认为，“我们党的纪律是建立在同志自觉的基础上”[2]，“党内民主的实质，就是要发扬党员的自动性与积极性，提高党员对党的事业的责任心，发动党员或党员的代表在党章规定的范围内尽量发表意见，以积极参加党对于人民事业的领导工作，并以此来巩固党的纪律和统一。只有认真地扩大党内民主，才能巩固党内的自觉的纪律，才能建立与巩固党内的集中制，才能使领导机关的领导工作臻于正确”[3]。这就是说，党的领导机关是在民主基础上由党员群众所选举出来并给予信任的；党的领导机关的权力，是由党员群众所授予的；党的指导方针与决议也是在民主基础上由群众中集中起来的，并由党员群众或党员的代表们所决定，然后又由领导机关协同党员群众执行的。因此，必须充分实行党内民主，使党员自觉地维护党的团结统一，自觉执行党的方针和决议，自觉地维护党的组织纪律。否则，集中制离开了民主，就成了个人独断

①《刘少奇选集》上卷，人民出版社 1981 年版，第 359 页。
②《刘少奇论党的建设》，中央文献出版社 1991 年版，第 22 页。
③《刘少奇选集》上卷，人民出版社 1981 年版，第 365 页。

专行，就成了一言堂、家长制，这样就会窒息党内的民主空气，压抑党员的革命精神，压抑党员的积极性和创造性，党内就会万马齐喑，死气沉沉。这时，党的方针和决议不仅难于实行，而且所形成的决议、做出的决定，也就难免不发生失误。党内的秩序是个人服从组织，少数服从多数，下级服从上级，全党服从中央。“这是战斗的党保持党的统一与团结之必要条件。”[①]党的集中制是建立在民主基础上的，不是离开民主的，不是个人专断主义。在“大跃进”和人民公社化运动时期，不仅没有充分地发扬党内民主，而且在党内进行了错误的过火的批评和斗争，混淆了是非，压制了民主，使群众和干部不敢讲真心话，给党的事业造成极大损失。刘少奇针对这种不正常的情况，尖锐地指出：“党的集中统一，必须建立在民主的基础上”，“如果党的领导机关不善于发扬民主，不善于倾听下级组织和党员群众的意见，不善于通过民主的方式去解决工作中的问题，而是习惯于官僚主义和主观主义的领导，那就不可能实行真正的民主集中制，也就不可能有真正的集中统一”。[②]

为什么说党的民主制是在集中指导下的民主呢？刘少奇说：“我们党是一个战斗的组织，如果没有集中统一的指挥，就不可能进行任何一个胜利的战斗。在中央同地方的关系上是这样，在各地方、各部门、各单位的上下级关系上也是这样。一切本位主义、分散主义现象的存在，都削弱了党的统一和集中，因此都必须坚决反对。”[③]这就是说，党的一切会议是由领导机关召集和有领导地进行的；党的一切决议和法规的制定是经过充分准备和仔细考虑的，全党是有一切党员都要履行的统一的党章和统一的纪律的，并有一切党员都要服从的统一的领导机关的。因此，“党内民主制，不是没有领导的民主，不是极端民主化，不是党内的无政府状态”[④]。党内民主如果离开了集中，党的工作就难免因杂乱无章而失去正确的方向，就不能保证党的民主“按照有利于党的事业（即人民的事业）的方向进行”，就可能“松懈党内的

①《刘少奇论党的建设》，中央文献出版社 1991 年版，第 72 页。

②③《刘少奇选集》下卷，人民出版社 1985 年版，第 411、407 页。

④《刘少奇选集》上卷，人民出版社 1981 年版，第 359 页。

战斗意志与战斗团结”，就可能“被暗害分子、反党分子和党内的分裂主义者与投机家、野心家所利用”[①]，从而走到邪路上去。因此，“遵照党内民主原则进行工作时，不能妨害党内的集中原则，不能使正当的有利于集中行动的党内民主被误解为无政府倾向（向党闹独立性和极端民主化）”[②]。同时，如果在民主的基础上不实行集中，那也会使民主变成一种不解决任何实际问题的空谈，什么积极的目的也达不到。正如恩格斯所说：“没有这种统一的和指导性的意志，要进行任何合作都是不可能的。”[③]邓小平对这个观点极为赞成。他说：“着重强调该集中的必须认真集中，以便把效率提高一些。”[④]从我们党的发展史来看，无论是我们党执政以前，还是执政以后，所取得的各项巨大成就都是同党的集中统一的领导分不开的。因此，刘少奇恳切地告诫全党：“无论在什么时候，都不能没有党中央的集中统一的领导。在遇到困难的时候，尤其需要加强党中央的集中统一的领导。这个问题，对于我们事业的胜利前进，关系极大，全党同志都应该有正确的认识。”[⑤]

总之，刘少奇认为，“党的集中制是建立在民主基础上的，不是离开民主的，不是个人专制主义”，“党内民主制，不是没有领导的民主，不是极端民主化，不是党内的无政府状态”。[⑥]刘少奇还强调指出：“在这里，民主和集中是互为前提、互相依赖、互相渗透的，是不可缺一的。”[⑦]我们“要使高度的民主与高度的集中统一起来，不要使二者对立起来”[⑧]。

2. 坚持民主与集中的辩证法，反对形而上学的两种错误倾向

党的民主集中制，是党内民主和集中的辩证统一。但是，形而上学者把民主和集中割裂开来，要么只强调集中，要么只强调民主，这就是“党内反民主的专制主义倾向，和党内极端民主化的现象，是党内生活上的两种极端现象”[⑨]。

---

①②⑥⑧⑨《刘少奇选集》上卷，人民出版社1981年版，第366、366、359、366、361页。

③《马克思恩格斯选集》第4卷，人民出版社1972年版，第397页。

④《邓小平文选》(1975—1982)，人民出版社1983年版，第246页。

⑤⑦《刘少奇选集》下卷，人民出版社1985年版，第386、364页。

党内的专制主义倾向，是离开民主讲集中，搞个人独断专行。他们认为，“党在组织上的高度集中，就否定了党内的民主”，“统一的铁的纪律，就消灭了党员个人的个性及党员的自动性与创造性”。[①]他们不了解党的民主集中制是在民主基础上的集中制，而使自己的领导脱离党内民主，脱离党员群众。他们认为，自己的领导地位和权力，无须党员群众经过选举和授予，也无须取得党员和下级组织的信任，而是可以自己攫取和自己封的。他们的指导方针和决议，也无须从群众中集中起来并经过群众去决定，而是可以独断的。他们站在党员群众之上，而不是结合于党员群众之中。他们是站在党的组织之上来命令党，支配党，而不是站在党组织之内来服从党，受党的支配。他们对于上级，则利用党内的民主制向上级闹独立性，对于下级和党员，则利用党内的集中制来压制下级和党员的民主权利。多数通过的决议和党的纪律，别人都得服从与遵守，但他们领导人自己觉得是可以不服从不遵守的。至于党的法规和决议，他们认为是为那些普通人写的，而不是为他们这些特殊的领导人写的。刘少奇说：“这是党内一种反民主的个人专制主义倾向，是社会上特权阶级的思想在党内的反映。这与我们党的集中制没有丝毫相同之点。这种偏向，在我们党的组织中是存在着的，应该完全肃清它。”[②]他还说：“当我们加强党的集中统一的时候，认真地发扬党内民主，更是一件十分重要的事情。”[③]并强调：“任何党的领袖，必须在党的组织内，在服从党内大多数，服从民主集中制的条件下，不以组织的名义去领导是不能允许的。”[④]正如邓小平所说：“必须使民主制度化、法律化，使这种制度和法律不因领导人的改变而改变，不因领导人的看法和注意力的改变而改变。”[⑤]这样，才能真正防止个人专制主义的出现。

这里需要特别指出的是，由于我们的国家长期是一个小生产的家长制占

---

①②《刘少奇选集》上卷，人民出版社1981年版，第187、360页。

③《刘少奇选集》下卷，人民出版社1985年版，第410页。

④《刘少奇治党的建设》，中央文献出版社1991年版，第336页。

⑤《邓小平文选》(1975—1982)，人民出版社1983年版，第136页。

优势的国家，缺乏民主生活的传统，这种情况反映到党内，就产生了民主生活不足而容易导致个人专断现象。因此，必须放手地扩大我们党内的民主生活。刘少奇说：“发扬党内民主的中心一环，在于充分地开展党内的批评和自我批评。”[①]尤其是党的领导干部，不仅要具有充分的自我批评精神，而且要鼓励、支持和保护自下而上的批评，形成畅所欲言的批评和自我批评的氛围，这样才能提高党员群众的积极性，才敢于和善于提出问题，发表意见，党的内部团结就会达到，从而克服缺点错误，推动党的事业的发展。

党内的极端民主化，是民主与集中关系上的另一种形而上学的极端现象。他们不了解党的民主制是在集中指导下的民主制，因而把自己的行动脱离党的集中领导，脱离党的整体。他们不顾大局，不顾整体的长远的利益，按照自己的兴趣和自己的见解在党内任意地自由地行动。他们不严格地遵守党的纪律，不执行党的领导机关的决议，在党内播弄是非等等，这些就是极端民主化的思想。这种思想的危害，正如毛泽东所说：“在于损伤以至完全破坏党的组织，削弱以至完全毁灭党的战斗力。”[②]这种思想的来源“在于小资产阶级的自由散漫性。这种自由散漫性带到党内，就成了政治上的和组织上的极端民主化的思想。这种思想是和无产阶级的斗争任务根本不相容的”[③]。因此，我们必须严格党的纪律，即个人服从组织，少数服从多数，下级服从上级，全党服从中央，进而克服极端民主化的思想。

当然，我们强调严格党的纪律，绝不是提倡盲目服从，因为各个地区、各个部门的环境和情况很复杂，都有极大的特殊性；而领导机关的决议与指示，常常不能照顾到一切区域的一切情况，而只能是带着一般性的。因此，决议与指示往往在一般地区行得通，而在某些特殊地区则行不通。在这种时候，我们就不能提倡盲目的执行和服从，而是提倡自觉的认真的执行。这就是说，要认真地研究情况与研究决议、指示，如果发现决议、指示有错误，

①《刘少奇选集》下卷，人民出版社 1985 年版，第 411 页。

②③《毛泽东著作选读》上册，人民出版社 1986 年版，第 29、29 页。

或者与本地区情况不合，就应勇于提出意见，请求上级收回或修改，而不是闭着眼睛，硬要去实行，以至劳民伤财，脱离群众。刘少奇说：“下级这样做，并不是反抗上级，也不是闹独立性，而正是以认真的精神去执行决议与指示。只有这样的党员，才是最好的党员，他不只是能够独立思考问题，而且能够帮助上级纠正错误、缺点。这是应该特别奖励的。”①我们党是反对没有纪律的，向党闹独立的倾向，但提倡与奖励每个党员在党的方针下独立思考问题、独立进行工作的创造精神。当然，关系全国性和全党性的问题，“我们全党只能有一个方针、一条路线，而不能有几个方针、几条路线。对于全国性的问题，只能有一种态度、一种意见，而不应有几种态度、几种意见”②。这也是确定无疑的，否则就不能达到全党和全国的团结统一。特别是对于像我们这样地域广大、人口众多的大国，强调严格党的纪律，反对极端民主化思想，显得格外重要，或者说有特殊的重大意义。

刘少奇在批判上述两种错误倾向的同时，又提醒全党注意，这两种极端现象在一定条件下是可以互相转化的。他说：“极端民主化的现象，又常常当作专制主义倾向的一种惩罚而出现，凡是专制主义倾向较严重的地方，那里就可能出现极端民主化的现象。”③而极端民主化的泛滥，则往往以吞食个人专制主义这颗苦果而告终。刘少奇认为，这两种倾向都是错误的，都极大地防害与破坏党内的真正统一与团结，全党必须警惕，严防这种现象的发生。

总之，民主集中制是共产党的组织规律，是全党团结统一的组织基础。刘少奇根据党内生活和革命实践的经验教训，对民主与集中辩证关系的论述，对加强党的组织建设和思想建设，对巩固党的团结统一，对指导中国革命和建设的发展，有重大的现实意义和深远的历史意义。

①②③《刘少奇选集》上卷，人民出版社 1981 年版，第 367~368、369、361 页。

# 六　经济建设的辩证法

刘少奇历来重视社会主义经济建设问题。他依据马克思列宁主义的基本原理同我国具体实践相结合的原则，借鉴苏联及其他社会主义国家进行经济建设的正反两方面的经验教训，对于经济落后的中国进行社会主义经济建设的规律和道路，做了多方面的研究和探索，提出了许多独到而深刻的见解。这些见解都包含着马克思主义唯物辩证法的光辉思想。今天，根据新情况、新问题，我们进一步挖掘和研究这些新见解，对于丰富和发展马克思、列宁、毛泽东哲学思想，对于指导建设有中国特色的社会主义，具有重大的现实意义和深远的历史意义。

## （一）社会主义经济建设必须从中国的国情出发

刘少奇认为，搞经济建设如同搞革命一样，也必须从中国的具体国情出发。认清中国的实际国情，是一切革命和建设问题的基本根据，是实现全党工作中心转移的基础，是制定各种经济政策的出发点。

### 1. 认清国情是一切革命和建设问题的根据

我们党在长期的革命和建设的实践中，一贯重视对中国实际国情问题的研究，并深刻地认识到，正确地认识和把握中国的实际国情，是中国共产党人进行一切革命和建设问题的基本根据。

早在民主革命时期，毛泽东就指出："认清中国的国情，乃是认清一切革命问题的基本的根据。"[①]新中国建立前夕，毛泽东针对党内关于经济政策的糊涂思想，分析了我国当时的基本国情。他指出，中国近代工业和农业在国

①《毛泽东著作选读》上册，人民出版社 1986 年版，第 324 页。

民经济中的比重，就全国范围来说，在抗日战争以前，大约是现代性的工业占百分之十左右，农业和手工业占百分之九十左右。“这是帝国主义制度和封建制度压迫中国的结果，这是旧中国半殖民地和半封建社会性质在经济上的表现，这也是在中国革命时期内和在革命胜利后一个相当长时期内一切问题的基本出发点。从这一点出发，产生了我们党一系列的战略上、策略上和政策上的问题。”①并强调指出：“谁要是忽视或轻视了这一点，谁就要犯‘左’倾机会主义的错误。”②刘少奇对毛泽东这一科学论断极为赞同。在新中国建立前后，刘少奇也是多次强调，搞社会主义建设一定要从中国的实际国情出发，并做了大量的论述。

早在1949年6月，刘少奇在《关于新中国的经济建设方针》一文中，就运用马克思主义唯物史观的基本原理，分析了我国当时的实际国情，即当时的经济状况。他指出：“我国是一个产业落后，发展又不平衡的大国。我国大部分地区的经济，比东北要落后得多。”③在当时，搞经济建设对我们党的干部队伍本身来说，“是一个新的问题，我们还没有准备。我们的干部还不熟悉经济工作，特别是不会经商。关于中国经济的确实材料，我们也还没有”④。到了1950年，刘少奇又在《国家的工业化和人民生活水平的提高》一文中，明确指出，直到现在，中国劳动人民的生活水平和世界许多先进国家比较起来，还是很低的。中国的劳动人民还很穷困，他们迫切地需要提高生活水平，过上富裕的和有文化的生活。他强调指出：“这是全国最大多数人民最大的要求和希望，也是中国共产党和人民政府力求实现的最基本的任务。”⑤刘少奇在新中国建立前后对中国实际国情的分析和判断，是符合客观实际的，是正确的。

大家知道，旧中国是一个经济文化十分落后的半殖民地半封建的国家。旧中国留给我们的近代化的机器工业、运输业和农业很少，在国民经济中，

①②《毛泽东著作选读》下册，人民出版社1986年版，第657、658页。

③④《刘少奇选集》上卷，人民出版社1981年版，第426、426页。

⑤《刘少奇选集》下卷，人民出版社1985年版，第1页。

百分之九十左右还是手工业和个体农业，在运输业中，也绝大部分是人畜力和木船运输。和机器工业比较起来，它们的生产力很低，耗费劳动力很大，不能生产出大量的物质资料来供人民享受。另外，中国劳动人民深受外国帝国主义和中国的封建地主、官僚、买办阶级的长期统治。他们无限制地掠夺中国人民的财富，欺侮和压迫中国人民，并造成长期的战争，严重阻碍了中国工业的发展，压制和毁坏了已经很低的中国的生产力。“这样，就不能不使中国的劳动人民更加陷于穷困和饥寒生活的深渊。”①而且，旧中国的经济文化的发展也很不平衡，现代工业几乎全部集中在少数大城市和沿海地区。半殖民地经济的畸形发展，造成了广大内地和边疆地区的生产力水平很低，经济十分落后；幅员辽阔的农村，小商品经济与半自然经济占着绝对的优势，商品生产和商品交换极端的不平衡。我们社会主义的新中国，就是在这样的极度贫穷，社会的经济文化发展极端的不平衡和落后的基础上建立起来的。这就决定了，我们建设社会主义新生活的任务是极其艰难的，它所需要的时间，将比“各人民民主国家长得多”②。

从我国的国情出发，是认识社会主义经济发展规律的基本前提。国情，这是一个复杂的概念，它包括一个国家的历史条件、现实状况、自然环境、人口、科技文化水平、生产力状况以及社会制度诸方面的因素和这些因素间的相互制约关系。所谓经济规律，也就是人们在生产过程中所形成的经济关系的运动规律，它是社会经济发展过程中各种经济现象之间内在的、本质的、必然的联系。经济规律是潜藏在国情内部的东西。由于各个国家的国情不同，除了经济发展的一般规律外，还有与本国国情相适应的特殊经济规律。以毛泽东为代表的中国共产党人，不仅重视研究社会主义经济发展的普遍规律，而且特别注重研究由中国国情决定的特殊的经济发展规律。他们在领导我国生产资料所有制的社会主义改造和发展工农业方面，没有机械地完

①《刘少奇选集》下卷，人民出版社 1985 年版，第 2 页。
②《刘少奇选集》上卷，人民出版社 1981 年版，第 427 页。

全照搬外国的做法，而是从中国实际出发，探索了中国自己的道路。1962年1月，刘少奇在“七千人大会”上的讲话中，在总结了我们党的经验和教训之后，明确指出搞社会主义经济建设，“我们应该学会自己走路，应该根据中国的特点，采取适合中国情况的方法来进行建设”①。刘少奇的这些思想，对我们认识在一个原来经济文化落后的农业大国，怎样进行社会主义现代化建设，怎样建设具有中国特色的社会主义有着重要的指导意义。正如邓小平同志指出的：“我们的现代化建设，必须从中国的实际出发。……把马克思主义的普遍真理同我国的具体实际结合起来，走自己的道路，建设有中国特色的社会主义，这就是我们总结长期历史经验得出的基本结论。”②

2. 认清国情是实现全国工作中心转移的基础

列宁在领导俄国布尔什维克党取得十月革命胜利后强调指出：“无产阶级取得国家政权以后，它的最主要最根本的利益就是增加产品数量，大大提高社会生产力。”如果“没有这个条件，劳动摆脱资本桎梏的整个解放事业的成功和社会主义的胜利，就无从谈起”③。这就是说，无产阶级在取得政权以后，为了巩固和发展革命的胜利成果，推进社会主义向共产主义的发展，应当不失时机地把工作的重心转移到经济建设上来，把发展社会生产力的任务提到首位。

以毛泽东为代表的中国共产党人，一贯重视社会生产力的发展。1949年初，革命即将在全国取得胜利，党中央适时地召开了七届二中全会，规定了全国胜利后党在政治、经济、文化、外交等方面的基本政策，同时提出了使中国由农业国转变为工业国，由新民主主义转变为社会主义的总的任务和重要途径。刘少奇运用马克思主义的唯物辩证法和唯物史观的基本原理，依据七届二中全会精神，在许多报告和讲话中论述了经济建设是全党全国工作的中心任务问题。

---

①《刘少奇选集》下卷，人民出版社1985年版，第423页。

②《邓小平文选》(1975—1982)，人民出版社1983年版，第371~372页。

③《列宁选集》第4卷，人民出版社1972年第2版，第586页。

1949年2月8日，刘少奇在河北省平山县西柏坡村作的《新中国经济的方针与问题》的报告中指出，现在提出经济问题，与马克思的《共产党宣言》不同，这不仅仅是宣传问题，而是要提到议事日程上的问题。发展经济，搞经济建设“是一切斗争的终极目的”，是“党的总任务”。其后，他在天津的多次讲话中又明确提出，政府的方针就是改善与发展生产，只有这样国家才能富强。他说，过去我们比较长时期在农村搞革命，现在全国即将解放，必须“学会管理城市，恢复和发展城市中的生产事业。这就是城市工作的总路线、总方针”[①]。在这里，刘少奇已经鲜明地把经济建设作为社会主义时期党的总任务、总路线、总方针提出来了。到了1949年6月，刘少奇在《关于新中国的经济建设方针》一文中，又运用唯物辩证法和唯物史观的基本原理，分析了当时我国的基本经济状况，并明确指出，解放战争快要结束了，“今后的中心问题，是如何恢复与发展中国的经济”[②]。他这是说，急风暴雨式的、大规模的战争年代即将过去，新中国建立后，全党全国工作的中心任务是发展社会生产力，搞经济建设。

1950年，刘少奇在《国家工业化和人民生活水平的提高》一文中，分析了中国人民的生活极度贫困的状况，及其中国人民生活穷困的原因之后，提出了我们党使中国人民从穷困、痛苦和被侮辱的生活中解放出来，并不断地提高他们的生活水平，使他们能够过富裕的和有文化的生活，必须做好两件最基本的事情。第一件事情是解放生产力。这件事情以中华人民共和国成立为标志，可以说基本完成或正在完成。第二件事情就是保护和发展生产力，即“利用已经建立并且巩固起来的人民民主专政作为主要的工具，并利用其他各种条件，配合各方面的努力，来发展一切有益于人民的生产及其他经济事业”[③]。这第二件事情就是使中国逐步地走向工业化和电气化，使中国人民逐步地提高物质和文化生活水平。也只有做好第二件事情，才能使中国人民

①刘少奇:《对天津工作的初次意见》,1949年4月18日。

②《刘少奇选集》上卷,人民出版社1981年版,第426页。

③《刘少奇选集》下卷,人民出版社1985年版,第3页。

能够过上富裕的和有文化的生活。“因为生产事业的发展，劳动生产率的提高，乃是全体人民一切物质福利和精神福利的基础。”[①]刘少奇认为，这两件事情是密不可分的，只有做好了第一件事情，才有可能做好第二件事情。当我们去做第一件事情的时候，我们的目的就是为了要做好第二件事情。现在第一件事情已经或者差不多做好了，“第二件事情也已经在一些地方开始进行，不久以后，就要更大规模地有全面计划地来进行，而且要永远继续下去，因为生产是更基本的，永远需要的”。他还强调指出：“如果我们在做好第一件事情之后，不能接着把第二件事情做好，那我们的革命就没有什么大的意义了，我们的革命就不能说是已经胜利了，相反，我们还要遭受可耻的失败。”[②]

1951 年 2 月 28 日，刘少奇在北京市第一届人民代表会议上的讲话中，在论述国家政权建设和经济建设、民主化和工业化的关系之后，明确指出：“经济建设现已成为我们国家和人民的中心任务。”[③]到了 1956 年 6 月，他又在党的第八次全国代表大会上所作的政治报告中，分析了从七大到八大这十一年内，我国经历了两次具有世界意义的伟大历史事变，即中国民主革命的胜利和社会主义“三大改造”的完成。他指出，在阶级关系中，官僚买办资产阶级和封建地主阶级被消灭后，剩下的剥削阶级，即民族资产阶级和农村中的富农阶级已经处在被消灭的过程中，工人阶级已经成为国家的领导阶级，农民已经由个体农民转变为合作化的农民。这样，我国工人阶级同资产阶级之间的矛盾已经基本上解决了。在革命战争时期和全国解放初期，斗争的主要任务是从反动统治下解放人民，从旧的生产关系的束缚下解放社会生产力，斗争的主要方法是人民群众的直接行动。而“现在，革命的暴风雨时期已经过去了，新的生产关系已经建立起来，斗争的任务已经变为保护社会生产力的顺利发展”[④]。党的八大通过的《关于政治报告的决议》中明确指出，我国国内的主要矛盾不再是工人阶级和资产阶级的矛盾，而是“人民对于经

①②③④《刘少奇选集》下卷，人民出版社 1985 年版，第 4、4、60、253 页。

济文化迅速发展的需要同当前经济文化不能满足人民需要之间的矛盾”，“党和全国人民当前的主要任务，就是要集中力量来解决这个矛盾，把我国尽快地从落后的农业国变为先进的工业国”。这就要求我们党将工作的重点，由以阶级斗争为主，迅速地转移到工业建设上去，并紧紧抓住工业化这一根本任务，发展生产，以满足人民的物质和精神生活的需要。刘少奇代表党中央对国内主要矛盾的分析和论述是符合我国的实际情况的，它为新时期全面建设社会主义指明了方向，从而进一步坚持和发展了经济建设是我们全党和全国人民中心任务的思想。

在我国社会主义经济建设问题上，党的工作中心的转移经历了反复曲折的过程。但是，我国社会主义建设的实践证明，刘少奇从中国的实际国情出发，坚持经济建设是全党全国工作中心任务的思想是正确的，是有很大的科学价值的。

3. 认清国情是我们制定社会主义经济建设方针政策的出发点

马克思主义哲学认为，无论是搞革命，还是搞经济建设，很重要的一个基本原则就是从实际出发，实事求是。刘少奇在长期的革命和建设实践中，严格地遵守这一基本原则。

刘少奇认为，正确地认识和判断中国的实际国情，特别是正确认识和判断我国社会生产力发展的状况，是我们进行社会主义建设的基本依据和基本出发点。他在《关于新中国的经济建设方针》等著作中，运用马克思主义唯物辩证法和唯物史观的基本原理，在分析中国实际国情的基础上，提出了一系列搞社会主义经济建设的基本方针和政策。

第一，在推翻帝国主义及国民党的反动统治以后，新中国的国民经济主要由以下五种经济成分构成：(1)国营经济；(2)合作社经济；(3)国家资本主义经济；(4)私人资本主义经济；(5)小商品经济和半自然经济。这五种经济成分中，小商品经济和半自然经济占着绝对的优势。合作社经济在当时还很小，但可以很快地发展。国家资本主义经济在当时也很少，但可能在一个颇大程度上去组织。国营经济在当时也是一个可观的但还是很小的成分，“不过它可以使社会的经济命脉操在国家手中，而居国民经济的领导地位”①。

第二，新民主主义经济是一种过渡性质的经济。上述五种经济成分构成新民主主义经济。在这种新民主主义经济内部，是存在着矛盾和斗争的。这就是社会主义的因素和趋势与资本主义的因素和趋势之间的斗争，就是无产阶级和资产阶级的斗争。这就是在消灭帝国主义势力及封建势力以后，新中国内部的基本矛盾。“这种矛盾和斗争，将要决定中国将来的发展前途到底是过渡到社会主义社会，抑或过渡到资本主义社会？我们认为新民主主义经济是一种过渡性质的经济。”②这种过渡所需要的时间，将比社会生产力比较先进的人民民主国家长得多。

第三，五种经济成分的性质及其之间的关系。刘少奇认为合作社经济是国营经济的同盟者和带有决定意义的助手，国家资本主义经济也可以在一定程度上成为国营经济的助手，而小商品经济及半自然经济则是一种动摇的力量。国营经济是社会主义性质的经济，国家资本主义经济是十分接近社会主义的经济。而私人资本主义经济则是资本主义发展趋势的基础。

第四，根据上述分析，刘少奇认为新中国的经济建设方针是：五种经济成分中，除开那些投机操纵的经营及有害于新民主主义的国计民生的经营以外，都应加以鼓励，使其发展。但在这种发展中，必须以发展国营经济为主体，扶助独立的小生产者并使之逐渐地向合作社方向发展。组织国家资本主义经济，在有利于新民主主义的国计民生的范围以内，容许私人资本主义经济的发展，而对于带有垄断性质的经济，则逐步地收归国家经营，或在国家监督下采用国家资本主义的方式经营。对于一切投机操纵及有害于国计民生的经营，则用法律禁止之。这就是说，“在可能的条件下，逐步地增加国民经济中的社会主义成分，加强国民经济的计划性，以便逐步地稳当地过渡到社会主义”。但是，“这种过渡，是要经过长期的激烈的艰苦的斗争过程的”。③实践证明，在40多年前，刘少奇依据历史唯物主义的基本理论，从我国的

①②③《刘少奇选集》上卷，人民出版社1981年版，第427、427、428页。

实际国情出发，提出的这些经济建设的基本方针和政策，不仅在当时是正确的，就是在今天，对我们建设有中国特色的社会主义也有重大的指导意义。

### （二）社会主义经济建设必须按客观经济规律办事

几十年的社会主义经济建设实践证明，搞社会主义经济建设，必须遵循社会主义经济所固有的客观的经济规律，才能不断地推进社会生产力的发展，否则，就要受到经济规律的惩罚，使经济建设事业遭受挫折。刘少奇说，经济工作是一部复杂的机器，党要学会驾驭这部机器，必须认识和掌握客观经济规律，按客观经济规律办事。

1. 新的生产关系必须适合比较落后的生产力性质和状况的规律

中国民主革命胜利后，我国的生产关系发生了根本的变革，或者说，在我国消灭了帝国主义、封建主义和官僚资本主义的反动的生产关系，建立了广大劳动人民在对生产资料有占有权和支配权的新的生产关系。但是，历史和战争因素所造成的十分落后的生产力的性质和状况，同新的生产关系是不相适应的。怎样使落后的生产力性质和状况，同新的生产关系相适应呢？刘少奇对这个问题进行了大胆的探索，提出了很有科学价值的意见。

刘少奇对我国社会生产力状况进行了分析，认为我国生产力从总体上讲是落后的，但是，现代化的大工业生产是存在的，这是建立社会主义制度的客观基础。也就是说，我国社会生产力状况具有多层次性，必须建立多层次性的生产关系与它相适应。他对坚持社会主义国营经济的主导地位和五种经济成分各得其所的分析，以及提出要大力发展生产力，促使生产力迅速提高，以求得与生产关系相适应，就是引导人们去正确认识新的生产关系必须适应比较落后的生产力性质和状况的规律。

刘少奇在分析五种经济成分时指出："国营经济是社会主义性质的经济"，其成分虽小，但却是"社会的经济命脉"，"居国民经济的领导地位"；"合作社经济是在各种不同程度上带有社会主义性质的经济"，是"国营经济的同盟者和带有决定意义的助手"；"国家资本主义是十分接近于社会主义的经济”，“也可在一定程度上成为国营经济的助手”。[①]五种经济成分在国营经济领导下，分工合作，扬长避短，各得其所，共同为社会经济的恢复和发展起推动作用。

刘少奇对五种经济成分的性质及其作用的分析，其中心思想是，民主革命胜利后，还不能直接采取社会主义的实际步骤。他认为：“过早地采取社会主义的政策是要不得的。”“过早地消灭资本主义的办法，则要犯‘左’倾的错误。”[②]因为，其一，条件不成熟。从五种经济成分看，国营经济在整个国民经济中的比重是很小的，“顶多占 10%~20%”。其二，搞社会主义就意味着实行公有制，在这方面不能照搬俄国在资产阶级民主革命成功后，立即就开始进行社会主义革命的经验。他说：“我们不要去套书本子”[③]，要从中国的实际的阶级关系出发。俄国二月革命后，资产阶级完全站到反革命一边去了；但中国的民族资产阶级不是那样，它历来受帝国主义、封建主义、官僚资本主义的压迫，具有革命性的一面。民族资产阶级和我们联合进行了反帝反封建斗争，感情一直没有破裂。革命胜利后，我们的政权性质是新民主主义的，还要请民族资产阶级代表人物参加。因此，我们没有必要像俄国那样采取立即推翻资产阶级、取消生产资料私有制的做法。其三，客观上还要利用资本主义工商业来发展经济。他认为资本主义工商业在当时还占着较大比重，在国民经济中是一个不可缺少的部分，它的适当发展有利于国民经济。

民主革命胜利后需要有一个过渡阶段。在这个阶段，既有社会主义因素，又有资本主义因素；有过渡到社会主义还是过渡到资本主义的斗争。“这是一种特殊的历史状态。”在新民主主义经济中，基本矛盾是资本主义经济成分与社会主义经济成分的矛盾，如何处理这一矛盾，刘少奇主张通过“经济竞争”来解决。他认为在这个竞争中，无产阶级手中有领导权，并且

---

①《刘少奇选集》上卷，人民出版社 1981 年版，第 427~428 页。

②③薄一波：《若干重大决策与事件的回顾》上卷，中共中央党校出版社 1991 年版，第 47、48 页。

掌握了国家的主要经济命脉，只要引导得当，是一定能取得胜利的。在当时，毛泽东对刘少奇的这些分析是基本肯定的。他说："新民主主义与社会主义问题，少奇同志的提纲分析很具体，很好，两个阶段的过渡也讲得很好，各同志回中央局后，对这点可作宣传。"①毛泽东还指出，对这个问题要作进一步的思考和分析，请少奇同志作准备，草拟文件，提到党的七届二中全会上讨论。

社会主义革命和建设的实践证明，刘少奇关于不要过早采取"社会主义的政策"的思想，不仅符合中国的客观实际，而且是对列宁关于"在一个小农生产者占人口绝大多数的国家里，实行社会主义革命必须通过一系列特殊的过渡办法"②思想的运用和发挥。

十月革命后，苏维埃俄国曾试图"直接过渡到纯社会主义的经济形式和纯社会主义的分配"③，几年以后感到这是"力所不能及的"。从 1921 年以后，不得不转而实行"新经济政策"。列宁在实践中认识到，"在一个小农生产者占人口绝大多数的国家里，实行社会主义革命必须通过一系列特殊的过渡办法"。所谓"特殊的过渡办法"，简言之，就是从余粮收集制到粮食税。这一政策的转变，其实质在于要把政策建立在引导人们"对个人利益的关心"④的基础之上，要发展商品经济，允许自由贸易，利用资本主义经济成分来发展经济。列宁说："既然我们还不能实现从小生产到社会主义的直接过渡，所以作为小生产和交换的自发产物的资本主义，在一定范围内是不可避免的，所以我们应该利用资本主义（特别是要把它引导到国家资本主义的轨道上去）作为小生产和社会主义之间的中间环节，作为提高生产力的手段、道路、方法和方式。"⑤他还说"私人资本主义能成为社会主义的帮手"，无产阶级"有可能经过私人资本主义（更不用说国家资本主义）来促进社会

①薄一波:《若干重大决策与事件的回顾》上卷，中共中央党校出版社 1991 年版，第 49 页。

②⑤《列宁全集》第 32 卷，人民出版社 1963 年版，第 203、342 页。

③④《列宁全集》第 33 卷，人民出版社 1963 年版，第 380、39 页。

主义”的发展①。为了发展大工业，列宁还主张实行租让制，搞国家资本主义。他认为：“国家资本主义，就是我们能够加以限制、能够规定其活动范围的资本主义。”②只要国家政权和主要经济命脉掌握在无产阶级手中，国家资本主义也同样不可怕，只会对无产阶级有利。列宁认为，在一个小生产占优势的落后的农业国，要实行社会主义，必须善于采取利用资本主义发展社会主义的这个“特殊的过渡办法”，也就是说“我们必须同资本主义经济成分并存一个时期”③。列宁的这些论述，实际上是提出了在经济文化落后的国家里搞社会主义革命和社会主义建设应该十分注意的一个带普遍性的重大问题，就是如何更加重视和利用资本主义已经创造的物质技术、管理和文化条件的问题。薄一波同志在回顾新中国建立初期那段历史时，对刘少奇关于“坚持社会主义国营经济的主导地位和五种经济成分各得其所”的思想给予了充分肯定。他说：“看来，少奇同志的有些想法，是从列宁的这些论述中受到了启发。回想起来，应该说，当时在我们党内注意学习和深入研究、领会列宁这些论述的同志还不是很多。到了后来，随着社会主义建设实践的发展，特别是经历了一些曲折之后，大家才愈来愈感到列宁在新经济政策时期的这些思想的重要性和深刻性。”④任何一个新的社会制度的创立和巩固都不是凭空的，都必须利用先前社会创造的物质文明和精神文明条件，作为自己生存、发展和壮大的基础。资本主义经过几百年的发展，创造了比以往人类社会任何时期都要丰富和发达的物质文明和精神文明，只有自觉地充分地利用历史上特别是资本主义的物质技术条件和管理、文化的进步成果，并按照无产阶级和劳动人民利益要求的方向努力创造新的物质文化条件和管理经验，社会主义建设才能顺利进行，不断取得成功。

毛泽东在指导社会主义改造和建设的实践中也感觉到了这个问题。他在

①《列宁全集》第 4 卷，人民出版社 1963 年版，第 529 页。

②③《列宁全集》第 33 卷，人民出版社 1963 年版，第 244、369 页。

④薄一波：《若干重大决策与事件的回顾》上卷，中共中央党校出版社 1991 年版，第 64 页。

1953年6月15日政治局会议上提出总路线时说道："鉴予资本主义经济在数量上是不可忽视的……所以目前一脚踢开资本主义是不能的，也没有资格。现在，一辆汽车，拖拉机……不能造，就发生野心一脚踢开不对。"[①]后来当他发觉资本主义经济成分结束得过早和对资本主义的技术和管理经验利用得不够时，几次想采取措施进行补救，但未能如愿。这个问题真正解决得比较好，还是在党的十一届三中全会提出实行改革开放的政策以后，是邓小平同志提出的"建设有中国特色的社会主义"伟大理论。

2. 社会主义经济建设必须是计划性和灵活性、多样性相结合

马克思、恩格斯曾经预言过社会主义社会将实行计划经济。他们认为，一旦社会占有了生产资料，"社会的生产无政府状态就让位于按照全社会和每个成员的需要对生产进行的社会的有计划的调节"[②]。列宁在十月社会主义革命胜利后，在俄国社会主义实践中贯彻了这一思想。后来，斯大林明确地把有计划按比例作为社会主义经济发展的规律提了出来。毛泽东同意斯大林的观点，认为社会主义经济建设必须遵循有计划按比例发展的规律进行。1952年8月，我国国民经济恢复时期刚一结束，毛泽东就指出："经过两年半的奋斗，现在国民经济已经恢复，而且已经开始有计划的建设了。"[③]1957年，他又进一步指出："在客观上将会长期存在的社会生产和社会需要之间的矛盾，就需要人们时常经过国家计划去调节。我国每年作一次经济计划，安排积累和消费的适当比例，求得生产和需求之间的平衡。"[④]社会主义国民经济有计划按比例的发展，是社会主义大生产以及公有制存在和发展的客观要求。

刘少奇依据马克思主义的基本原理，对于有计划按比例发展社会主义经

---

①薄一波：《若干重大决策与事件的回顾》上卷，中共中央党校出版社1991年版，第64页。

②《马克思恩格斯选集》第3卷，人民出版社1972年版，第319页。

③《毛泽东选集》第5卷，人民出版社1977年版，第69页。

④《毛泽东著作选读》下册，人民出版社1986年版，第769页。

济十分重视。早在1949年6月他就指出："在可能的条件下，逐步地增加国民经济中的社会主义成分，加强国民经济的计划性，以便逐步地稳当地过渡到社会主义。"①他主张，为更快地发展社会主义经济，必须"制订完备的经济方针"②。1965年6月，他又明确讲："我们是社会主义经济，是有组织、有计划的经济。"③1959年11月，刘少奇去海南岛休养，他利用这一段时间邀请几位同志学习《政治经济学教科书》，在一个月内开了十几次讨论会。在讨论会上，他作了许多重要发言。在发言中，他除了着重讲述社会主义社会的商品经济价值规律的作用等问题外，还特别谈到了"高速度"和"按比例"的关系问题。他认为这二者间虽有矛盾，但也是统一的，矛盾要通过计划来进行调节。社会主义经济的一个重要特点就是计划性，如果计划搞得不好，国民经济也可能出现大的失调。

刘少奇认为我国社会主义全民所有制经济和劳动群众集体所有制经济虽然在整个国民经济中占着绝对的领导地位，为实现计划经济提供了客观基础，但是，经济发展由于自身规律的作用也可能产生如资本主义经济发展那样的盲目性。这是因为，按比例发展规律并不是自发地发挥作用，而是要通过人们的计划来实现的。计划如果符合实际，符合按比例发展规律的要求，就能使国民经济各部门的发展按比例地协调起来；计划如果不切合实际，则盲目性就可能发生。刘少奇强调，在决定经济政策之前，必须注意调查研究，在制定和执行国民经济计划的时候，要做到"计划的发展速度是积极的，同时又是稳妥可靠的。发展速度必须是积极的，以免丧失时机，陷入保守主义的错误；又必须是稳妥可靠的，以免脱离经济发展的正确比例，使人民的负担过重，或者使不同的部门互相脱节，使计划不能完成，造成浪费，那就是冒险主义的错误"④。

刘少奇还认为，社会主义经济的计划性，必须同它的多样性与灵活性结合起来。也就是说，社会主义经济的发展，既要有计划性，也要有多样性和

①②《刘少奇选集》上卷，人民出版社1981年版，第428、429页。

③④《刘少奇选集》下卷，人民出版社1985年版，第473、227页。

灵活性。他说："社会主义经济是各行各业，多种多样的，只搞计划，没有灵活性，没有多样性是不行的。"[①]因为社会经济生活涉及几千种、几万种、几十万种产品，而我们的计划只能计划那么几大类。如果只强调计划性，就会把灵活多样搞掉，搞得简单、呆板，这样就不可能充分体现社会主义制度的优越性。所以，同计划性一样，多样性、灵活性也是社会主义经济发展的客观要求。刘少奇明确指出："我们一定要比资本主义经济搞得更要多样、更要灵活。如果我们的经济还不如资本主义的灵活性、多样性，而只有呆板的计划性，那还有什么社会主义的优越性呢？我们一定要使社会主义经济的多样性、灵活性超过资本主义，使我们人民的经济生活丰富多彩，更方便、更灵活。"[②]

社会主义经济的计划性和灵活性、多样性相结合，是一个很重要、很复杂的问题。在过去相当长的时间里，我们在实际工作中没有得到妥善解决。1962 年 1 月 27 日，刘少奇在"七千人大会"上总结工作中的经验教训时明确指出，在近几年的经济工作中，我们的工农业生产的计划指标过高，基本建设的战线过长，使国民经济各部门的比例关系，消费和积累的比例关系，发生了严重不协调的现象。在农业生产和工业生产上，犯了瞎指挥的错误。特别是"不适当地要在全国范围内建立许多完整的工业体系，权力下放过多，分散主义的倾向有了严重的滋长。中央下放权力已经过多，各部门、各地方又逐级下放，放得过多过散，发生了许多违反中央政策和国家计划的现象"[③]等等。这种一放就乱、一统就死的现象的产生，就是在社会主义经济发展中，没有妥善处理计划性、多样性、灵活性问题的具体表现。为了更好地研究和解决社会主义经济的计划性与多样性、灵活性相结合这一重大课题，刘少奇在十几年的社会主义建设实践中，对计划工作、企业管理、市场管理、价格政策等提出了一系列改革的建议，需要我们进行深入探索和研究。

---

①②刘少奇:《关于高级党校学员整风问题的讲话》,1957 年 5 月 7 日。

③《刘少奇选集》下卷,人民出版社 1985 年版,第 353 页。

### 3. 在社会主义制度下，仍然应当保留和发展商品生产，要重视价值规律的作用

在社会主义社会中还存在不存在商品生产和商品交换呢？这在马克思主义发展史上经历了一个曲折的过程。马克思、恩格斯所设想的社会主义社会是不存在商品生产的。十月革命胜利后，列宁在俄国以马克思、恩格斯的设想为指导进行实践，结果证明行不通，只好实行新经济政策恢复商品生产。斯大林虽然有所突破，提出了“社会主义商品生产”的概念，但是，斯大林在理论上仍然不承认全民所有制内部存在商品交换关系，不承认生产资料是商品。在我国也存在类似于苏联的状况。毛泽东针对1958年“大跃进”中刮起的“一平二调”的共产风和反对商品生产、否定价值规律的观点，指出有些同志企图避开商品生产和价值法则，“这是对马克思主义不彻底、不严肃的态度”，“是不承认客观法则的表现”。[①]他在其亲自主持制定的《关于人民公社若干问题的决议》中明确指出，继续发展商品生产对于发展社会主义经济是一个“重大的原则问题”，“企图过早地取消商品生产和商品交换，过早地否定商品、价值、货币、价格的积极作用，这种想法是对于发展社会主义建设不利的，因而是不正确的”。毛泽东还针对实际说，中国是商品生产很不发达的国家，现在又很快地进入了社会主义，社会主义的商品生产同商品交换还要发展，这是肯定的。因此，为了促进生产力的发展，在我国社会主义建设时期，必须“有计划地大力发展社会主义的商品生产”[②]。他还认为，价值法则是客观存在的经济法则，“这个法则是一个伟大的学校，只有利用它，才有可能教会我们的几千万干部和几万万人民，才有可能建设我们的社会主义和共产主义。否则一切都不可能”[③]。毛泽东的这一思想，不仅是对马克思、恩格斯和列宁观点的一个重大突破，而且比起斯大林来说也是一项重大发展。

新中国建立后，刘少奇也是一贯重视研究社会主义商品生产和价值规律

---

①②③转引自《党史研究》1987年第1期。

的作用。他认为社会主义制度下的商品不同于一般商品，主要商品的价格由国家规定，由国家干涉起作用而不完全由价值规律起作用。同时，他也非常强调我们必须利用价值规律，使商品生产与流通能更好地为社会主义建设服务。

1959年下半年，中央领导同志学习苏联出版的《政治经济学教科书》(社会主义部分)，通过学习来总结我国建设的经验，以指导我国社会主义建设。在学习中，刘少奇再一次强调社会主义商品经济和价值规律的作用，从理论上纠正了1958年以来我国社会主义建设中的“左”倾思潮。1962年1月27日，刘少奇在“七千人大会”上的报告中，针对前几年的“左”倾思潮又明确指出：“必须充分发展商品交换，加强和改进全民所有制和集体所有制之间、工业和农业之间、城市和农村之间、地区和地区之间的经济联系。因此，要学会做生意，要有合理的价格政策。”①刘少奇认为，社会主义商业除了起领导作用的全民所有制的国营商业以外，还应该有集体所有制的商业。例如，农村的供销合作社、城市的消费合作社等。此外，在城市中还可以组织合作商店，在农村中还应该适当地保持农村集市贸易，作为全民所有制商业和集体所有制商业的补充。

关于生产资料可不可以作为商品进行流通的问题，过去也有不同的看法。斯大林认为，社会主义条件下商品生产活动的范围，只限于个人消费品，生产资料不属于商品。我国学术界曾根据中国经济建设的实际情况提出过各种意见。刘少奇很注意这个问题，曾多次提出许多生产资料可以作为商品进行流通的观点。1956年11月，在党的八届二中全会上，刘少奇曾插话说，生产资料不是商品，这个观点恐怕还值得研究，首次对斯大林的观点提出了疑问。1962年4月27日，刘少奇在听取中共中央办公厅石家庄调查组汇报时明确讲：“管理工业品生产资料的物资部门也是商业部，要基本上照商业部的办法。商品能供应六亿人民，难道你们就不能供应二十万个企业?”同年10月10日，他在听取国家经委党组汇报物资管理试点工作时又进一步

①《刘少奇选集》下卷，人民出版社1985年版，第365页。

指出，实际上物资部门也是商品部，是管理生产资料的商业部。他提出成立农业用的生产资料供应公司。1965 年，在听取物资工作情况汇报时他又说，物资工作就是一个市场，是生产资料的市场。从 1962 年 3 月到 1965 年 9 月间，刘少奇先后八次听取关于物资工作的情况汇报，两次提请中央批转了改革物资工作的方案。

关于“许多生产资料可以作为商品进行流通”的这一论断产生于我国三大改造完成以后。当时，由于“左”倾思潮的干扰（尤其是 1958 年），党内一部分人不考虑我国生产力发展的实际水平，盲目认为可以向共产主义过渡，主张取消商品，否定价值规律的作用。在这种情况下，刘少奇大胆地提出这种见解是难能可贵的。它对于澄清一些糊涂思想和急躁情绪具有积极意义，也是对马克思主义唯物史观理论的一个发展。1981 年 6 月，中国共产党第十一届六中全会上通过的《关于建国以来党的若干历史问题的决议》，对刘少奇的这一论断做了充分的肯定。《决议》指出，刘少奇同志提出的“许多生产资料可以作为商品进行流通”的论断，“在当时和以后都有重大的意义”。

4. 按劳分配是发展社会主义的一个基本经济规律

在不同的社会制度下，个人消费品的分配原则是不同的。社会主义社会个人消费品是实行按劳分配的。所谓按劳分配，就是按照劳动者向社会提供的劳动的数量和质量，分配给劳动者相应数量的，经过社会必要扣除之后的个人消费品。实行等量劳动领取等量产品的原则，多劳多得，少劳少得，不劳不得。马克思说：“每一个生产者，在作了各项扣除之后，从社会方面领回他所给予社会的一切。他所给予社会的，就是他个人的劳动量。……他以一种形式给予社会的劳动量，又以另一种形式全部领回来。”[①]列宁、斯大林和毛泽东在长期的社会主义实践中，都坚持了马克思主义的按劳分配原则。1958 年，毛泽东尖锐地批评“一平二调”的共产风是剥夺农民。1962 年，毛泽东在主持制定《农村人民公社工作条例修正草案》时明确指出，农村人

①《马克思恩格斯选集》第 3 卷，人民出版社 1972 年版，第 10 页。

民公社必须坚持和贯彻各尽所能、按劳分配、多劳多得、不劳不得的原则。

刘少奇在社会主义实践中，不仅坚持了马克思主义的按劳分配原则，而且从理论和实践的结合上进一步做了具体论述。1957 年 4 月 27 日，在上海市委党员干部大会上，他作了《如何正确处理人民内部矛盾》的讲话。在这个讲话中，他把分配问题作为人民内部矛盾的一种表现提出来。他说："人民内部矛盾还特别表现在分配问题上面"①，"我们现在是社会主义制度的国家，分配的原则是按劳取酬，公平合理。如果不按劳取酬，不公平合理，就阻碍生产力的发展。如果按劳取酬贯彻得比较好，分配得公平合理，大家满意，就会促进生产力的发展"②。在这里，刘少奇提出了发展生产力与分配的关系问题。

分配问题属于生产关系的范畴。在社会主义制度下，只能实行按劳取酬的原则，因为物质资料还不十分丰富，不能做到按需分配。社会主义实行公有制，个人除了占有必需的少量的生活资料之外，大量的生活资料基本上由国家、集体占有，个人得到生活资料必须经过按劳分配的途径。因此，分配问题涉及千家万户，不论是住房、物质待遇、生活消费品，还是升等升级等，都涉及分配问题。分配问题处理得好不好，直接影响劳动者的工作积极性和劳动热情。分配关系调整得好，就会极大地鼓舞劳动者的积极性，促进生产力的发展。刘少奇讲："不是讲生产关系与生产力的矛盾吗？生产关系与生产力的矛盾表现在什么地方？我看是大量地表现在分配问题上。"因此，"我建议同志们要好好研究这个分配问题"。③

刘少奇认为，坚持按劳分配原则，必须反对平均主义。社会主义不是平均主义，共产主义也不是平均主义。在社会主义阶段，我们的分配原则是按劳分配，我们的交换原则是等价交换。到共产主义阶段，我们的分配原则将是按需分配。"否认社会主义阶段的按劳分配和等价交换的原则，把平均主义和社会主义、共产主义混淆起来，甚至认为平均主义就是社会主义或者共

---

①②③《刘少奇选集》下卷，人民出版社 1985 年版，第 303、304、303 页。

产主义，这是极端错误的，是同人民的利益根本抵触的。”[①]毛泽东讲，平均主义的思想，“它的性质是反动的、落后的、倒退的”。刘少奇说：“无论何时何地，我们在分配和交换的问题上，在拟定政策和执行政策的时候，都不能忘记毛泽东同志的这个马克思主义的观点。”[②]

贯彻按劳分配的原则，必须把关心人民群众的物质利益和加强思想政治教育工作结合起来。在社会主义社会，物质利益和思想政治教育工作是不可分割的两个方面。1962 年 1 月 27 日，刘少奇在“七千人大会”上，明确指出：“在实行按劳分配的原则的同时，必须对人民群众不断地加强思想政治工作，把这项工作同适当满足人民群众的物质利益和逐步改善人民生活，密切地结合起来。”[③]这就是说，物质的奖励是必要的，但不能只靠物质刺激。应该强调树立共产主义的道德和理想，教育人民群众要艰苦奋斗，不应当只管个人利益和目前利益，而忽视全国的和长远的利益。要统筹兼顾国家、集体、个人三者的利益，这是一方面。另一方面，刘少奇也反对否定物质利益的错误。早在 1954 年，他就批评一些地方只强调政治挂帅，否定物质利益的错误倾向。他提出要给予对国家对人民有功的人员奖励，并形成一种制度。在党的八大政治报告中，他更明确地提出，我们“应当保证职工的工资收入在生产发展的基础上逐步增加，并且继续贯彻执行按劳取酬的原则，改进工资制度和奖励制度”[④]，“应当坚持兼顾国家利益、集体利益和个人利益的分配政策”[⑤]。1962 年 3 月 21 日，在第十八次最高国务会议上的讲话中他再次指出：“按劳分配，等价交换，这是社会主义整个阶段必须遵守的原则，但是这几年，我们违反了这两个原则，犯了一平二调的错误，就是犯了刮‘共产’风的错误以及其他平均主义的错误。”[⑥]社会主义的实践证明，刘少奇坚持物质利益和思想政治教育工作相结合的原则是完全正确的，极大

①②③④⑤《刘少奇选集》下卷，人民出版社 1985 年版，第 365、365—366、366、231—232、236 页。

⑥《建国以来刘少奇文稿》第 11 册，中央文献出版社 2018 年版，第 164 页。

地调动了广大人民群众建设社会主义的积极性。在今天的社会主义现代化建设中，我们必须坚决地认真地贯彻和执行这一马克思主义的基本原则。

## （三）正确处理各种经济关系

在长期的社会主义建设实践中，刘少奇协助毛泽东总结了我国社会主义建设的经验以及外国的经验教训，提出并论述了社会主义建设中带有全局性的各种关系。这些关系实际上是社会主义建设中的各种矛盾。通过对这些矛盾的阐述，他提出了社会主义建设中各种经济矛盾的辩证法。

1. 处理好农业、轻工业和重工业的关系

马克思把社会生产划为两大部类：第一部类是生产资料生产，第二部类是消费资料生产，并指出两大部类保持合理的比例，是实现社会再生产的条件。重工业和轻工业、农业的关系，是生产部门结构中非常重要的一对关系，它们是对立统一的两个方面。重工业是进行生产资料的生产，而轻工业和农业是进行消费资料的生产，它们分属国民经济的两大部类。但是在社会生产过程中，重工业向轻工业和农业提供重要的生产资料，而农业、轻工业则向重工业以及整个社会提供消费资料，双方互相依存、互相推动、共同发展。毛泽东、刘少奇等老一辈无产阶级革命家，从矛盾双方的辩证统一中揭示了两大部类在国民经济系统中的比例关系，为两大部类以及整个国民经济的协调发展指明了道路。

毛泽东认为农业和重工业的关系，当然以重工业为中心，优先发展重工业，因为“重工业是我国建设的重点”①，没有工业便没有巩固的国防，没有人民的福利，没有国家的富强。那么怎样才能加快发展重工业呢？毛泽东认为，我们现在发展重工业有两种办法，一种是少发展一些农业轻工业，一种是多发展一些农业轻工业。前一种办法是形而上学的方法，后一种是辩证的方法。因为“后一种办法会使重工业发展多些和快些，而且由于保障了人

①《毛泽东著作选读》下册，人民出版社1986年版，第721页。

民生活的需要，会使它发展的基础更加稳固”[①]。为了划清在这个问题上的界限，毛泽东创造性地提出了一个重要思想，这就是在一定条件下为了更好地突出发展重点，反而要向它的对立面（非重点）用力。他提出，要想更多更好地发展重工业，必须多发展一些农业和轻工业，这样不仅不削弱重工业，反而更好地保证和促进了重工业。正是从这个意义上说，“农业就是工业”[②]。毛泽东这种辩证的思想方法，不仅全面论证了生产资料生产优先增长和加快发展消费资料生产的辩证统一关系，而且具体阐述了实现生产资料生产优先增长的必要条件和正确途径，打破了在这个问题上长期束缚人们思想的形而上学的观点。

刘少奇在长期的社会主义建设实践中，对于毛泽东所阐发的上述马克思主义观点是极力赞同的。他认为合理安排好农业、轻工业和重工业的比例关系，是关系国民经济协调发展的战略问题，是使我国经济走上健康发展轨道的关键一环。1950 年，刘少奇在设想中国工业化发展的步骤时指出：“在恢复中国的经济并尽可能发挥已有的生产能力之后，第一步发展经济的计划，应以发展农业和轻工业为重心。”[③]并说“要以主要的力量来发展农业和轻工业”。[④]在刘少奇看来，农业是发展工业的基础，只有农业发展了，才能供给工业以足够的原料和粮食，并为工业的发展扩大市场。只有轻工业发展了，才能供给农民需要的大量工业品，交换农民生产的原料和粮食，并积累继续发展工业的资金。同时，在农业和轻工业发展的基础上也可以把劳动人民的生活水平提高一步，这对于改进人民的健康状况，在政治上进一步团结全体人民是非常需要的。农业和轻工业发展了，也就使我们有了发展重工业的基础——原料、市场和资金。在这个基础上建立起来的重工业，不仅有力量，而且有发展前途。“只有在重工业建立之后，才能大大地发展轻工业，使农业机器化，并大大地提高人民的生活水平。”[⑤]在新中国建立之初，刘少奇能

①《毛泽东著作选读》下册，人民出版社 1986 年版，第 722 页。

②《毛泽东选集》第 5 卷，人民出版社 1977 年版，第 361 页。

③④⑤《刘少奇选集》下卷，人民出版社 1985 年版，第 5、4、5 页。

够这样辩证地论述农业、轻工业和重工业发展的比例关系，是非常有远见的。

随着生产资料所有制的社会主义改造的深入和完成，社会主义经济建设的全面展开，如何合理地安排农业、轻工业和重工业的比例关系也随之突出了。1956年，毛泽东发表了《论十大关系》，系统地阐明了正确处理农业、轻工业和重工业的关系。与此同时，刘少奇在党的八大政治报告中，提出在第二个五年计划里，“重工业各部门的生产需要大大提高”，“轻工业也需要有比较快的发展”，“把农业提到更高的水平”[①]。刘少奇的这些提法，代表了党中央对农业、轻工业和重工业关系的安排意见。如果按党中央的意见办，我国国民经济的发展定会稳步上升的。但是，在实际工作中，由于很快地发动了“大跃进”运动，出现了忽视我国国情，离开我国经济发展的可能和条件，片面追求高速度，突出重工业的现象，使整个国民经济的比例严重失调，农业、轻工业和重工业的关系遭到了破坏，全国经济建设陷入混乱状态。在严重的经济形势面前，刘少奇忧心忡忡。他深入基层进行调查研究，从总结经验教训入手，积极解决各项实际工作中存在的问题。1961年5月31日，刘少奇在《当前经济困难的原因及其克服的办法》的讲话中指出，现在各方面的矛盾，如工业和农业的矛盾，文教和其他方面的矛盾，都集中在粮食问题上。“总而言之，人人都要吃饭。城里人要吃饭，乡下人也要吃饭，读书人要吃饭，我们这些‘做官’的人也要吃饭。人不只是吃饭，还要吃油、吃肉、吃鱼，要有副食品。”[②]我们一定要生产轻工业产品，才能有东西去换农民的粮食、猪肉、鸡蛋等，没有东西换是不行的。而“现在连火柴、咸盐都不能满足农民的要求，怎么能收购到农民的东西？所以，现在要加强农业战线，还要加强轻工业战线，真正执行毛泽东同志提出的‘农、轻、重’的方针”[③]。他强调指出，在经济建设中，只重视工业而忽视农业，只重视重工业而忽视轻工业都是不对的。1962年，刘少奇在“七千人大会”上所作的报告中，在总结社会主义经济建设问题的基本经验教训时明确指

①②③《刘少奇选集》下卷，人民出版社1985年版，第225~226、335、339页。

出："以农业为基础来发展我国国民经济，是我们的一个根本方针。"①安排国民经济计划要以农、轻、重为序，农业、轻工业、重工业的比例关系一定要适当，要协调。工业必须为农业服务。重工业必须尽可能为农业提供越来越多的技术装备、化学肥料、燃料等，不断地提供越来越多的日用品。同时，农业也必须支援工业的发展，尽可能为工业和城市提供越来越多的粮食、工业原料和其他农副产品。刘少奇说："如果工业和农业的比例关系不协调，既不能比较快地发展工业，也不能比较快地发展农业。"②刘少奇的这些总结，不仅对当时调整国民经济的工作起了重大作用，而且对我国目前正在进行的社会主义现代化建设事业，仍然有着重要的指导意义。搞经济建设，任何时候都必须合理地安排好农业、轻工业和重工业的比例关系。农业是经济发展、社会安定、国家自立的基础。历史证明，没有农村的稳定和全面进步，就不可能有整个社会的稳定和全面进步。我们必须加强农业战线的工作。

这里应指出，在新中国建立初期，刘少奇认为只有先发展农业、轻工业，才好安排生活，积累资金，"我们才有可能集中最大的资金和力量去建设重工业的一切基础"。薄一波同志认为："他的这个主张并不完全符合中国当时的实际情况。"③因为，没有一定的重工业作基础，没有工业原材料和机器、能源等重工业的发展，农业、轻工业就很难发展起来，也谈不上积累资金。第一个五年计划期间优先发展生产资料的生产所取得的辉煌成就，已足以证明这个问题。

2. 经济建设和人民生活的关系

一方面，经济建设的发展为改善和提高人民的物质文化生活水平创造了物质基础；另一方面，人民生活的改善和提高又进一步激发起广大人民进行经济建设的积极性，促进经济的发展。因此，它们在根本利益上是统一的。

---

①②《刘少奇选集》下卷，人民出版社 1985 年版，第 361、362 页。

③薄一波：《若干重大决策与事件的回顾》上卷，中共中央党校出版社 1991 年版，第 59 页。

但是，在具体实践中，在用于经济建设的积累资金和用于改善生活的消费基金之间，常常存在着矛盾。这种矛盾的实质是国家的整体利益同劳动者个人利益、长远利益和眼前利益之间的矛盾，必须用辩证的方法妥善解决。

社会主义生产建设的根本目的，是为了不断满足人民日益增长的物质文化生活需要。在经济建设不断发展的基础上，努力改善人民生活是社会主义优越性的体现。毛泽东在总结苏联的严重教训时指出："你要母鸡多生蛋，又不给米吃，又要马儿跑得好，又要马儿不吃草。世界上哪有这样的道理！"① 刘少奇在长期的革命和建设实践中，也是严格地遵守马克思主义这一根本原则的。早在新中国成立初期刘少奇就指出，中国劳动人民迫切地需要提高生活水平，过富裕的和有文化的生活。"这是全国最大多数人民最大的要求和希望，也是中国共产党和人民政府力求实现的最基本的任务。"②正如陈云同志所说："经济建设和人民生活必须兼顾，必须平衡。"③总之，"一要吃饭，二要建设"，这是指导我们经济工作的一项基本方针。

人民生活水平的提高，必须建立在经济发展的基础上。我们改善人民的生活条件，提高人民的物质和文化生活水平，不能离开物质的经济发展基础。正如刘少奇所指出的，中国人民的生活水平，只能循着经济发展的步骤来提高，经济建设能够继续发展一步，也就造成了使人民生活水平继续提高一步的可能性。否则，中国人民的生活水平是不可能提高的。如果有人要勉强去提高，使人民生活水平的提高超过了经济发展的速度，超过了经济事业的负担能力，那就会阻止和破坏经济事业的发展，最后不但不能提高人民的生活水平，相反还会破坏人民的生活，使人民生活水平降低。刘少奇说："这就是一种无政府主义观点，是一种经济主义和片面福利的观点，一切觉悟的工人和劳动者必须反对这种观点。"④

---

①《毛泽东著作选著》下册，人民出版社 1986 年版，第 728 页。

②④《刘少奇选集》下卷，人民出版社 1985 年版，第 1、5 页。

③《陈云同志文稿选编》，人民出版社 1980 年版，第 25 页。

刘少奇认为，经济建设与人民生活的关系，实际上是积累与消费的关系。为了提高人民的生活水平，就需要进行大规模的经济建设，使中国工业化；而为了要大规模地进行经济建设与加快工业化，就需要由人民节省出大量的资金以投资于经济事业；而要人民节省出大量的资金，就不能不影响人民生活水平提高的速度，人民生活水平提高的速度不能不受到一些限制。刘少奇说："在建设时期内，存在着提高人民生活水平和由人民积累资金以加快工业化之间的矛盾，应使广大人民彻底了解这个矛盾，以便获得适当的解决。"①这就是说，我们要切实了解，积累资金，尽可能多节省一点，少花费一点，不是为了别的，而是为了由国家把资金积累起来，去加快工业化的速度，在将来能够更快地提高人民的生活水平。斯大林说过："一个农民，他积累了少量的钱，他不用这些钱去修理犁头，革新自己的经营，而却买了一架大留声机，……花光了。"刘少奇说："这样的农民，是不会创造自己幸福的生活的。这对于我们的国家也是一样。"②如果把从人民的节省中筹集的一些资金不是投资于工业，而是由大家消费光了，那我们就不能创造人民的幸福生活。

当然，积累资金必须从实际出发，要考虑到实际需要和现实可能，否则也会影响人民生活的稳定性，阻碍经济的发展。我们党在第二个五年计划的基本任务提出之后，在经济建设的实际工作中，不顾实际需要和现实可能，连年保持高额积累，扩大投资，拉长战线，严重地挤占了消费，致使人民生活水平长期得不到提高，生产不仅得不到发展，反而陷入萎缩，在一定程度上偏离了社会主义生产的目的。这个教训是十分深刻的。1962 年，刘少奇在"七千人大会"上的报告中，对 1958 年以来在积累与消费方面的经验教训做了总结。他说："在扩大再生产的问题上，还必须正确地处理积累和消费的关系。我们应该尽可能地增加积累，但是，积累的增加，必须建立在生产不断发展和人民生活适当地、逐步地提高的基础上。积累恰当，能够很好地

①②《刘少奇选集》下卷，人民出版社 1985 年版，第 7~8、7 页。

促进生产的发展；积累过多，反而会妨害生产的发展。”[①]刘少奇的这段话告诉我们：一是积累和消费必须统筹兼顾，不能只顾一头；二是积累和消费之和不能超过国民收入总额；三是在一般情况下，积累的增长必须保证人民的消费不低于原有水平或有所提高。刘少奇关于积累与消费、经济建设与人民生活问题辩证关系的论述是深刻的。今天，我们学习和掌握刘少奇这一科学理论观点，对于保证社会生产的高速发展和人民生活的稳步提高有重要的意义。

3. 恢复和发展生产与对资本主义工商业的利用、限制和改造

民主革命胜利之后，我们党的总方针是接管城市，使城市生活正常运转起来，恢复和发展生产。这不仅是为了解决前方军需物资供应问题，也不仅是为了解决城市人口和几百万脱产人员（军人、地方干部和旧职员）吃饭穿衣问题，更重要的是为了稳定和发展全国经济，巩固人民民主政权。

发展生产，自然首先是发展国营企业的生产，因为它是整个国民经济的骨干，是新民主主义政治、经济的主要支柱。这一点我们党在思想上是明确的，在实际中也是这样做的。但是在工业中，国营经济成分占的比重还很有限，仅占34%，私营工商业还占着相当大的比重，恢复和发展生产自然不容忽视私营企业。就当时的北平、天津来说，由于工厂不开工，天津有上百万人口生活无着落，北平更多。造成这种状况的原因是多方面的。除了城乡交换阻隔、外贸断绝、原料匮乏、产品滞销、通货膨胀外，工作中没有处理好公私、劳资等关系也是存在的突出问题。当时在干部和群众中存在着“立即消灭资产阶级”的“左”的倾向。有的工人、店员认为，我们允许分厂、分店，进行清算斗争，天津解放一个月，曾发生53次清算斗争。当时资本家脑子里有三怕：一怕清算，二怕共产党只管工人利益，三怕以后工人管不住，无法生产。因此，不少资本家抱着消极等待、观望的态度，有的资本家甚至跑去香港。据天津统计，当时私营企业开工的不足30%。这种情况必须迅速扭转，否则严重影响遭受长期战争破坏的国民经济的恢复和发展。因

①《刘少奇选集》下卷，人民出版社1985年版，第363页。

此，向工人、干部和资本家阐明七届二中全会确定下来的城市政策，澄清工人中的模糊认识，清除民族资本家存在的疑惧心理，已经刻不容缓。就是在这种形势下，1949 年 4—5 月，刘少奇到天津进行了一次调研，发表了一系列谈话，阐明了党对资本主义工商业利用、限制和改造的政策。

第一，民族资产阶级是人民的阵线，不是斗争对象。刘少奇说："我们有三个敌人，四个朋友。帝国主义、封建阶级、国民党官僚资产阶级这是敌人阵线，这是斗争对象，革命对象；而工人、劳动人民、知识分子、自由资产阶级则是我们的阵线。"①既然自由资产阶级是属于人民阵线，我们就不应该对他们采取斗争、打击、消灭的政策，而应该是团结、争取的对象。他认为发展生产事业就是要依靠工人阶级，团结其他劳动群众、知识分子，争取尽可能多的能够跟我们合作的自由资产阶级分子，否则，就会搞乱我们的阵线，不利于生产事业的发展。他强调，在执行党的七届二中全会制定的路线、方针和政策的过程中，最容易发生模糊的是，把民族资产阶级当作斗争对象，搞乱我们的阵线。在当时，资本家在生产方面占很高的地位，保护他们实际上就是保护生产。就天津来说，工商业将近有四万家，光是搞工业生产的就有上万家，有好几十万工人，社会上很多的必需品，吃的、穿的、用的，鞋子、袜子、牙刷、牙粉等，都要他们供给，他们是社会上的一个很大的生产力，这个生产力是很重要的。他认为毛泽东把党的城市经济工作政策概括为"公私兼顾，劳资两利，城乡互助，内外交流"，概括得很好。他基本上就是按照毛泽东的这个"十六字方针"来阐明新民主主义经济政策的。

第二，对民族资本主义工商业必须采取利用的政策。刘少奇在党的八大政治报告中指出："国家对于资本主义工商业所以必须采取利用的政策，不仅是由于民族资产阶级有接受这个政策的可能性，而且还由于在过渡时期我们在经济上有利用资本主义工商业的必要性。"②新中国建立初期，我国的国

①刘少奇:《对天津工作指示》,1949 年 4 月 24 日。

②《刘少奇选集》下卷,人民出版社 1985 年版,第 214 页。

民经济遭到了帝国主义和国民党反动统治的严重破坏，我们面临着医治创伤，恢复和发展经济的重大任务。然而，仅仅依靠自然经济为主体、小生产占优势的经济力量是难以完成恢复和发展国民经济的重大任务的，这样，我们就有可能和有必要利用资本主义工商业的经济力量，来帮助实现国民经济的恢复和发展。从 1953 年开始，我们在优先发展国营经济的条件下，实行“公私兼顾、劳资两利”的政策，在原料分配和其他一些问题上对于私营经济基本上给予“一视同仁”的待遇。这样，即使私营工厂的工人免于失业，又使资本家得到一定的利润。由于我们党实行这个政策，使对于国计民生有利的资本主义工商业都能维持下来，并且有一些发展，这样，使国家能够取得更多的工业品去换取农民的粮食、工业原料和其他农产品，使国家能够在市场上经常有相当充足的物资，有利于物价的稳定。他认为，我们国家的生产不发达，不是工厂太多，而是太少。“在新民主主义的经济下，在劳资两利的条件下，还让资本家存在和发展几十年，这样做，对工人阶级的好处多，坏处少。”[①]“事实证明，资本主义工商业在国民经济的恢复时期和建设时期，对于国营经济在许多方面都起了辅助的作用。”[②]

为了利用资本主义工商业发展国民经济，刘少奇还尖锐地批评了“左”的思想倾向。他说，有的同志认为，进城了，敌人看不见了，就把眼睛盯住“大肚皮”工商业家，把子弹朝他们打来，像农村分田地一样，要分工厂、汽车、洋房、机器；或者强令资本家不准辞退工人；或者在报纸上只说资本家坏，不说他们的好；干部、工人不敢接触资本家，否则就是立场不稳。总之，只强调斗争的一面，不强调联合和利用，以利于发展生产的一面。这是一种只顾眼前利益，不顾长远利益的行为。刘少奇在给东北局的一封电报中指出：“这是一种实际上立即消灭资产阶级的倾向，实际工作中的‘左’倾

---

①薄一波:《若干重大决策与事件的回顾》上卷，中共中央党校出版社 1991 年版，第 53 页。

②《刘少奇选集》下卷，人民出版社 1985 年版，第 215 页。

冒险主义和错误路线，和党的方针政策是在根本上相违反的。”[①]

第三，对民族资产阶级工商业的发展，必须采取限制的政策。刘少奇讲，我们对他们所采取的“这种利用政策绝不是让资本主义自由发展。对于资本主义工商业的不利于国计民生的作用，国家必须实行限制的政策，这种限制政策是同利用政策分不开的”[②]。国家对于资本主义工商业的限制，是同资产阶级一个阶级的狭隘利益冲突的。因此，资产阶级中总是有许多人表示反对，或者违反这种限制。限制和反限制的斗争，即工人阶级和资产阶级的斗争，成为新中国建立初期国内阶级斗争的重要形式。由于我们允许资本家有一定的利润可得，一些资本家就进行了有害于国计民生的非法活动。我们对这些非法活动，不能不坚决地加以限制。例如，1950 年春天为了稳定物价而反对投机活动的斗争，1952 年反对行贿、偷税漏税、盗窃国家资财、偷工减料、盗窃国家情报的“五反”斗争等，都是对资产阶级分子的非法活动所采取的制止措施。当然，“在进行斗争中，我们注意防止和纠正了对于资本主义经济的限制过多过死的错误。党和国家的基本方针，是通过这些斗争使那些坚持不法行为的少数资产阶级分子在人民群众中，同时也在资产阶级内部陷于完全的孤立，而把那些愿意服从国家法令的大多数资产阶级分子团结起来”[③]。

第四，对民族资本主义工商业必须实行社会主义改造的政策。刘少奇指出：“国家实行利用政策和限制政策的目的，都是为了对于资本主义工商业实现社会主义的改造。”[④]这种改造分为两个步骤：第一步是把资本主义转变为国家资本主义，第二步是把国家资本主义转变为社会主义。他认为，经过一段新民主主义时期，工业逐步发展起来了，就“非走社会主义的道路不可”。关于过渡的方式，他多次讲过，中国可以不采取苏联、东欧推翻资产

①薄一波：《若干重大决策与事件的回顾》上卷，中共中央党校出版社 1991 年版，第 52 页。

②③④《刘少奇选集》下卷，人民出版社 1985 年版，第 215、216、216 页。

阶级的流血方式，而采取民族资本家“与我们一起走入社会主义”的方式。他希望资本家“多办工厂，一个变两个，两个变四个，以至八个、十六个，办得越多，贡献越大，将来大势所趋，把工厂交给国家。国家不是没收，而是予以代价，还可以发给高薪，请资本家继续办厂”①。这里讲的，实际上是“和平赎买”的办法。

刘少奇认为，在无产阶级执政的国家领导下，国家资本主义，正如列宁所说的，是“我们能够加以限制、能够规定其活动范围的资本主义”②。我们通过国家资本主义这种过渡形式，使民族资产阶级在国家和工人阶级的领导下，有一个必要的时间来逐步地接受改造。在工业方面，对私营工业采取了供给原料、加工订货和统购包销的办法，把他们纳入国家资本主义的轨道。到了1954年，又进一步有计划地用公私合营的方式来改造资本主义工业，使主要的大型私营工业企业多数转变为公私合营企业。在商业方面，国家通过国营和合作社商业掌握工农业产品的货源，使私营商业经过批发，执行经销代销的业务。当资本主义工商业全行业公私合营的条件成熟之后，“这种全行业公私合营，是我国国家资本主义的最高形式，是使资本主义所有制转变为社会主义公有制的具有决定意义的重大步骤”③。

刘少奇说，国家对于资本主义工商业采取了利用、限制和改造的政策。“按照这样的政策，工人阶级又同民族资产阶级建立了经济上的联盟，并且在这种联盟中实现了国营经济对于资本主义经济的领导，使资本主义私有制逐步地经过各种形式的国家资本主义转变为社会主义的全民所有制。”④实践证明，刘少奇的天津讲话，以及其后所发表的文章、报告、讲话，是符合七届二中全会精神的，是力图贯彻毛泽东的思想的。他的本意是要稳住民族资产阶级，保护和发展民族工商业，迅速恢复和发展生产，建立新民主主义经

①薄一波:《若干重大决策与事件的回顾》上卷，中共中央党校出版社1991年版，第53页。

②《列宁选集》第4卷，人民出版社1972年第2版，第627页。

③④《刘少奇选集》下卷，人民出版社1985年版，第217、214页。

济秩序，而后使我国稳步地进入社会主义。

我们党对民族资本主义工商业采取利用、限制、改造的政策是成功的，但是在某些具体问题上，刘少奇的有些观点和毛泽东也有不一致的地方。比如，对待私营工商业，毛泽东在利用的同时，强调节制资本、限制和反限制的斗争一面；刘少奇则更强调发展和利用的一面。

从总体上讲，刘少奇的天津讲话是实事求是的，是坚持和贯彻了唯物史观的基本原理的。毛泽东对刘少奇的天津讲话总的是肯定的，认为讲得好。朱德说："私人资本主义企业中的职工，他们在经济上还没有获得完全解放，他们还受着资本家剥削，这种剥削在新民主主义时期只能够受到限制，而不能够消灭"；为了工人阶级根本的长远的利益，还必须"在现阶段自觉地忍受资本家之一定限度以内的剥削"。[①]朱德在这里用的是"忍受"资本家"一定限度以内的剥削"，这种表达比较确切恰当。这是就刘少奇天津讲话中的个别词句的毛病而讲的，但并未否定刘少奇天津讲话的重要作用。在1954年2月的七届四中全会上，邓小平同志说："我认为刘少奇同志的那些讲话是根据党中央的精神来讲的。那些讲话对我们当时渡江南下解放全中国的时候不犯错误，是起了很大很好作用的。虽然在讲话当中个别词句有毛病，但主要是起了好的作用的。当时的情况怎么样呢？那时天下还没有定，半个中国还未解放。我们刚进城，最怕的是'左'，而当时又确实已经发生了'左'的倾向。在这种情况下，中央采取坚决的态度来纠正和防止'左'的倾向，是完全正确的。……所以，我认为少奇同志的那个讲话主要是起了很好的作用的。"[②]邓小平同志对刘少奇天津讲话的评价，是坚持了马克思主义实事求是的原则，恰当地指出了刘少奇天津讲话是正确贯彻了我们党的马克思主义路线的。

---

①《朱德选集》，人民出版社1983年版，第261~262页。

②《邓小平文选》（1938—1965年），人民出版社1983年版，第193页。

# 七　文化建设的辩证法

文化建设是社会主义建设的一个重要方面。新中国是在半封建半殖民地的旧中国这块贫困落后的废墟上建立起来的。新中国成立后，积极进行文化建设，提高全民族的思想、科学文化水平，以适应经济建设的需要，是摆在全党面前重大的历史任务。刘少奇对文化建设工作十分重视。在党中央领导下，他遵循毛泽东思想，认真地贯彻党的文化建设工作的方针，积极探索符合中国实际情况的社会主义文化建设道路。他在长期的革命和建设的实践中，提出和论述的许多关于文化建设的理论观点，对我们今天建设有中国特色的社会主义文化，具有重要的指导意义。

## （一）用马列主义教育人民是文化建设的基本任务

新中国成立初期，我国思想文化领域的情况十分复杂。工人阶级虽然在政治上处于领导地位，但在思想文化上的领导地位还需要进一步确立和巩固。当时，帝国主义思想还没有肃清，封建主义思想根深蒂固，资产阶级、小资产阶级思想更是广泛地存在。在这种情况下，刘少奇旗帜鲜明地提出大力加强思想文化建设，“用马列主义的思想原则在全国范围内和全体规模上教育人民”，这“是我们党的一项最基本的政治任务”。[①]

新中国成立后，刘少奇从历史唯物主义的高度，深刻指出了在新形势、新条件下，加强文化建设，向全国人民进行马列主义教育的极端重要性。他

①《刘少奇选集》下卷，人民出版社 1985 年版，第 82 页。

说："我们要向社会主义、共产主义前进，首先就要在思想上打底子，用马列主义的立场、观点和方法来教育自己和全国的人民。"[①]刘少奇在这里讲的"首先就要在思想上打底子"，这是指，我们进行社会主义革命和建设，只有加强"在全国范围内和全体规模上"用马列主义教育人民，才能保证社会主义革命和社会主义经济建设沿着社会主义和共产主义的正确方向前进，这反映了社会主义革命和建设的特殊性的需要。

怎样用马列主义教育人民呢？刘少奇说："用马列主义的观点教育人民，首先就要肃清帝国主义的思想和封建主义的思想。对于资产阶级、小资产阶级、农民阶级的思想体系，即非马列主义、非无产阶级的思想体系，要批评，但不能肃清，也肃不清。"[②]帝国主义思想和封建主义思想是敌对阶级的思想，是非法的，必须通过批判加以肃清。特别是封建主义思想体系在中国存在历史久远，影响深广，我们必须用马列主义的理论观点，从思想上、理论上批驳它，把封建主义观点批驳掉。当然，我们强调肃清帝国主义和封建主义思想体系，并不是打倒"旧"的一切，"对于旧时代有益于人民的文化遗产，必须谨慎地加以继承"[③]。

对于资产阶级、小资产阶级、农民阶级的思想体系，即非无产阶级的思想体系，刘少奇认为，在当时经济上还允许私有制经济存在的情况下，思想上还应承认它们的合法性，对他们还"不能肃清，也肃不清"。但是，必须明确"它们的思想体系是不正确的。照它们的那个办法中国是搞不好的，照资产阶级的思想中国就不能走向社会主义，就要走向资本主义"[④]。因此，对资产阶级和小资产阶级思想体系必须批驳，不能让它们自由泛滥。否则，如果让它们在中国人民中间占了上风，让资产阶级在政治上和经济上占了上风，中国的社会主义革命和建设就要失败。刘少奇明确指出："虽然现在不能宣布它非法，但是我们一定要批驳它，指出它的错误。这样，工人阶级的思想领导地位才能确立起来，才能保证工人阶级在政治上、经济上取得的胜

①②③④《刘少奇选集》下卷，人民出版社1985年版，第82、82、240、82页。

利，保证马列主义在中国的胜利。”①这就是说，在存在私有经济的条件下，我们既不能脱离现实“肃清”资产阶级和小资产阶级思想体系，也不能听之任之，任其泛滥。刘少奇的这种见解和主张是实事求是的科学态度。

刘少奇关于“在全国范围内和全体规模上”对人民进行马列主义教育的论述，体现了我们党坚持马列主义，决心按照这个科学的世界观来建设社会主义和共产主义的坚定立场。几十年的社会主义革命和建设的实践证明，我们党抓住了文化建设中对全国人民进行马列主义教育的这个根本环节，使中国社会发生了前所未有的巨大变化，中国的社会主义革命和建设取得了举世公认的伟大成就。

### （二）文化工作要为社会主义建设服务

新中国成立后，党中央不仅反复强调文化工作必须为社会主义建设服务，而且为了繁荣文化科学事业，使之更好地为社会主义建设服务，制定了一系列正确的方针政策。刘少奇也充分认识到文化建设事业在整个社会主义建设事业中所占的重要地位，为正确阐明和全面贯彻党的文化建设工作的方针，他做了很多努力。

早在1956年党的八大会议上，刘少奇就提出了“文化建设”的问题。1958年在党的八大二次会议上，他又代表党中央提出了我国文化建设的任务。他指出，随着社会主义建设的发展，为了适应技术革命的需要，必须同时进行文化建设，发展为经济建设服务的教育卫生事业。文化建设的主要任务是：1.扫除文盲，普及小学教育，逐步地做到一般的乡都有中等学校，一般的专区和县都有高等学校和科学研究机关；2.完成少数民族的文字的创制和改革，积极推行汉字改革；3.消灭“四害”，讲究卫生，提倡体育，消灭主要疾病，移风易俗，振奋民族精神；4.开展群众性的文化娱乐活动，发展社会主义的文学艺术；5.培养新知识分子，改造旧知识分子，建立一支成千

①《刘少奇选集》下卷，人民出版社1985年版，第83页。

万人的工人阶级和知识分子队伍，其中包括技术干部队伍（这是数量最大的）、教授、教员、科学家、新闻记者、文学家和马克思主义理论家队伍。刘少奇代表党中央提出的这五项文化建设的任务是符合马列主义的。列宁在十月革命后曾指出，社会主义国家，特别是那些原来经济落后的社会主义国家，要建成完全的社会主义，就必须进行“文化革命”。列宁讲的“文化革命”，实际上讲的也是文化建设，包括扫除文盲，普及教育，发展科学文化事业，提高人民群众的科学文化水平等。列宁认为，在一个文盲充斥的国家是不能建成共产主义社会的。他把文化建设作为建成社会主义和共产主义社会的重要条件之一。

刘少奇明确指出，文艺为社会主义建设服务，是党的文艺工作的总目标。他坚决反对文艺宣扬封建主义和资本主义的腐朽思想；同时，他还强调在批判封建主义和资本主义思想体系时，对旧时代有益于人民的文化遗产，必须谨慎地继承。他把批判地继承和改革创新相结合，正确处理了中外、古今的各种文艺的关系。他坚持“百花齐放”和“推陈出新”，主张在文艺风格上应当兼容并包，改革旧的文艺，创造新的作品。文艺作品也应当注意“娱乐性”。他说：“搞好娱乐、休息，就有助于人们发挥社会主义积极性。”① 刘少奇十分重视开展文艺批评。他对文艺批评提出了三条原则：其一，要鼓励批评，发展批评；其二，批评要力求正确、适当；其三，批评要看对象，应对人有帮助，尤其应爱护青年作家。刘少奇希望党和政府的领导人在进行文艺批评时，“要注意发挥作家的个性特点和风格”②，不要粗暴地干涉；而作家也要注意接受党的领导，尊重群众的意见，不要搞无政府主义，进而保证文艺的健康发展。

刘少奇特别强调新闻出版工作在社会主义革命和建设中的重要作用。党的新闻工作，尤其是报纸，是党和政府联系群众的主要工具。他说：“千座

①②《刘少奇选集》下卷，人民出版社 1985 年版，第 191、193 页。

桥，万条线，主要的一个就是报纸。”[①]报纸把党的方针政策及时传到广大人民群众中，同时又及时反映了人民群众的呼声、要求、困难及其各种愿望。新闻工作对人民还起着巨大的引导作用。人们天天在看报、听广播，天天受到“引导”。刘少奇深刻指出：“报纸办得好，就能引导人民向好的方向走，引导人民前进，引导人民团结，引导人民走向真理。如果办得不好，就存在着很大的危险性，会散布落后的错误的东西，而且会导致人民分裂，导致他们互相磨擦。”[②]他还说，如果“散布错误的思想、错误的理论、错误的政策，把群众中的消极因素、落后因素、破坏因素鼓动起来，就要犯大的错误”，“就会发生很危险的情况”。[③]

为了适应社会主义经济和科学文化事业发展的需要，1956 年刘少奇在党的八大明确提出了“进一步扩大和加强知识分子的队伍”[④]的要求。他要求大量培养新型知识分子，要注意发挥党外知识分子的力量来建设社会主义。我们党在民主革命时期，就号召大量吸收知识分子。进入社会主义阶段，社会主义建设事业的迅速发展迫切需要科学文化知识，迫切需要科学文化人才。刘少奇认为，我们知识分子的队伍是好的，他们“已经同工人农民结成了亲密的联盟，并且有相当数量的知识分子变成了共产主义者，加入了我们的党”[⑤]。今后的任务就是继续贯彻执行党的知识分子政策，“改善对于知识分子的使用，使他们更有效地为祖国的伟大建设事业服务”[⑥]。刘少奇的这些理论观点，体现了党对知识分子的信任和关怀，表达了党对知识分子的要求和期望。如何不断地改善对知识分子的使用，发挥他们的专长，给他们提供和创造良好的工作环境和条件，充分调动他们的积极性，“更有效地”为社会主义建设服务，是落实党对知识分子政策中特别需要注意的问题。

①②③《刘少奇选集》上卷，人民出版社 1985 年版，第 398、396、398 页。
④⑤⑥《刘少奇选集》下卷，人民出版社 1985 年版，第 240、240、240 页。

## （三）发展文化建设事业必须同经济建设的发展相适应

刘少奇对我国文化建设事业的发展非常重视。众所周知，旧中国留下了一个烂摊子，不仅经济破烂不堪，文化建设事业也极其落后。刘少奇为了尽快地改变我国贫穷落后的面貌，从实际出发，以极大的注意力探索适合中国特点的发展文化建设事业的道路。

国内外历史的发展证明，发展文化建设是促进社会生产力大发展的关键。文化建设是为经济建设服务的，所以，随着经济建设的发展和人民群众对文化需要的日益增长，文化建设事业必须不断发展。我国社会主义建设的迅速发展，更加迫切需要科技、文化知识，更加需要大批的有社会主义觉悟的、有一定科学技术专长的建设人才。只有大力发展文化建设事业，才能满足社会主义现代化建设的需要，促进社会主义现代化建设的发展。科学文化愈落后的国家，发展文化建设事业的要求就愈迫切。

但是，文化建设事业的发展要受经济条件的制约，过分分散资金也会拖经济建设的后腿。经济底子愈薄弱的国家，这方面的矛盾愈突出。所以，1962年1月，刘少奇在扩大的中央工作会议上指出："文化、教育、科学、卫生事业的发展，必须同经济建设的发展相适应，保持适当的比例关系，既要考虑经济建设和人民群众的需要，又不能超过实际的可能性，不能要求过多过急。"[①]刘少奇关于发展文化建设事业，"必须同经济建设的发展相适应"，必须"保持适当的比例关系"的观点是非常正确的，是实事求是的科学态度。

我们的文化建设事业的发展怎样同我国经济建设的发展相适应呢？刘少奇认为，"要根据中国的实际情况，提出具体的解决办法"[②]。他从调查研究、分析国情、总结群众经验入手，明确指出中国的特点是人多、贫困、生活水平低，科学技术水平低、人多劳动力够用。这个特点告诉我们，一方

①②《刘少奇选集》下卷，人民出版社1985年版，第363、50页。

面，为了适应经济建设的需要，中国迫切需要发展文化建设事业，要办很多学校，为国家培养人才。他说："我们国家不怕知识分子多，不怕学校多，而怕学校太少了。"[①]他还说，学生中间、青年中间，强烈地要求升学，要求多读书。"我看，这个要求是正当的，国家应该想法子，创造条件，尽可能地满足他们的升学要求。"[②]但是，另一方面，我们国家还很贫穷，经济财源不足，发展文化建设事业，办很多学校，国家拿不出那么多钱，还有不少家庭不能供给所有的子女都读完中学和大学。这就是一个很突出的矛盾。

怎样解决经费不足的矛盾呢？刘少奇在分析中国的国情，总结群众经验和历史经验，并注意吸收外国经验的基础上，先后提出了在国家办学的同时，依靠群众，发展我国文化教育事业的四种办法：(1)由群众民办学校。(2)提倡学生勤工俭学。勤工俭学要坚持自愿原则、课余原则、量力性原则。刘少奇认为，勤工俭学是继承和发扬老一辈革命家赴法勤工俭学的光荣传统，可以帮助"解决学生学习费用困难和普及教育的一个重要途径"[③]，可以帮助学生学习劳动技能，养成劳动习惯，增进勤奋好学的精神。(3)倡导半工（农）半读，实行社会主义的两种教育制度。刘少奇结合自己的切身体会说，他青年时期曾在保定育德中学上过一年半工半读学校，一年里学了打铁、翻砂、钳工、车工等工种，还学了法语，"书也读了，身体也很好，还能赚钱"[④]。他还说："这是采用群众路线，多快好省地培养工人阶级和劳动人民的知识分子的一种方法。"[⑤]这样，我们就可以在很短的时间内训练大量有文化的技术工人、技术员、大学毕业生。(4)开办夜校、业余学校和函授学校等。刘少奇依据我国的实际情况，提出的发展文化教育事业的具体办法得到了党中央、毛泽东的肯定和支持。从 1958 年到 1961 年，毛泽东在几次讲话和书信中，都肯定了半工半读是"好事情"。刘少奇倡导的文化教育思想，为我国文化建设事业的发展开拓了新途径，对我们今天建设和发展有中国特色的文化建设事业有重要的指导意义。

---

①②③④⑤《刘少奇选集》下卷，人民出版社 1985 年版，第 323、323、314、324、326 页。

党的十一届三中全会以来，以邓小平为代表的中国共产党人，根据我国的实际情况，提出了建设有中国特色的社会主义伟大理论，极大地促进了文化建设事业的改革和发展。十几年来，在文化建设方面，我们大力改革单一的中学结构，恢复和发展了中等专业学校、技术学校、职业学校，发展了各种类型的成人教育和职工业余教育，函授教育、电视大学、夜大学等也都广泛展开。我国的文化建设事业，正适应社会主义四化建设的需要，多层次、多渠道，以多种形式发展着，各种类型的勤工俭学活动正在实践中大力发展，半工半读在中等技术学校和职业学校中也得到展开。各种类型的民办中学、民办大学也正在发展之中，甚至于各种类型的民办的或私人办的科研机构、文化团体、电影公司、文化艺术剧团等，都正在中国这场伟大的改革浪潮中发展着。可以说，刘少奇的文化建设的思想，正在中国的社会主义改革的伟大实践中重放光芒！

# 八 民主精神

刘少奇经常教导我们说："如果同志们保持谦虚谨慎的作风，密切地联系群众，在工作中充分地发扬民主作风，恭恭敬敬地当群众的学生，有事很好地同群众商量，认真地倾听群众的意见，特别是倾听不同的意见，很多错误是有可能不犯的。"[①]这是说，我们在工作中充分地发扬民主，善于倾听各种意见，就可以少犯或不犯大的错误。刘少奇这个科学结论，是他在长期的革命斗争中，运用历史唯物主义基本原理，对实践经验和教训的总结。

## （一）必须充分发扬党内民主

民主集中制是我们党的组织原则。我们党反复强调加强民主集中制，加强集中统一，"就是要充分地发扬人民民主和党内民主，进一步地密切党和人民群众的联系，加强党中央的集中统一的领导，在全党范围内，统一思想，统一政策，统一计划，统一指挥，统一行动"[②]。刘少奇在这里强调的是，不充分地发扬人民民主和党内民主，势必破坏民主集中制，势必导致在工作上犯大错误。1958年后的三年困难，其原因是多方面的，而从组织原则方面来分析，"在我们党的生活和国家生活中，民主集中制受到了很大的削弱，在有些地方甚至受到了粗暴的破坏"[③]。为了使全党切实汲取教训，刘少奇在"七千人大会"的《书面报告》中详细地讲了党内民主问题，并列举了党内生活存在的一些不正常现象。他说，有些党组织不容许党员提出不同

①②③《刘少奇选集》下卷，人民出版社1985年版，第376、373、374页。

的意见，把敢于提意见的人随便说成是有思想问题，甚至指为“反党分子”；有些党组织不容许党员在党的会议上自由地切实地讨论工作问题和政策问题，不容许党员批评工作中的缺点，特别是批评党组织领导人员的缺点；有些党组织甚至把党员对具体工作的意见，错误地说成是政治问题和路线问题，把党员对党组织领导人员的批评，错误地说成是反对党的领导；有些党组织采取过火斗争和惩办主义的办法，过分地斗争和处分了有一些缺点和错误的党员，甚至斗争和处理了坚持真理、敢于说真话的党员；有些党组织对于向上级反映真实情况的党员进行打击报复；有些党组织不按照党章的规定，随意吸收不够条件的人入党，随意把党员开除出党；有些党组织混淆了敌我矛盾和人民内部矛盾这两类不同性质的矛盾，竟然用对待敌人的手段，审判和惩罚了一些有缺点和错误的党员，甚至审判和惩罚了敢于说真话、敢于坚持真理的党员等。由于有些党组织犯了党内过火斗争的错误，严重地损害了党的民主集中制，损害了党的团结，损害了广大党员的积极性，使许多党员不敢说真心话，不敢提不同意见，互相戒备，造成隔阂，心情很不舒畅。刘少奇强调指出：“党内这些不正常的现象，绝对不能容许继续存在。”①

党的集中统一必须建立在民主基础上，当我们加强党的集中统一的时候，必须认真地发扬党内民主。因为只有认真地发扬党内民主，只有提高了广大党员和干部的积极性，提高了他们对党和人民事业的责任心，党的集中统一才能真正加强。如果党的领导机关不善于发扬民主，不善于倾听下级组织和党员群众的意见，不善于通过民主的方式解决实际工作中的问题，而习惯于官僚主义和主观主义，那就不可能有真正的集中统一。

刘少奇认为，发扬党内民主的中心一环，在于充分地开展党内的批评和自我批评。毛泽东历来强调列宁提出的原则，把认真的自我批评作为我们党区别于其他政党的显著标志之一。革命的实践证明，发扬成绩，坚持真理，修正错误，这是推动我们事业前进的必不可少的条件。我们敢于揭发错误，

---

①《刘少奇选集》下卷，人民出版社 1985 年版，第 410 页。

修正错误，是我们党坚强的表现，有希望的表现。因此，各级党组织要鼓励、支持和保护自下而上的批评。每一个党员都有权利在党的会议上对任何一个党组织领导人提出批评。任何一个党组织领导者都应该虚心地倾听群众的意见，实行"言者无罪，闻者足戒"，绝对不许压制民主，更不允许打击报复。任何党员都有权利向上级组织，包括党中央，反映工作中的情况和问题，反映负责干部的缺点和错误。刘少奇强调指出："党员向党的任何一级组织反映问题，即使所反映的情况同事实的真相还有出入，也不能受到任何形式的追究。"①各级党组织和党组织负责人，要特别注意在党组织生活内部认真地发扬民主，营造畅所欲言的批评和自我批评的空气。

### （二）反对官僚主义和严格党的纪律

为了扩大民主生活，我们必须开展反对官僚主义的斗争，因为官僚主义往往是独断专行，称王称霸，不关心人民群众的疾苦，损害人民的民主权利。刘少奇批评说："他们的这种作风，根本不是共产党作风，而是极端恶劣的国民党作风。这种国民党作风，是人民的大敌，是无产阶级的大敌，是共产党的大敌。"②我们必须清醒地认识到，反对官僚主义是一个长期的斗争。因为，封建王朝和国民党政权虽然早已被人民打倒了，但是封建统治和国民党作风的残余，不是在短时间内可以彻底消灭的，可以说，现在还继续腐蚀着我们队伍中的一些不坚定的人。为了建设社会主义，我们必须把共产党作风同国民党作风严格地区别开来，必须继续向存在于我们党内和政府工作中的国民党作风作战，并且随时随地对这种国民党作风保持最高度的警惕。刘少奇认为，只有这样"我们才能够发扬人民民主，最密切地联系人民群众"③。同时，刘少奇还指出，反对官僚主义不要怀疑和反对我们的社会主义制度。在我们的社会主义制度下，官僚主义的病害一定会逐渐被消除，因为我们的国家同那些少数压迫绝大多数人的剥削阶级的国家相反，"我们

①②③《刘少奇选集》下卷，人民出版社 1985 年版，第 412、375、375 页。

的制度是反对官僚主义而不是保护官僚主义的”[1]。

发扬民主、反对官僚主义还有一个重要方面，就是鼓励和支持党政干部向自己的上级组织如实反映情况。各级党组织在集体讨论工作中，如果发生了意见分歧，允许个别人保留意见；如果是集体向上级组织报告工作，而领导成员意见不一致，允许在集体报告上面附上个人的意见。此外，个人也可以直接向省委、向中央反映情况，提出意见。地方党组织不能认为“这是向中央告状，向省委告状”[2]。否则，就不是生动活泼的政治局面，就不是真正的人民民主和党内民主。

我们强调发扬民主，还必须把极严格的纪律结合起来。我们讲的民主不是极端民主化，而是集中指导下的民主。它要求个人必须服从组织，少数必须服从多数，下级必须服从上级，全党必须服从中央。在这个问题上，“所有一切附有条件的服从都是不对的，应该是无条件的绝对的服从。民主集中制的原则要彻底执行”[3]。当然，这不是叫同志们盲从，因为任何人有不同意见，可以提出讨论或向上级控告。“但是在上级未核准你的报告之前，你仍旧应该服从原来的决定。”[4]这就是说，在民主基础上强调严格纪律的思想，并不是排斥或者剥夺党员的民主权利，只是要求党员对中央决定了的东西、党组织决定了的东西，在组织上没有改变之前，必须服从，不允许对党的路线、方针、政策任意散布不信任、不满以及反抗的情绪，不允许党员自以为是，自行其是，妨碍党的统一意志。

刘少奇指出，有人以所谓领导者的能力的强弱、党龄的长短、职位的大小、级别的高低、资格的深浅、上级要“正确”等等为服从条件，这是完全不对的，这种有条件地执行党的决定的论调，必然会瓦解党的组织，削弱党的战斗力。他着重提出，那种以上级、多数、中央“错了”为理由，而不服从党的决定的想法是极其错误的。因为持这种观点的同志，只是自己认为多

①②《刘少奇选集》下卷，人民出版社 1985 年版，第 248、459 页。

③④《刘少奇论党的建设》，中央文献出版社 1991 年版，第 337、338 页。

数，上级、中央“错了”，到底真错否，还不知道。如果大家都是这样的想法，那就没有党的统一意志了。因此，对任何共产党员，都不允许以此为借口来抵制中央领导。这是党的最高利益所在，也是全国人民的最高利益所在。

### （三）对民主的要求必须从国情出发

刘少奇认为，对民主的要求，必须从实际的国情出发。就选举来说，选举人民代表，选举国家领导人，能不能在全国各地方全部实行“普遍、平等、直接、无记名投票”的方式呢？在新中国建立初期，有些人经常鼓吹西方资本主义国家的选举方式，说人家民主，说我们怎样不行。我们能够一下子也那样实行吗？

1951年12月28日，刘少奇《在北京市第三届人民代表会议上的讲话》中明确指出，“普遍、平等、直接、无记名投票”这句老口号，没有疑问，过去在蒋介石反动的独裁政权底下，提出这个宣传口号去反对蒋介石的独裁政权，那是有它的进步意义的。但是，“这个口号如果拿到今天新民主主义的政权底下要求立即实行，对于中国人民目前的实际情况则是还不完全适合的，因而也是不能完全采用的”①。因为，在当时的条件下，中国大多数人民群众，主要是劳动人民还不识字，没有选举的经验，他们对于选举的关心和积极性暂时也还不很充分。在这种情况下，如果实行什么“普遍、平等、直接、无记名投票”的方式选举人民代表和国家元首，势必带来许多不必要的麻烦，甚至会损害人民的积极性，因而也就不能使今天的人民政权更加民主化。刘少奇指出，资产阶级的旧民主主义者是注意这一套形式主义的办法的，他们也常常满足于这一套形式，以便他们能够在选举中加以操纵，假代表人民之名来实行资产阶级专政之实。“然而我们是新民主主义者，我们首先注重的不是这一套选举的形式，而是它的实质，就是说，要使人民，主要

①《刘少奇选集》下卷，人民出版社1985年版，第54~55页。

使劳动人民真能选举他们所乐意选举的人去代表自己，并要代表能忠实地把他们的意见和要求反映到政府中去。”[①]这是说，只要选举能真实地做到这一点，我们就不要在选举方式上去斤斤计较，而尽可能地采用群众所熟悉的和便利的方式进行选举。当然，这不是说“普遍、平等、直接、无记名投票”的选举方式不好，这只是说“在中国目前的情况下还不能因而也不应该一下采用。这只有在各种准备工作均已做好，中国大多数的人民群众经过了相当长期的选举训练并大体识字之后，才能最后地完全地实行这种选举方式”[②]。刘少奇这些话的精神实质是说，我们对民主的要求，必须从中国的国情出发，不能盲目地照搬西方的民主制度。鼓吹和照搬西方的民主制度和选举方式，会给中华民族带来严重的后果。刘少奇关于对民主的要求必须从本国实际情况出发的思想是很有科学价值的，是很值得我们加以研究和深思的。

## （四）各级干部都要善于听闲话

刘少奇是我们党的马克思主义理论家和无产阶级革命的实践家，他对党的民主精神和作风不仅有大量的精辟论述，而且身体力行，在工作和生活中充分体现了无产阶级的民主精神和作风。

刘少奇身为国家主席，他经常与自己身边的秘书、医生、护士、警卫人员等一起交谈和学习，平等地讨论问题。在与一般同志讨论问题时，他经常说，咱们采取座谈方式，谁有话就讲，可以展开辩论；在学习会上，他常说，咱们都是学员，不分上下级，大家畅所欲言，不要拘束。1961 年刘少奇带领调查小组在湖南考察时，在是否有必要调整手工业的所有制问题上，个别同志与他发生了长时间的争论。刘少奇认为，不从所有制方面着手解决，不改变“平调”的状况，很难调动手工业者的积极性，不利于手工业的恢复和发展。而个别同志不赞成调整所有制，主张仍维持社办工业的现状，认为只要建立健全领导机构，改善经营管理，克服高指标、瞎指挥的错误就

①②《刘少奇选集》下卷，人民出版社 1985 年版，第 55、55 页。

可以解决问题。这个问题一直争论到第二天凌晨还未结束。刘少奇总是以平等的态度与同志们进行商讨，对不同意他意见的同志既没有不高兴，也没有进行批评。最后他和蔼地对那位同志说："杨波同志，看来你说服不了我，我也说服不了你，那好，我再给你五个月的时间，去搞两个点，一个按照我的办法搞，一个按照你的办法搞，然后再来总结，看哪个办法好，群众满意。"①刘少奇这种语重心长的话，实际上是让实践辨明是非。实践证明，刘少奇的意见是正确的。

1961年他在湖南调研时，发现农村工作存在许多问题，原因也是多方面的，而其中一个重要原因是干部缺乏民主精神和作风，农村工作中的许多问题不与农民好好商议。针对这些现实问题他教育炭子冲的大队干部说，我们的工作作风"要规定几条，什么样的问题必须由社员大会决定。象密植、插双季稻、种棉花、修公路等，这些大事情，不能由少数人决定"，"特别是要经过年纪大的人讨论，他们有经验。过去要是真正经过社员讨论了，食堂不会办，双季稻也不会搞那么多，房子也不会拆"。"要记住，多数社员认为不能办的事，就不要办。"②刘少奇还希望大队干部要善于听闲话，各种闲话都要听，有些闲话经过分析，可以改进工作，避免犯更大的错误。新中国建立后不久，刘少奇就希望家乡干部和群众经常给他去信，如实反映情况。后来他发现有的干部认为群众给刘少奇写信反映情况是"告状"，并扣压信件，还找写信的人谈话。1961年他回乡调查时，向大队干部明确指出，群众"和我通信并不是要捣公社、大队的蛋，我是想帮你们的忙。我这个人也可能犯错误，帮个倒忙，那我再向你们承认错误，作检讨"。"我还想和他们经常通信。请你们给我一点通信自由，不要扣我的信。"③

从以上事实的分析中可以看出，刘少奇在实际工作中是充分发扬民主的，是坚持和发扬党的民主作风的光辉典范。作为国家元首，刘少奇从不以

①转引自《缅怀刘少奇》，中央文献出版社1988年版，第339页。

②③《刘少奇选集》下卷，人民出版社1985年版，第333、333页。

权势压人，而是平等待人，对党员、对一般干部和同志是谆谆诱导，以理服人，这种国家元首的民主精神和作风，在古今中外的历史上是很少见的。这不仅使长期跟随刘少奇做具体工作的同志深受教育，而且对全党同志和全国人民来说，也是值得永远敬仰和怀念的。

# 九　艰苦奋斗精神

刘少奇为了党和全国人民的利益，艰苦奋斗了一辈子。无论是在民主革命时期，还是在社会主义革命和建设时期，他遵照历史唯物主义的基本原理经常教育我们的党员和干部说，我们是无产阶级政党的干部，怕艰苦、图舒服是不应当有的，为了全国人民的幸福，要“下定决心吃苦”[①]。1962年在党的“七千人大会”上，刘少奇针对我们党内不少干部那种摆排场，闹阔气，假公济私，明目张胆地挥霍人民财产的特殊化作风，明确指出：“每一个共产党员，都应该以艰苦朴素为荣，以铺张浪费为耻。”[②]

## （一）艰苦奋斗是共产党的本色

艰苦奋斗的精神和作风是共产党员应有的本色，它既关系着无产阶级革命能否胜利，又关系着无产阶级革命的胜利果实能否巩固和发展。所以，刘少奇几十年如一日地不仅自己艰苦奋斗，还不断地谆谆教育我们的广大党员和干部都要保持艰苦奋斗的精神和作风。他特别强调执政的共产党，保持和发扬艰苦奋斗的精神和作风，对社会主义事业的巩固和发展有特殊的意义。

刘少奇早在1939年写的《论共产党员的修养》一书中，就预见到革命胜利后党内可能出现的一些新情况。他说，在全国胜利之后，“有些党员受不起成功和胜利的鼓励，在胜利中昏头昏脑，因而放肆、骄傲、官僚化，以至动摇、腐化和堕落，完全失去他原有的革命性”[③]。他还明确提出：“党内

①②《刘少奇选集》下卷，人民出版社1985年版，第318、401页。

③《刘少奇选集》上卷，人民出版社1981年版，第102页。

这种现象的存在，应该引起我们党员严重的警惕。”[①]1948 年，革命胜利前夕，刘少奇在《对马列学院第一班学员的讲话》中更是意味深长地说：“我们打倒蒋介石、打倒旧政权后，要领导全国人民组织国家，如果搞得不好，别人也能推翻我们的。唐太宗曾与魏徵争论过一个问题：创业难呢，还是守成难呢？历史上从来有这个问题。得了天下，要能守住，不容易。很多人担心，我们未得天下时艰苦奋斗，得天下后可能同国民党一样腐化。他们这种担心有点理由。在中国这个落后的农业国家，一个村长，一个县委书记，可以称王称霸。胜利后，一定会有些人腐化、官僚化。如果我们党注意到这一方面，加强思想教育，提高纪律性，就会好一些。所以现在采取许多办法，如在党内反对地主富农思想，反对资本主义意识，进行批评、斗争以至处分、撤职等等，都是为了挽救堕落的干部。否则，堕落的人会很多，会使革命失败。”[②]

### （二）执政的共产党面临新的考验

新中国建立以后，刘少奇始终站在防止“使革命失败”、巩固和发展社会主义制度的高度，不仅自己保持和发扬了民主革命时期那种艰苦奋斗的精神和作风，而且还采取了许多具体措施对全党进行艰苦奋斗精神的教育。

1959 年 3 月 28 日，刘少奇在主持召开的党的第一次全国组织工作会议上，对党的一般情况，关于加强干部的管理教育等问题做了阐述；他还亲自起草了关于共产党员标准的八项条件，作为对党员的明确要求和艰苦奋斗教育的内容；4 月 9 日，他又作了《为更高的共产党员的条件而斗争》的总结报告，详细阐述和论证了执政党必须提高党员条件和加强共产主义教育等思想；他还主持制定了《关于整顿党的基层组织的决议》，为克服执政党在组织上和思想上的不纯，继续保持和发扬党的艰苦奋斗优良作风，规定了明确的原则和具体的办法。党的第一次全国组织工作会议，对提高全党同志加强

---

①②《刘少奇选集》上卷，人民出版社 1981 年版，第 102、413 页。

执政党建设的自觉性，对教育全党继续保持和发扬民主革命时期的艰苦奋斗精神起了重大的作用。1956 年 9 月 15 日，刘少奇在党的八大会议上的政治报告，1962 年 1 月 27 日，刘少奇在党的“七千人大会”上的书面报告和讲话，以及 1962 年 7 月 18 日，刘少奇对下放干部的讲话——《加强基层领导，改进工作作风》等，都对全党要继续艰苦奋斗提出了明确的要求，并做了详尽的阐述。

刘少奇认为，由于革命取得胜利，我们党成了领导我国进行社会主义革命和建设的执政党。党所处的领导地位，为在我国建设社会主义的新制度和新生活创造了空前有利的条件。但是，也使我们党面临一些新的情况和复杂的因素。

其一，革命的胜利和成功，国家的权力和地位，和平建设的社会环境，国内外资产阶级思想从四面八方的侵袭，不可避免地使党内某些党员和干部受到腐蚀，或是居功骄傲，或是消沉颓废，或是蜕化变质，从而玷污了工人阶级先锋战士的光荣称号。刘少奇在《加强基层领导，改进工作作风》的讲话中指出：“现在艰苦奋斗的作风有所削弱，特殊化的风气有所发展。有些地方盖别墅，盖高标准住房，搞跳舞场。中央是不是也有呢？中央也有特殊化。省委学中央，地委就学省委，县委就学地委，公社就学县委，这样学起来，那还得了呀!”我们“要恢复艰苦奋斗的作风，改变特殊化的风气”。①

其二，由于党所处的执政地位，一些人便产生了误解，以为加入党不必准备吃苦，不必勤奋工作，不需献身和牺牲一切，反而可以得到地位、荣誉、利益、享受。共产党员对此必须有清醒的认识。社会主义是伟大而艰巨的事业，我们共产党员和党的干部，以及热爱祖国、热爱社会主义事业的广大青年，为了祖国的建设，为了全国人民将来的幸福，应该“下定决心吃苦”②。

其三，党领导人民夺取全国胜利，只是万里长征走完了第一步，以后的

①②《刘少奇选集》下卷，人民出版社 1985 年版，第 459~460、318 页。

路程更长、工作更伟大、任务更艰巨、情况更复杂。过去我们全党同志用“愚公移山”的艰苦奋斗精神，推翻了压在中国人民头上的帝国主义和封建主义这两座大山，“现在，在中国人民面前，还横着经济贫穷和文化落后的两座大山，我们同样要用‘愚公移山’的精神，把它们搬掉”①。

其四，在社会主义制度下，不但要保障职工群众的主人翁地位，而且要在发展生产的基础上逐步地改善职工生活。刘少奇反复强调解决这个问题的极端重要性。但是，他还指出，职工群众生活中的许多困难，比如住房问题、交通问题，只有社会主义事业得到更大的发展以后才能逐步解决，我们还需要艰苦奋斗，不应当只管个人利益和眼前利益，而忽视全国的和长远的利益。这一点必须向群众说明。刘少奇希望全党同志都应明白：“我们必须从现实情况出发，兢兢业业，勤勤恳恳，一点一滴地做好实际工作，一个一个地解决具体问题，一步一步地战胜困难。我们必须出色地完成当前的任务，逐步地实现远大的奋斗目标。”②所有这些都要求我们全党艰苦奋斗，经受住执政党地位的考验，领导全国人民把革命进行到底。

### （三）用自己的两条腿和两只手去绘制社会主义的新蓝图

刘少奇表里如一，言行一致，严于律己。他要求别人做到的，自己身体力行，首先做到。他勤勤恳恳，艰苦朴素，几十年如一日。

解放前刘少奇和杨尚昆同志在北方局工作时，中央交给他几万元法币作为党的活动经费，他如数交给杨尚昆同志保管。而刘少奇胃病复发，吃不下饭，十分消瘦，也不向组织要求任何照顾，坚持按中央规定，每月只领五元钱的津贴，每天买些红白萝卜、烩点馍，维持生活。1947 年夏秋在河北省平山县西柏坡召开全国土地工作会议时，刘少奇胃病发作得很厉害，大热天还用暖水袋紧贴在肚子上。同志们为了照顾他的身体，给他稍微改善一点伙食，他总是不肯。他说，边区经济困难，不能为他另做饭菜，这使在他周围

①②《刘少奇选集》下卷，人民出版社，1995 年版，第 416、416 页。

工作的同志既感动又难过。

新中国建立以后，生活条件大大好转了，而刘少奇还是几十年如一日地保持着艰苦奋斗的精神和作风。首先，他的住房并不阔气。1952年前他在北京住的是一幢旧式房子，共有三间，一间是办公室，一间是会客室，一间是卧室。因年久失修，都已十分破旧。后来，管理部门给他调了好一点的房子，但孩子们住的还是集体宿舍。他的办公室仍然很简单，除了办公桌、书架、文件柜、一对沙发、一把藤椅，没有地毯，也看不到什么可供欣赏之类的摆设。在不到20平方米的办公室里，光是西面的一堵墙就有四个大窗子，到了冬天，西北风一刮，窗帘像波浪一样飘动，室内温度难以升上去，因而刘少奇在办公室时还要穿棉鞋。一到夏天，太阳西照，又特别热，既无空调设备，也无电扇，刘少奇有时只穿一件背心办公还满身大汗。就是在这样的一间房子里，刘少奇夜以继日地为我们的党和国家工作了十几年。

刘少奇的卧室更简单，除了床和书架以外，只有两个凳子，四五个人进去就显得拥挤。他全家人的吃用穿戴同样是十分简朴的。刘少奇在家里穿的都是普通布衣，有的由于年久都洗褪了颜色，衬衣总是穿到无法再补了才肯换新的。他也有一套礼服，穿了一二十年，只是接见外宾或出席重要会议时才穿一下，回来就脱了叠起来。一件毛哔叽大衣，也穿了十多年。刚进北京时，王光英同志送给刘少奇一条驼灰两色交织的方格薄毛围巾，自从进城以后，年年冬天都用它，直到“文化大革命”中，已经很破了，还在用着，一直用到终生。他常戴的一顶草帽，用了多年，变成了黄色，还长了许多褐色的斑点，边上的线也断了。1958年秋天下乡时，工作人员想给他换顶新的，却被他拒绝了。当工人和农民看到自己的领袖戴着一顶旧草帽，穿着一身朴素的衣服时，感动地说：“刘委员长是艰苦朴素的模范，真是我们人民的好领袖。”①

刘少奇吃饭也很简单，尤其是夜间那顿饭，常常是把中午剩下的来个一

①转引自《怀念刘少奇同志》，湖南人民出版社1980年版，第380页。

锅烩。他很珍惜粮食，吃剩的饭菜从来不让倒掉，要留着热一热下顿再吃，所以他常常吃剩饭。还是年轻的时候，刘少奇就得了胃病，领导安源工人罢工的时候多次吐血。新中国建立以后，他胃病时常发作。工作人员为他的身体着想，不让他吃剩饭，他就恳切地说："农民种出点粮食不容易，须知盘中餐，粒粒皆辛苦啊!"①

刘少奇家里的孩子穿着也都是很简朴，常常是大孩子穿了几年不能穿的旧衣服，修补以后让给第二个、第三个孩子穿，一个传一个，一直穿到破得不能再穿为止。刘少奇常说，人在生活方面要知足，现在生活比大革命和战争年代不知好了多少倍。无论谁到刘少奇身边工作，不久就会发现，他对生活上的要求是低标准的；相反，对工作，对思想，他可是高标准，严要求。

刘少奇自己艰苦朴素，同时也很注意对干部进行艰苦朴素、反对铺张浪费的教育。1947 年春天他和朱德由延安到晋察冀边区时，边区干部、群众都非常高兴，所以在中央局所在地阜平县城南庄召开了欢迎会。这次会开得既隆重又热烈，但会场布置却很简单。会是在树林里开的，只向老乡借几张桌子、条凳，没有别的陈设。与平时不同的是多了一块用新红布写的欢迎大会的横幅。就为着这块新红布，会后刘少奇对组织这次欢迎会的干部说，中央的同志来了，你们的心情和我们一样，都很高兴。但现在是战争年代，物资困难，为什么要用新红布写字呢？他接着还说："一斤米，一寸布，一文钱，都要用于战争，不应随便浪费。"②

新中国建立以后，刘少奇继续坚持用艰苦奋斗的精神教育我们的党员和干部，希望大家继承和发扬我们党在民主革命时期那种艰苦奋斗的革命精神和作风。1957 年 5 月 7 日，他接见北京地质勘探学院应届毕业生时，用民主革命时期打游击的艰苦生活教育我们的干部和青年学生。他说，那时期打游击很苦，是野外生活，还要行军、吃饭、穿衣、住房，结婚都有很大困

①转引自《怀念刘少奇同志》，湖南人民出版社 1980 年版，第 380 页。

②转引自《缅怀刘少奇》，中央文献出版社 1988 年版，第 159 页。

难。“我们是战争时期的游击队、先锋队。建设时期也要有人打游击，也就是说，要派一支队伍去侦察国家建设所需要的宝藏。你们是建设时期的游击队、侦察兵、先锋队。”①刘少奇希望我们的青年一代，像民主革命时期老一辈打游击一样投入伟大的社会主义建设事业。当然，干地质勘探工作会遇到许多困难，吃饭、穿衣、结婚、生孩子等都要受到些限制，要吃一点苦。但是为了社会主义现代化建设，为了全国人民的幸福，“你们应该下定决心当建设时期的游击队、侦察兵，下定决心吃苦”②。在这次接见临结束时，刘少奇送给地质学院学生一件珍贵礼物——一支猎枪。刘少奇说：“我送给你们什么礼物啊？送给你们一支猎枪吧！这支枪是前几天伏罗希洛夫同志送给我的，转送给你们。让你们这些青年游击队员为了搞好地质勘探，把老虎和狼打跑。”这时，有不少同学留下了泪水，激动地说：“我们决心去打游击，干它一辈子。”刘少奇看到同志们的那种热情，站了起来意味深长地说：“热情是需要的，但是很多事单靠热情还不够，还需要冷静，需要理智。”③刘少奇希望青年们做社会主义建设新时期的“开路先锋”④。

刘少奇经常教育干部说，讲排场，挥霍国家财产是犯罪行为。在他身边工作的同志看到他年纪大了，办公室和楼道的地挺滑，走路容易摔跤，为了保证安全，有一次趁他外出，就和管理部门商量在办公室外的走廊里铺了一条地毯。刘少奇回来后很不高兴，让撤掉。同志们向他介绍了铺地毯的原因，说明不是为了讲排场。他说：“不管是不是讲排场，反正铺这个太贵，太浪费。”经同志们再三说明需要，他才答应弄些便宜的东西铺。后来，同志们弄来了橡胶垫条，铺在他办公室外的走廊里，他走上去试了试说：“这个东西便宜，又结实耐磨，走路也不滑，铺这个很好。”⑤

1957年刘少奇在河北省视察的时候，林铁同志汇报说，省委厉行艰苦奋斗的方针，没有盖楼堂馆所和“书记院”，他听了很高兴，并用铅笔在本本

①②④《刘少奇选集》下卷，人民出版社1985年版，第317、318、322页。

③⑤转引自《缅怀刘少奇》，中央文献出版社1988年版，第311、415~416页。

上重重一画，说道："你们的作法非常正确，要坚持下去，执政者要带头勤俭建国。"[①]相反，当他看到有的省修建了一座高级宾馆，甚至有些工厂的领导人住的是一幢幢新盖的公馆，而工人们却住得很差，心里很不愉快。他不仅自己不去住高级宾馆，而且还语重心长地说："我们在这个地方是不是开始萌芽了一种等级制度，社会主义之下的等级制度。等级制度是一种封建制度，如果有这种制度开始萌芽，我看应该废除。"[②]对此，"我们共产党人要注意啊!"[③]有一次，刘少奇在某地视察军事设施，当地同志请他顺路去参观了一座别墅。那座别墅坐落在一处绿树葱郁的山谷里，环境十分幽静，建筑更是豪华，地板都是楠木的，据说是江青亲自"设计"修建的。有的同志原以为刘少奇看了如此"独具匠心"的精巧建筑，会大加赞赏，可是刘少奇却心情沉重地说："这样搞，要亡党亡国的啊!"[④]话虽不多，却反映了他对铺张浪费、挥霍国家财产行为的深恶痛绝。

1960年刘少奇到苏联参加81国共产党会议，作为代表团团长，按规定发给他5000卢布零用费，他没有用1个戈比，全部交给了我国驻苏大使馆。他不接受馈赠，外宾赠送的礼品都交给故宫博物院作为筹办礼品馆的陈列品。到外地视察，他总是吃住在停在偏僻岔道上的专列火车上，以免妨碍交通和避免地方同志的招待。地方同志如果有馈赠，他总是严肃地交代工作人员："给他退回去，下一次他就不搞了，你不退，别的地方也就跟着你破坏中央的规定。"[⑤]

在民主革命时期，我们提倡节约每一个铜板，支持革命战争，节省每一颗子弹，去消灭敌人。新中国建立之后，我们党继续提倡艰苦朴素、节衣缩食等，这都是必要的。但是，仅仅这样做还不够，从积极方面讲，勤俭建国，应是节约劳动力，节约原材料，节约劳动时间，这样的节约意义更大。1956年，刘少奇在党的八大政治报告中向全党提出，在一切企业中，在一

---

①②③④⑤转引自《缅怀刘少奇》，中央文献出版社1988年版，第355、356、416、416、68页。

切国家机关中，在整个社会生活中，都必须继续提倡节约，反对浪费。他说:“浪费在任何时候都是妨碍生产的发展和生活的改善的。”[①]他强调指出，勤俭建国，勤俭办企业，勤俭办合作社，勤俭办一切事业，这是我们党建设社会主义的长远方针。他号召全党，“我们的建设还在开始，我们更应当为积累每一元的建设资金并且加以最有效的使用而奋斗”[②]。1962 年，刘少奇在扩大的中央工作会议上，在总结“大跃进”运动以来我们经济建设的基本经验教训时，进一步阐发了上述思想，明确提出勤俭建国，厉行节约，应该珍重人民的创造力，爱惜人民的干劲，节约人民的劳动时间。他说：“我们必须随时随地爱惜群众的精力，把群众的精力用在最恰当的地方，以便取得最大的效果。”[③]勤俭建国是我们必须长期坚持的方针。应该估计到，我们的社会主义建设是一个长期的、复杂的、不断战胜各种困难的斗争。“因此，我们必须在中央的集中统一的领导下，最有效地利用我国的人力、物力和财力，最严格地实行经济核算，不允许有任何浪费，艰苦奋斗几十年，达到在我国建成社会主义的伟大目标。”[④]

有人认为，铺张浪费、追求享受不是政治问题，没有什么了不得，这种思想是极为有害的。生活问题往往是个人世界观的反映、道德面貌的反映。

1945 年 8 月，抗日战争胜利后，党中央决定成立中共中央东北局，从各解放区抽调 10 万主力部队和 23 名干部（包括 21 名中央委员）开赴东北，开创东北地区的新局面。同年 10 月 1 日，在延安枣园召开的欢送赴东北干部大会上，刘少奇作了动员报告。他说，你们要去东北了，你们说，马克思是干什么的呢？恩格斯是干什么的呢？列宁同志、斯大林同志，他们都是干什么的呢？这时，他有力地甩出了右臂，把手面挥向上空，然后自己回答说：“他们，都是为了解放全人类而战斗的！”“按照马克思学说，无产阶级只有解放全人类，他们自己最后才能解放，你们这次到东北去，同时是自己解放自己！”刘少奇还强调指出：“你们要用自己的两条腿，去重新画地

①②③④《刘少奇选集》下卷，人民出版社 1985 年版，第 227、227、366、366 页。

图；用你们自己的两只手，去插上我们新解放区的旗帜!”[①]今天，我们重温刘少奇的这些教导，就是要发扬艰苦奋斗的革命精神和优良作风，用自己的两条腿和两只手去绘制具有中国特色的社会主义现代化的蓝图。

①转引自《缅怀刘少奇》，中央文献出版社1988年版，第179页。

# 一〇　反倾向斗争的辩证法

反对倾向斗争，就是在党内和革命队伍中，为了克服和纠正偏离马克思主义的理论原则和党的正确路线的错误倾向而开展的批评和斗争。党内和革命队伍中的错误倾向有多种多样的表现，但是归结起来说，就是“左”的和右的两种。反对这两种错误倾向的斗争，也称作两条战线的斗争。我们正确开展两条战线的斗争，克服“左”的和右的错误思想的影响，是贯彻执行党的马克思主义路线，不断把革命和建设事业推向前进的重要保证。刘少奇在长期的革命实践中，不仅一直坚持同“左”的和右的两种错误倾向进行斗争，而且还提出和论述了一系列正确开展两条战线斗争的马克思主义方法论原则。

## （一）两种错误倾向时起时伏，经常不断

早在 1943 年 7 月，为了纪念中国共产党诞生二十二周年，刘少奇写了《清算党内的孟什维克主义思想》一文。在这篇文章中，刘少奇结合我们党的斗争历史，明确指出了不断地开展同“左”的或右的各种机会主义思想进行斗争的必要性。他说：“中国共产党的历史，是马列主义在中国发展的历史。这种历史，在客观上是以毛泽东同志为中心构成的。党内各派机会主义的历史，决不能成为党在思想上的体系及其传统。党的历史，是与这种体系、传统作斗争并将其克服的历史。”[①]刘少奇这一论断是完全符合我们党的客观实际的。

在我们党内，“左”的或右的错误倾向是时起时伏、经常发生的。这一

①《刘少奇选集》上卷，人民出版社 1981 年版，第 300 页。

点，只要回顾一下我们党领导的中国革命和建设七十多年两条战线的斗争史，就会完全明白。第一次国内革命战争时期，发生了陈独秀的右倾投降主义错误。第二次国内革命战争时期，相继发生过瞿秋白、李立三、王明三次“左”倾错误，其中尤以王明的“左”倾错误在党内统治时间最长，长达四年之久，危害也最大，使白区几乎损失百分之百，使红区根据地失去了百分之九十，因而迫使红军作战略性的转移，进行两万五千里长征。1936 年 4 月，刘少奇在总结这段历史的教训时指出:“如果我党不能完全肃清关门主义与冒险主义，那就谈不上广泛的民族统一战线，广大民众的抗日反汉奸运动，就不会在我党的领导之下开展起来，那就要障碍着我党和革命的前进。”[①]直到遵义会议才结束了“左”倾冒险主义在中央的统治，确立了以毛泽东为代表的党中央的正确领导。从那时起到党的七大、八大，中央的领导和路线是正确的，可是，局部性的错误倾向也还是时有发生，并没有完全根除。如张国焘的右倾分裂主义，抗日战争开始后的王明右倾投降主义，以及后来解放战争时期，在执行土地改革等和城市工商业政策方面“左”的错误。当然，这些局部性的错误，由于党中央领导的正确，都及时得到了克服和纠正。但是，“左”的或右的倾向性错误的存在是客观事实。

民主革命胜利后，我们党进入领导社会主义革命和建设的新的历史时期，我们党成了执政党。这时还要不要注意反对“左”的或右的倾向性斗争呢？刘少奇对这个问题是做了肯定性回答的。早在 1948 年 9 月政治局扩大会议上，他就指出，经济建设问题是个新问题，“要有系统地搞出点东西来，不然又可能犯‘左’倾错误”[②]。到了 1949 年 6 月，他又明确提出，今后中国的经济建设必须反对以下两种错误倾向：“一种是资本主义的倾向”，“另一种是冒险主义的倾向”。[③]刘少奇在这里所指出的两种错误倾向，也就

①《刘少奇选集》上卷，人民出版社 1981 年版，第 24 页。

②转引自薄一波:《若干重大决策与事件的回顾》上卷，中共中央党校出版社 1991 年版，第 55 页。

③《刘少奇选集》上卷，人民出版社 1981 年版，第 430 页。

是在经济建设中出现的右的或“左”的错误倾向。前者认为，新中国建立后的经济发展方针和方向，是在全国范围内发展普遍的资本主义经济，把一切希望寄托于私人资本主义经济的发展，向资本主义作无原则的让步，对小资产阶级的弱点表示迁就。刘少奇认为，这样做的结果是：“自觉或不自觉地要把中国建设成为资本主义共和国，这就必然会是半殖民地半封建的旧统治的复辟。这是在新民主主义经济建设中放弃无产阶级领导地位的资产阶级的或小资产阶级的路线。”①后者则认为，在经济建设中不顾实际可能，也不掌握客观经济规律，只要主观上愿意采取怎样的办法或手段，就可以使经济得到发展，就可以使社会发展达到某一理想阶段。刘少奇认为，这种“左”的冒险主义错误倾向，在新中国建立后的经济建设中有很大的危害性。因为，它“在我们的经济计划和措施上超出实际的可能性，过早地、过多地、没有准备地去采取社会主义的步骤，因而使共产党失去农民小生产者的拥护，破坏城市无产阶级与农民的联盟，这就要使无产阶级领导的新民主主义政权走向失败”②。因此，刘少奇要求我们在今后的经济建设中，必须经常地进行两条战线的斗争，反对右的或“左”的两种错误倾向，从而“以保证正确的经济建设方针的贯彻执行”③。历史的发展证明，在中国的经济建设中，必须注意反对“左”的或右的这两种错误倾向的思想是完全正确的。

50年代初期，由于我们党注意在经济建设中防止和反对右的和“左”的两种错误倾向，因而使国民经济得到了迅速的恢复和发展，为大规模的生产资料所有制的社会主义改造和有计划的经济建设铺平了道路。1952年，我们党在总结新民主主义经济建设经验的基础上，提出了过渡时期的总路线。1953年开始执行发展国民经济的第一个五年计划，结果只用了不到四年的时间，即到1956年就基本上完成了我国对农业、手工业和资本主义工商业的社会主义改造，使新民主主义经济形态发生了性质上的根本变化。也就是说，在我国建立了社会主义制度，完成了从新民主主义到社会主义的伟大转变。

①②③《刘少奇选集》上卷，人民出版社1981年版，第430、430~431、431页。

然而，在全面进入社会主义建设时期以后，党的指导思想上的“左”的错误又开始抬头。1955年下半年开展反对保守主义的斗争之后，党内不少同志在实际工作中表现出了比较严重的“左”的急躁冒进倾向。刘少奇对当时出现的这种“左”的错误倾向十分重视。1956年5月，他主持召开中央政治局会议，及时讨论半年多来由于急躁冒进出现的种种问题。周恩来在会上介绍了有关冒进的严重情况，提出了继续削减开支、压缩基本建设的意见。刘少奇积极支持周恩来的主张。根据中央政治局会议的精神，党中央提出了既反对保守又反对冒进，在综合平衡中稳步前进的经济建设方针。刘少奇还组织一些同志撰写了一篇反对急躁冒进的社论，在6月20日的《人民日报》上发表。社论列举了急躁冒进的表现，分析了产生的原因，提出了纠正的办法，对纠正当时出现的急躁冒进的偏向起了一定的积极作用。在同年9月党的八大政治报告中，刘少奇进一步坚持和重申了党中央的经济建设方针，并告诫全党在经济建设中要坚决反对“右倾或‘左’倾的错误”，要坚决地拒绝和批判这两种错误倾向。否则，“我们就将不能建设社会主义，或者不能如同今天这样顺利地建设社会主义”①。

1957年发动反右派斗争是必要的，但是犯了严重的扩大化的错误。接着，我们党又轻率地发动了“大跃进”和人民公社化运动，并且错误地发动了“反右倾”运动，把党内一些同志的实事求是的正确意见，当作右倾机会主义进行批判，一些坚持正确意见的同志遭受了错误的打击和处理。再加上一些其他方面的原因，致使我国的国民经济出现了三年严重困难的局面。我们党为了总结这一历史的教训，于1962年1月召开了“七千人大会”。刘少奇在这次扩大的中央工作会议上作了书面报告和讲话。他在书面报告和讲话中，针对“大跃进”造成国民经济比例失调的状况，坚决主张对国民经济实行调整，反对“左”的或右的两种错误倾向，同时提出和采取了一系列反对经济建设中的急躁冒进、稳步发展国民经济的措施。

①《刘少奇选集》下卷，人民出版社1985年版，第207页。

在无产阶级革命和社会主义建设中，坚决反对“左”的和右的两种错误倾向，特别是反对“左”的错误倾向，这是刘少奇的一贯主张。在求得更快地发展我国的革命和经济建设事业中，刘少奇在理论和实践上都做出了重大的贡献。

党的十一届三中全会以来的路线、方针和基本政策，特别是邓小平同志创立的建设有中国特色的社会主义的伟大理论，是适应社会主义现代化建设要求的，是通过拨乱反正，把马克思主义的普遍真理同我国的具体实际相结合的产物。在这一正确路线和伟大理论的指导下，我国进入了一个新的历史阶段，开创了社会主义现代化建设的新局面。但是，也必须认识到，近十几年来也是存在着与党中央的正确路线相抵触的“左”的和右的两种错误倾向，妨碍着党的正确路线、方针和基本政策的贯彻和执行。早在 1981 年 3 月，邓小平同志在《关于反对错误思想倾向问题》的谈话中就明确指出:“解放思想，也是既要反‘左’，也要反右。三中全会提出解放思想，是针对‘两个凡是’的，重点是纠正‘左’的错误。后来又出现右的倾向，那当然也要纠正。”①可以说，党的十一届三中全会以来，在坚持和贯彻党的基本路线的过程中，防止和反对“左”的和右的干扰，是邓小平同志一直关心的一个总的主题。历史的发展证明，党内和革命队伍内“左”的和右的错误倾向，时起时伏，是经常发生的。过去有，现在有，将来还会有。因此，反对两种错误倾向的两条战线的斗争是长期的、艰巨的，必须树立起长期作战的思想。那种忽视或否认进行两条战线上作战的想法，是不切合实际的，在理论上是错误的，在实践上是有害的。

## （二）反“左”比反右更困难

刘少奇在长期的革命实践中，不仅认识到必须坚持反对“左”的和右的两种错误倾向，才能不断推进革命事业的发展，而且还认识到反对“左”的

①《邓小平文选》(1975—1982 年),人民出版社 1983 年版,第 334 页。

错误倾向要比反对右的错误倾向困难得多。

反对“左”的错误倾向为什么比反对右的错误倾向困难得多呢？1949 年 5 月 5 日，刘少奇在天津华北职工代表会议上的讲话中，对这个问题做了深刻的阐述。他说：“不要怕说话，怕被人说投降了资本家，该说的话不说，结果是害了工人，工人失业后骂你，我们要早讲才对。‘左’的东西是常常有股劲的，反‘左’的劲头一定要比原来的劲头更大才行。反右的时候，他一听右倾机会主义就会改。反‘左’，他往往会反过来说你右。最近我到天津，资本家很高兴，工人有的可能不高兴，但是不要紧，我是诚心诚意为工人打算，工人将来会知道。最近东亚毛织厂的资本家宋棐卿写信给我，说要扩大生产，再开一个工厂，我也回了他一封信，好像我是替资本家打算的。但是假如另开一个新工厂，使原来有一千多工人增加到二千多工人，岂不解决很多工人的失业问题？所以要和资本家搞好一点，不要怕骂投降了资本家。真正替资本家着想，投降了资本家，那是失掉了立场。如果不失立场，鼓励了资本家，而是替工人打算，那就是好的。关系拉好了，弄的立场失了，那就是右了。关系极好，发展生产，又不是失掉立场，这就是马克思主义。有人说和资本家拉好关系，就是失掉立场，这是错误的说法。这种人大概立场不稳，一接头就投降了资本家。共产党人不是放在箱子里不见人的，而是经风霜的，这才能考验一个人的立场。”[①]刘少奇在当时就指出反“左”比反右更困难，这是难能可贵的。从历史上来分析，“左”曾带有革命的色彩，好像越“左”越革命。因此，犯“左”倾错误的人，往往把“革命”的词句喊得震天价响，往往有一股很大的劲头。你如果反他们“左”，他往往会反过来说你右。因此，反“左”的劲头一定要比原来的劲头更大才行。刘少奇在这里还明确指出，判断一个同志是不是犯了“左”的或右的倾向错误，关键是看他是不是丧失了无产阶级立场，是不是背离了马克思主义基本原则。

---

①转引自薄一波:《若干重大决策与事件的回顾》上卷，中共中央党校出版社 1991 年版，第 56 页。

反“左”比反右之所以更困难，还有一个原因，那是因为“左”的根子很深，时间很长，“‘左’已经形成了一种习惯势力”①，“旧的一套搞惯了，要改不容易”②。或者说，在相当长的时间里，人们错误地认为，“左”比右好，宁“左”勿右。1962年1月，刘少奇在党的“七千人大会”上的讲话中，针对党内这种错误的认识，尖锐地指出：“还有一种‘左’比右好的说法。有的同志说，犯‘左’倾错误是方法问题，犯右倾错误是立场问题。我看这种说法，也是不正确的，是错误的。”③从几十年的革命实践来看，右不比“左”好，“左”也不比右好。这里所说的“左”是引号里面的“左”。“左”有方法问题，也有立场问题；右有立场问题，也有方法问题。我们是左派，是革命派，但不是“左”倾机会主义者。刘少奇说：“我劝告同志们，不要做那个引号里面的‘左’派，要做实事求是的、理论联系实际的、密切联系群众的、实行批评和自我批评的真正的左派。只有这样的左派，才会经常是朝气勃勃的、真有干劲的左派。不要做那种脱离实际的、脱离群众的、冒里冒失的、不管三七二十一就去蛮干的那种加引号的‘左’派。那种‘左’派不会有真正的经常的干劲，他会由一时的狂热突然转入消沉。”他还强调指出：“那种‘左’派不但不值得敬仰，而且应该受到批判。这种人就其所犯错误的后果来说，和右派差不多，不见得比右派好一点。”④刘少奇在这里明确讲了“左”的或右的倾向错误，实质是一样的，都是方法和立场问题。犯“左”倾错误不仅是个方法问题，而且还是立场问题，而他们的错误立场，往往被“革命的词句”掩盖着，不容易被识破。在此意义上来说，反“左”比反右困难得多。这正是用唯物辩证法分析问题所得出的正确结论。

1962年5月11日，刘少奇在一次中共中央工作会议上的讲话中，针对我们党所犯“左”的错误，尖锐地指出，目前我国的经济形势到底怎么样？

---

①②《邓小平重要讲话》(1987年2月—7月)，人民出版社1987年版，第28、43页。
③④《刘少奇选集》下卷，人民出版社1985年版，第427、427页。

"我看，应该说是一个很困难的形势。从经济上来看，总的讲，不是大好形势，没有大好形势，而是一种困难的形势。"过去我们"讲了这么多年的大好形势，现在讲没有大好形势，而是一种困难形势，这个话很难讲。我们这回切实这样讲一讲"，对党的事业有好处。他还强调指出："'左'了这么多年，让我们'右'一下吧。"[①]刘少奇在这里讲的"困难形势""让我们'右'一下吧"，不是要我们对社会主义事业失去信心，去犯右倾的错误，而是要我们充分认识反"左"比反右更为困难，要我们坚持真理，修正错误。刘少奇的这些忠告是无产阶级坚强党性的突出表现。

## （三）有"左"反"左"，有右反右，实事求是

反倾向斗争，不管是一般倾向性问题，还是路线问题，在一般情况下属于人民内部的矛盾。所以，反对"左"的或右的倾向错误，主要应采取"惩前毖后，治病救人"的方针和批评与自我批评的方法。除此之外，还必须讲究斗争艺术。这正如刘少奇在 1962 年 1 月党的"七千人大会"上所讲："我们在党内的具体斗争中，应该有什么反什么。有什么反什么，就是有'左'就反'左'，有右就反右，既没有'左'，也没有右，就什么也不要反。这就是说，我们要实事求是地进行党内斗争。"[②]刘少奇在这里讲的有什么反什么，有"左"反"左"，有右反右，实事求是，就是说我们在进行反对倾向性错误时，要准确地把握两条战线斗争的性质和内容；注意分清正确和错误，分清主流和支流；就是对倾向性错误，也要持分析的态度，不要肯定一切或否定一切。这样才能正确地开展反对倾向性错误的斗争，切实做到反对一种倾向防止另一种倾向的出现。

1. 准确地把握两条战线斗争的性质和内容

刘少奇认为，准确地把握两条战线斗争的性质和内容，这是正确进行两条战线斗争的重要前提。我们经常讲的两条战线斗争，是指同"左"倾错误

---

①②《刘少奇选集》下卷，人民出版社 1985 年版，第 444~445、427~428 页。

和右倾错误思想两个方面的斗争，这是两条战线思想斗争的基本内容。但是，无论是同“左”倾错误的斗争，还是同右倾错误的斗争，其实质基本上还是一种思想斗争。这是因为：其一，从党内斗争的客观实际情况看，党内和革命队伍中经常发生的原则性分歧和矛盾，一般都是同志间在共同目标奋斗的过程中产生的思想认识或意识上的分歧和矛盾，而不是根本利害的冲突。这种分歧和矛盾属于思想认识或思想意识范畴，是两条战线斗争的主要内容。

其二，从思想分歧与政治分歧的关系来看，同志间的思想原则性的分歧，有时会发展到政治上的分歧，但这种分歧基本上是正确与错误之间的斗争。这种斗争，归根到底还是两种思想、两种世界观的斗争。只要斗争的性质没有转化为对抗性的，都应该按照人民内部矛盾处理。所以，要正确进行两条战线上的思想斗争，首先必须严格区分两类不同性质的矛盾。就是说，要把两条战线上的思想斗争和反对敌对行为的斗争区别开来。敌对行为和破坏活动，如各种刑事犯罪和经济犯罪活动本身，并不是什么“左”、右倾向的思想认识问题。我们决不能把这两种不同性质的斗争混为一谈。

其三，要把两条战线的思想斗争同“两条路线斗争”区别开来。两条战线的思想斗争同“两条路线斗争”是有联系的，但是两条战线的思想斗争不等同于“两条路线斗争”。所谓路线，一般是指党的总的根本性、全局性的指导方针，只有在这些重大的问题上发生错误，才构成路线错误，这同通常发生的偏离正确路线的错误思想倾向不是一回事。因此，决不能把两条战线的思想斗争同两条政治路线斗争混为一谈。过去在很长的一段时间里，“路线斗争”这个提法用得很不准确，很混乱，在工作上有不同意见就提到政治路线的高度，开展所谓“两条路线的斗争”，给党的事业造成很大损失，教训很深刻。为了纠正这一错误认识，邓小平同志明确提出，反对倾向斗争，“有‘左’就反‘左’，有右就反右”，同时“对‘左’对右，都要做具体分析”[①]。并说：“党内斗争是什么性质就说是什么性质，犯了什么错误就说

①《邓小平文选》(1975—1982 年)，人民出版社 1983 年版，第 334 页。

是什么错误，讲它的内容。”[①]这个历史经验教训的总结是完全正确的。

2. *反右防“左”，反“左”防右*

历史经验告诉我们，在党内或革命队伍中发生错误倾向的时候，一个时期往往有一种错误倾向是主要的。但是，在反对一种主要错误倾向的时候，必须注意另一种错误倾向的滋长。因为反右时可能出“左”，反“左”时可能出右。这正如刘少奇所说：“有些人在犯了极左的错误以后，转过来又犯极右的错误。所以，那种‘左’派和右派常常是相通的。”[②]他这是说，“左”和右这两种畸形发展的东西，在一定条件下可以互相转化、互相补充。犯“左”倾错误的人，在一定条件下可能转化为右倾，而犯右倾错误的人，在一定条件下也可能转化为“左”倾。

“左”、右倾为什么在一定条件下会互相转化呢？唯物辩证法认为，世界上一切矛盾着的事物，双方互相联系着，不但共处于一个共同体中，而且在一定条件下也会互相转化。思想行动上的“左”、右倾向，其世界观都是唯心主义的，方法论都是形而上学的。这个共同的唯心主义世界观和形而上学思想方法把两者联结在一起，有了一定条件就会转化。列宁认为，“左”倾狂热性虽然曾经给右倾机会主义者以惩罚性打击，但“左”倾思潮泛滥起来，又往往“给资产阶级帮大忙”[③]，从而加深右倾错误的危险。这就是说，纠正右的错误，决不能站在“左”的立场上；纠正“左”的错误，也不能站到右的立场上。否则，用“左”来反右，或者用右来反“左”，“左”的或右的倾向错误不仅得不到纠正，甚至会把马克思主义的正确理论当成错误进行批判，造成思想上的混乱，给党的事业造成更大的损失。党的十一届三中全会以来，我们党吸收了历史的经验教训，始终坚持正确地开展两条战线的思想斗争。在着重纠正过去“左”的指导思想，从各个方面清理“左”倾错误的同时，又注意防止右的错误的滋长，坚决同资产阶级自由化作斗争。当

①《邓小平文选》(1975—1982 年)，人民出版社 1983 年版，第 272 页。

②《刘少奇选集》下卷，人民出版社 1985 年版，第 427 页。

③《列宁选集》第 4 卷，人民出版社 1972 年第 2 版，第 208 页。

我们着重纠正右的错误，开展反对资产阶级自由化的斗争时，党中央又提醒人们防止“左”的思想错误滋长，从而保证了党在社会主义初级阶段的基本路线的贯彻和执行。

3. 区分正确和错误

所谓区分正确和错误，首先是弄清哪些思潮和路线是正确的，哪些思潮和路线是错误的。这是正确开展反倾向斗争，做到反对一种倾向防止另一种倾向的前提。这一点搞不清楚就会颠倒是非，混淆黑白，甚至把正确的思潮和路线当作错误倾向加以反对，从而掩盖或助长错误倾向的发展。如庐山会议本来是反对“左”倾错误的，但由于把彭德怀同志的正确意见作为右倾错误来反，结果“左”的倾向不仅没有受到应有的批评，反而受到掩护，使之进一步发展。其教训是深刻的。

其次，要正确区分倾向性错误的性质，不要把“左”倾当作右倾反对，也不要把右倾当作“左”倾来反对。毛泽东说，“左”倾错误是“超时代，超过目前的情况，在方针政策上、在行动上冒进，在斗争的问题上，在发生争论的问题上乱斗。这个不好。落在时代的后面，落在当前情况的后面，缺乏斗争性，这是右，这个也不好”①。毛泽东这个论断，是我们判断“左”倾和右倾错误的基本方法。如果不分清倾向错误的性质，把“左”倾当作右倾来反对，必然更加助长“左”倾，“左”了再“左”，冒进了再冒进。反之亦然。这样其危害性更大。

最后，要划清几种错误界限。一是要划清反倾向性斗争同反对社会上的敌对行为和破坏活动斗争的界限。这两种斗争无论在性质上还是在方法上都是有原则区别的，不能混为一谈。二是要划清一般倾向错误同路线错误的界限。所谓路线，是指对确定革命性质和一定历史时期的战略目标、策略思想，带有根本性、全局性的指导方针而言的。只有在这样的重大问题上发生了严重错误，形成政策和纲领，并在党的高级领导机关有代表人物的时候，

①《毛泽东选集》第5卷，人民出版社1977年版，第152页。

才形成路线上的“左”的或右的倾向错误，否则便是一般倾向性错误。决不能将这两种错误混为一谈。三是划清倾向性错误和一般错误的界限。党内和革命队伍内部有各种各样的错误，既有思想、理论上的错误，也有工作方法、领导作风、生活作风等方面的错误。这些错误是要克服的，并应进行必要的批评或斗争，但不能把这些错误说成是倾向性的错误，当然更不能说成是路线错误。总之，党内和革命队伍中的错误是多种多样的，一定要划清界限，是什么性质的错误就是什么性质的错误，决不能混淆。否则，便不能正确地开展反倾向斗争，不能切实做到反对一种倾向防止另一种倾向的出现。

4. 分清主流和支流

要正确区分哪种思潮和路线是正确的，哪种是错误的，就要分清主流和支流。正确与错误、真理与谬误是对立的两个方面。任何一种新的思想主张，任何一种刚刚提出的正确的路线、方针、政策，都不会是十全十美的，都需要在今后的实践中不断发展、丰富和完善。要判明一种思想主张或一种路线是正确还是错误，就要根据实践结果，看其主流是什么，看其主流是好的还是坏的？主流是好的，就加以支持和肯定，反之就加以反对和否定。否则就会颠倒是非，把正确的东西误认为是错误的，把错误的东西误认为是正确的。

还有，各种性质的错误往往是相互交错、相互包含的。一般性的错误会包含有倾向性错误的因素，倾向性的错误中也会包含一般性问题。即使是对抗性和非对抗性的问题，也会具有这种相互交错的情况。因此，要正确开展反倾向错误的斗争，必须分清哪种性质的错误是主流，是矛盾的主导方面。主流搞清楚了，错误的性质也就显而易见，进而正确地开展反对倾向性错误的斗争。

5. 不要否定一切或肯定一切

反倾向斗争，要运用辩证的否定观，采取具体问题具体分析的态度，绝不能否定一切或肯定一切，这样才能切实做到有什么反什么，有“左”反左，有右反右，既没有“左”，也没有右，就什么也不反，实事求是。

马克思主义认为，正确与错误，真理与谬误，相比较而存在，相斗争而发展。正确的思想路线同错误的思想倾向也是对立统一的，二者相互渗透的，在一定的条件下也是可以相互转化的。正确的思想路线，都是在同错误的思想倾向进行反复斗争中产生、确立和发展起来的。在犯有倾向性错误的同志的观点和意见中，往往包含有许多合理的因素；而提出和坚持正确路线的同志，也往往还有某些不全面、不正确的观点和看法。因此，在反对错误倾向的斗争中，不能否定一切或肯定一切。在反对一种错误倾向时，要注意肯定犯错误同志意见中包含的好东西，以充实提高正确的东西。对错误的否定过程，就是对正确的肯定过程，就是用正确的东西批评或批判错误的东西。如果将犯错误的同志的思想和主张中所包含的正确因素也作为错误进行批判，不仅不能使正确的东西得到充实和发展，反而会扩大对立面，分散斗争力量，使一种错误倾向导致另一种错误倾向；同样，如果将正确思想和主张中所存在着的错误的东西当作正确的东西肯定下来，并作为反倾向斗争的一种武器，不仅不能纯洁正确的思想和主张，反而会造成以一种错误倾向反对另一种错误倾向，即以“左”反右，或以右反“左”，这样会给党的事业造成更大的损失。

6. 反对“左”、右两种错误倾向斗争的目的是为了增强党的团结统一

列宁认为，对党内的错误倾向，应该开展坚决的无情的思想斗争，“但是统一的党内的这种思想斗争，不应该分裂组织，不应该破坏无产阶级的一致行动。这在我党的实践上还是一个新原则，因此还要做很多工作来正确地实现这一原则”[①]。毛泽东、刘少奇等老一辈无产阶级革命家，在长期的革命实践中，在正确处理党内矛盾的过程中，创造性地运用了这一原则，提出了“团结—批评—团结”的方针，这是正确地进行两条战线斗争的基本方针。

应当首先指出，我们这里讲的团结，是在马列主义、毛泽东思想基础上的团结，是在党中央正确路线、方针和政策基础上的团结，是在坚持四项基

①《列宁全集》第10卷，人民出版社1963年版，第348页。

本原则基础上的团结。为了达到有原则的团结之目的，必须积极地正确地开展批评与自我批评。恩格斯说：“批评是工人运动生命的要素。”①毛泽东说：“党内批评是坚强党的组织，增强党的战斗力的武器。”②刘少奇在长期的实际斗争中，是坚持这一马克思主义基本方针的。他反复告诫全党，为了维护党的团结和统一，必须正确地开展批评与自我批评。我们每个党员和革命同志，为了党的根本利益，应当拿起“批评”这个武器。可是，近几年有的同志不能正确对待批评，一批评就说是“左”，是“打棍子”，“违反双百方针”。许多领导同志，对违反四项基本原则的错误言行，也不敢进行大胆的批评，这也是一种错误倾向，是党的政治领导软弱涣散的一个重要表现。当然，我们讲的批评，是指运用马克思主义的思想武器，进行严肃的充分的说理，实事求是地指出“左”或右的倾向性错误的表现、实质、危害、根源和克服办法，绝不是再搞过去那种简单化的“大批判”。我们要与人为善，摆事实讲道理，和风细雨，以理服人，进而达到纠正错误、实现团结的目的。

总之，反对错误倾向的斗争，一定要掌握“度”，要弄清错误的性质，是什么性质的错误，就说什么性质的；有多少错误，就讲多少；错到什么程度就反到什么程度，不要不及，也不要过头。不及或过头，都会从一种倾向倒向另一种倾向。就是说，反“左”反过了头会出现右，反右反过了头会出现“左”，这是一条规律。正如列宁所说：真理往前迈一小步就能变成谬误，因为任何真理都有自己的适用范围和条件，“任何真理，如果把它说得过火……加以夸大，把它运用到实际所能应用的范围以外去，便可以弄到荒谬绝伦的地步，而且在这种情形下，甚至必然会变成荒谬绝伦的东西”③。

①《马克思恩格斯选集》第4卷，人民出版社1972年版，第471页。
②《毛泽东选集》第1卷，人民出版社1952年版，第88页。
③《列宁选集》第4卷，人民出版社1972年第2版，第217页。

# 一一 历史是由人民写的

刘少奇在为中国人民的解放事业和社会主义建设事业的奋斗中，始终紧紧依靠人民群众，精辟地论述了党的群众观点、群众路线，反复教导全党同志，必须信任群众，依靠群众，遇事同群众商量，从群众中来，到群众中去，创造性地执行和发挥了“人民群众是历史的创造者”这一历史唯物主义的基本原理，为党的群众路线的丰富和发展做出了重大贡献。

## （一）共产党最怕脱离群众

毛泽东屡次指示我们，在一切工作中要采取群众路线，要根据群众路线进行工作。毛泽东认为，我们共产党人与最广大的人民群众取得最密切的联系，是我们区别于任何其他政党的一个显著的标志。“共产党人的一切言论行动，必须以合乎最广大人民群众的最大利益，为最广大人民群众所拥护为最高标准。”[①]“只要我们依靠人民，坚决地相信人民群众的创造力是无穷无尽的，因而信任人民，和人民打成一片”[②]，我们就是不可战胜的。刘少奇对毛泽东这些重要思想，在长期的革命斗争实践中，做了创造性的运用和系统的发挥。1945 年，他在《论党》中明确讲：“毛泽东同志的这些指示，都是极端重要的，每个同志都必须细心领会和切实执行。”[③]

1945 年 5 月，刘少奇在党的七大上所作的关于修改党章的报告中，依据毛泽东关于“全心全意地为人民服务，一刻也不脱离群众”的基本思想，

①②《毛泽东选集》第 3 卷，人民出版社 1953 年版，第 1045、1045 页。

③《刘少奇选集》上卷，人民出版社 1981 年版，第 343 页。

对党的群众路线做了系统的阐述。刘少奇说，党的群众路线是我们党的根本路线，是我们党的根本的政治路线和根本的思想路线，我们党的一切组织和一切工作必须密切地与群众相结合。“我们的这种群众路线，是只有无产阶级的政党才能具有的。我们的群众路线，也就是阶级路线，就是无产阶级的群众路线。”①

有人以为要群众路线，就不要领导了，刘少奇指出，这种理解很简单，很庸俗。我们讲的群众路线，是指所有领导者决定政策、考虑问题、决定办法时，都要有群众观点，要走群众路线。我们共产党人把人民群众的利益看得高于一切，并不是把党的利益与群众利益对立起来。恰恰相反，“我们完全懂得：人民群众的先锋队在人民群众解放斗争的全部过程中所起的决定的作用。人民群众必须有自己的先锋队，而且必须有如我们党这种性质的先锋队，人民群众的彻底解放，才是可能的”②。社会革命的实践反复证明，人民群众如果没有自己的这种性质的先锋队，就将使人民群众没有革命的领导，就势必使人民群众革命事业遭受失败。中国人民只有在我们党的坚强而正确的领导之下，只有依照我们党所指出的政治方向而奋斗，才能获得自己的彻底解放。

另一方面，人民群众的先锋队必须与人民群众建立正确的密切的关系。它必须在各个方面，特别是在政治上代表人民群众的根本利益，必须用正确的态度去对待人民群众，必须用正确的方法去领导人民群众，否则，先锋队是完全可能脱离人民群众的。“而先锋队如果脱离人民群众，就不能成其为人民的先锋队，就不独不能实现它解放人民群众的任务，而且有直接被敌人消灭的危险。”③

刘少奇为了教育我们党的干部不脱离群众，经常给干部讲述《联共(布)党史简明教程》中最后一章“结束语”引用的安泰的故事：安泰是希腊神话中的大力士，他的力量来自抚育他成长的母亲——“地神”，当他接触地面

①②③《刘少奇选集》上卷，人民出版社 1981 年版，第 343、343、344 页。

时，力大无穷，而脱离地面时，力量就消失了。有一次，敌人利用这个弱点设法把他诱到半空中，使他脱离了地面，终于把他勒死了。1942年12月9日，刘少奇在晋西北干部会议上说，我们革命，不是为老婆，为吃饭，为出风头，而是为了人民群众的解放。一切为了群众，否则，革命就毫无意义。"《联共党史》结束语第六条中说，共产党什么都不怕，就怕脱离群众，只要共产党永远依靠群众，就是不可战胜的。日本特务机关整天窥视着我们，时时想找我们脱离群众的弱点，来勒死我们。"①1948年10月2日，那正是我们党即将取得全国胜利，夺取全国政权，成为执政党的前夕。刘少奇对华北记者团谈话时再次明确讲："我们党必须和广大群众保持密切的联系，如果和群众联系不好，就要发生危险，就会象安泰一样被人扼死。共产党也会被人扼死的哩！党什么也不怕，就怕这一项。"②从历史上看，日本帝国主义、美帝国主义、大军阀蒋介石，我们是从来不怕的，原子弹，我们也是不怕的。党的第一次全国代表大会，只有十二个代表，手无寸铁，就说要打倒帝国主义、打倒军阀。帝国主义、地主阶级、资产阶级都不足怕，因为，我们根据马列主义分析的结果，知道它们要死亡的，无产阶级的发展是历史的必然。"但是，我们就是怕脱离群众。"③因此，我们党在任何地方、任何时候，都要和群众保持密切联系，而且要不断地巩固和扩大这种联系，如果这个工作做不好，"那比一万美国军队还可怕"，"甚至有人说，老百姓算什么，有点官僚主义算什么！这就比一百万美国军队更可怕"。④

那么怎样切实防止我们党脱离人民群众呢？刘少奇在党的七大修改党章的报告中明确指出，我们党为了防止脱离人民群众，必须反对尾巴主义与自流主义，必须反对命令主义、冒险主义与关门主义，必须反对官僚主义与军阀主义等倾向。

1. 必须反对尾巴主义与自流主义

共产党是无产阶级的先锋队，必须履行自己当人民先锋队的应有职责，

---

①②③④《刘少奇选集》上卷，人民出版社1981年版，第234、397、397、397页。

在一切时期和一切情况下代表最广大人民群众的最大利益，及时提出正确的任务、政策及工作作风，并能坚持真理和及时修正错误。否则，就要犯尾巴主义与自流主义，脱离人民群众的错误。

在我们党内，公开的自发论，公开主张追随群众自发运动的尾巴主义“理论”，公开主张不要无产阶级政党的领导的“理论”，是还没有的。但是从党的历史来分析，尾巴主义与自由主义错误倾向在我们党内是存在的。1924—1927 年革命后期的陈独秀主义和抗日战争的投降主义，就是一种尾巴主义，它们远远落在当时人民群众革命运动的后面，不能提出代表人民群众并鼓励人民群众前进的正确的任务、政策及工作作风，因而脱离人民群众，使革命受到损失或失败。此外，还有些同志在各种工作中有尾巴主义这类性质的错误。比如，有些同志在实际工作中，不把党看作是阶级组织的最高形式，而把党看成军队的、政府党团的或职工会的附属品。另有些同志在工作中疲沓，老一套，安于现状，任其自流，丧失上进心，而不根据当时当地群众的情况，提出正确的任务、政策，率领群众力求前进，违反领导群众前进一步的原则，迁就群众中落后的意见，把自己降到普通工人、农民甚至落后分子的水平，失去先锋队的作用。有时又迁就群众中错误的意见，而跟随在群众自发运动的尾巴后面跑，不能对群众实行正确的有远见的领导。刘少奇批评这些同志说：“这种倾向，是要使我们脱离广大人民群众的，因为人民群众并不需要这样的人来领导自己。”①

2. 必须反对命令主义、冒险主义与关门主义

无产阶级的先锋队——共产党，必须用正确的态度与正确的方法去领导人民群众，设法使人民群众在自己的亲身经验中来体会党的口号的正确，因而在党的口号下行动起来。如果提出了过高的口号、过“左”的政策，或者提出了当时情况所不能允许的与群众所不能接受的过高的斗争形式、组织形式，那就要犯脱离人民的命令主义、冒险主义与关门主义的错误。比如，有

①《刘少奇选集》上卷，人民出版社 1981 年版，第 345 页。

些同志在自己的工作中不对人民群众负责，不相信群众是自己解放自己，而站在人民群众之上，去代替群众斗争，恩赐群众解放，命令群众行动。这些同志犯了急性病，表面上积极，然而他们不知道怎样才能把党的口号变为群众自己的口号，怎样才能把党所提出的任务变为群众自己的任务。他们不知道如何才能去启发群众的觉悟并适当地等候群众的觉悟，不知道采取许多步骤去使群众自然而然地革命化，而企图用简单的、生硬的、命令的办法强制群众接受党的口号和任务，并强制群众行动起来。他们违反了群众的自愿原则。特别在提出了过高的口号与过“左”的政策，引起群众的怀疑与不满之时，他们便用强迫命令甚至惩办主义的办法，去推动工作。其中最恶劣的做法，就是他们到处打击人，简单地用命令解决一切，强迫别人依照他们的办法去行动。刘少奇尖锐地指出：“这种倾向，是要严重地脱离人民群众的，并会引起群众对于他们、以至对于党发生怨恨。”①

3. 必须反对官僚主义与军阀主义

官僚主义与军阀主义是严重脱离人民群众的错误。特别是官僚主义的错误倾向，没有为人民服务的观点，对党对人民不负责任。他们是饱食终日，无所用心，只知发号施令，而自己则既不调查，又不研究，也不向群众学习，拒绝群众批评，抹杀人民的权利，甚至要求人民为他们服务，为了自己的享受，不惜牺牲群众的利益，劳民伤财，贪污腐化，在群众中称王称霸等。

刘少奇认为，这些脱离群众的错误倾向之所以在我们党内产生并且长期存在，是有深刻的阶级根源和社会根源的，他说这是“由于劳动人民的文化程度不高和旧社会剥削阶级的影响，我们党内的小资产阶级成分以及脱离社会生产甚久的成分，常常容易接受这种影响而形成各种脱离群众的倾向”②。历史已经证明，革命愈扩展，工作愈繁重，我们内部的这些倾向也愈有可能生长。因此，我们应当经常和这些倾向作斗争，才能经常保持和巩固我们与

①②《刘少奇选集》上卷，人民出版社 1981 年版，第 346、347 页。

广大人民群众的联系。正如毛泽东所说，应该经常扫地和洗脸，以免这些政治的灰尘、政治的微生物来蒙蔽与侵蚀我们同志的思想和我们党的肌体。

人民群众必须有自己的坚强的先锋队，人民的先锋队必须密切联系于最广大的人民群众。只有这样，人民群众的解放才是可能的。因此，我们党——中国人民的先锋队，必须经常清除各种脱离人民群众的倾向，而实行密切联系人民群众的路线。所谓密切联系人民群众的路线，就是党的群众路线，就是使我们党与人民群众建立正确关系的路线，就是要使我们党用正确的态度与正确的方法去领导人民群众的路线，就是使我们党的领导机关和领导人与被领导的群众建立正确关系的路线。毛泽东同志说，我们党的政策和工作方法应该是从群众中来，到群众中去。这就是说，我们党的群众路线，“就是我们党的领导骨干和党内党外广大群众密切结合的路线，就是从群众中来又到群众中去的路线，就是指导方法上的一般号召与个别指导相结合的路线”①。

### （二）树立马克思主义的群众观点

刘少奇指出，为了贯彻我们党的群众路线，必须树立“一切为了人民群众的观点，一切向人民群众负责的观点，相信群众自己解放自己的观点，向人民群众学习的观点，这一切，就是我们的群众观点，就是人民群众的先进部队对人民群众的观点。我们同志有了这些观点，有了坚固的明确的这些群众观点，才能有明确的工作中的群众路线，才能实行正确的领导”②。

1. 树立一切为了人民群众的观点

一切为了人民群众，全心全意为人民服务是无产阶级政党的根本宗旨。我们党从最初起，就是为了服务于人民而建立的，我们一切党员的一切牺牲、努力和斗争，都是为了人民群众的福利和解放。我们的一切党员，不论职务高低，都是为人民服务的，都是人民的勤务员。刘少奇说，共产党员和

①②《刘少奇选集》上卷，人民出版社 1981 年版，第 348、354 页。

党的干部都“要甘心给老百姓做牛马”，“为人民当长工”，“如果有的党员站在人民头上胡作乱为而不受到打击，领导机关熟视无睹，不设法整顿，领导也有问题，要批评，要改正”。[①]共产党员和党的干部，必须和群众同甘共苦，倾听群众的呼声，反映群众的意见和要求，关心人民群众的疾苦。

2. 树立一切向人民群众负责的观点

我们为人民服务，就要对人民负责，就要在客观上使人民因为我们的服务而获得益处，获得解放，就要力求不犯或少犯错误，免得害了人民，引起人民的损失。我们提出的任务、政策与工作如果不正确，有害于人民的利益，那就要诚恳地进行自我批评，迅速求得改正。刘少奇说：“我们要善于为人民服务，要服务得很好，而不要服务得很坏。因此，我们在人民面前，一切都不应采取轻率态度，而应采取严肃的负责的态度。”[②]向人民负责与向自己领导机关负责是一致的。我们党员接受党的领导机关与领导人的命令去进行工作，他们在工作中是要对党的领导人负责的，但是如果把这种对领导机关负责与对人民负责分开来看，那是错误的。刘少奇说：“必须对人民群众负责，才算是尽了最后与最大的责任。要理解党的利益与人民的利益的一致性，凡对人民有利的事业，即是对党有利的事业，每个党员都必须尽力去做。凡对人民不利的事业，即是对党不利的事业，每个党员都必须反对，必须避免。”[③]人民的利益，即是党的利益。“除了人民的利益之外，党再无自己的特殊利益。最广大人民群众的最大利益，即是真理的最高标准，即是我们党员一切行动的最高标准。”[④]每个党员对人民负责，即是对党负责，对人民不负责，即是对党不负责，二者是统一的，不要把二者割裂开来，对立起来。如果发现自己领导机关与领导人所指示的任务、政策和工作作风有缺点、错误时，应以对人民负责的精神，向领导机关与领导人建议改正，要弄清是非，不应马虎敷衍。否则，就是对人民不负责任，也就是对党不负责任。每一个党员都有责任，也有权利去帮助领导机关与领导人纠正任何缺点

①②③④《刘少奇选集》上卷，人民出版社 1981 年版，第 390~391、349、349~350、350 页。

与错误。刘少奇指出："我们党员忠诚的自我批评精神，对自己及对领导机关的错误所采取的批评与自我批评的态度，以及遵守党的纪律的精神，都是对人民负责的精神。"[①]

3. 树立相信群众自己解放自己的观点

马克思主义认为，人民群众自己创造自己的历史，人民群众是社会物质财富和精神财富的创造者，是推动社会前进的决定力量。毛泽东经常说，人民群众是真正伟大的，群众的创造力是无穷无尽的，我们只有依靠了人民群众，才是不可战胜的；只有人民群众，才是历史的真正创造者，真正的历史是人民群众的历史。马克思早就说过："劳动者是自己解放自己。"[②]《国际歌》上说：不是皇帝，不是神仙，也不是英雄豪杰，全靠自己救自己。这就是说，人民群众自己的解放，只有人民群众自己起来斗争，自己起来争取才能获得，才能保持与巩固；而不是任何群众之外的人所能恩赐、所能给予的，也不是任何群众之外的人能够代替群众去争取的。

我们共产党人的一切事业，都是人民群众的事业。我们的一切纲领与政策，不论是怎样正确，如果没有广大群众的直接的拥护和坚持到底的斗争，都是无法实现的。所以，我们的一切，都依靠于、决定于人民群众的自觉与自动，不依靠于群众的自觉与自动，我们将一事无成，费力不讨好。只要我们依靠于群众的自觉与自动，只要群众有了真正的自觉与真正的自动，又有我们党的正确领导，我们党的一切伟大事业，都一定能获得最后的胜利与成功。刘少奇说，我们共产党人"不论去进行任何工作，当着群众还没有自觉时，我们的责任，就是用一切有效的适当的方法去启发群众的自觉，不论如何艰苦，需要如何长久的时间，这首先的第一步的工作，是必须做好的"[③]。我们的党员和党的干部只是人民的公仆，杰出的领袖也只是群众的引导者和向导，而不是代替群众包打天下的"英雄好汉"，也不是凌驾于群众之上的救

①③《刘少奇选集》上卷，人民出版社 1981 年版，第 350、352 页。
②《马克思恩格斯选集》第 2 卷，人民出版社 1972 年版，第 136 页。

世主。因此，任何恩赐的观点，代替群众斗争的观点，都是错误的。

4. 树立向人民群众学习的观点

我们要很好地为人民服务，很好地去启发群众的自觉和指导群众的行动，除开完全忠实于人民的解放事业，具有充分的热情和牺牲精神之外，还必须有足够的知识，还必须是十分有经验和十分机警，还必须有预见。为了使我们有知识、有经验和有预见，我们就必须学习。学习马克思列宁主义的理论，学习历史，学习外国人民的斗争经验，可以增加我们的知识。向敌人学习，也可以增加知识。而最重要的，就是向人民群众学习。因为群众的知识、群众的经验是最丰富最实际的，群众的创造力是最伟大的。毛泽东经常教导我们，必须首先向群众学习，然后才能教育群众。刘少奇也明确说："只有我们同志虚心地向人民群众学习，把群众的知识和经验集中起来，化为系统的更高的知识，才能够具体地去启发群众的自觉，指导群众的行动。"①如果不向群众学习，而是自作聪明，或生硬地从历史经验与外国经验中搬运一套东西，来启发群众和指导群众，那是一定无用的。如果我们不向群众学习，脱离群众，从群众中孤立出来，那我们的知识就要受到极大的限制，我们就绝不能是聪明的，绝不能是有知识有本事的，我们绝不能领导群众。

为了贯彻党的群众路线，我们必须树立一切为了人民群众的观点，向人民群众负责的观点，相信群众自己解放自己的观点，向人民群众学习的观点。刘少奇说，这一切就是我们党的群众观点，"我们的同志有了这些观点，有了坚固的明确的这些群众观点，才能有明确的工作中的群众路线，才能实行正确的领导"②。这些群众观点的核心是全心全意地为人民服务。刘少奇认为，树立为人民服务的观点，坚持党的群众路线，还应注意三点。其一，为人民服务是具体的。我们的同志应从各种工作岗位上，直接地去为部分的、具体的人民服务，如为一个工厂的工人服务，为一个农村的农民服务，为一个机关的职员服务，为一个部队的士兵服务，以至只为几个人服务

①②《刘少奇选集》上卷，人民出版社 1981 年版，第 353、354 页。

等，“而汇合于为全中国人民服务的一个共同目标上”①。其二，必须照顾多数。在一切群众中，通常总有比较积极的部分及中间状态与落后状态的部分。在最初时期，积极分子总是比较占少数，中间与落后状态的人总是组成为广大的群众。“按照群众路线，必须照顾多数，即是必须照顾中间状态与落后状态的群众，否则先进部分就会孤立起来，什么事情也办不好。”②在贯彻党的群众路线的过程中，我们当然要注意教育、团结与组织积极分子，并使积极分子成为群众中的领导核心。但是我们绝对不是为了组织积极分子而去组织积极分子，而是为了要经过积极分子去吸引与推动中间状态与落后状态的群众，即是为了最广大的群众而去组织群众中的积极分子。“如果中间与落后状态的群众还未自觉，我们就要善于去启发他们，并要善于等待他们；如果我们不愿意等待，而冒冒失失地率领少数积极分子前进，我们就会脱离群众，我们就要失败。”③其三，主要地就是照顾农民。中国的农民占全国人口百分之八十，就全国范围来说，所谓照顾人民群众的多数，主要地就是照顾农民。刘少奇讲：“我们的群众观点与农村观点，是密切联系着的。中国的工人阶级在目前情况下，如果看不见中国的农民，如果不着眼于中国农村的解放，是一定不能完成自己的任务的。”④

刘少奇在《论党》中，对党的群众路线在以上分析的基础上作了总概括：“我们要领导群众前进，但是不要命令主义。我们要密切联系群众，但是不要尾巴主义。我们要从群众原来的水准出发，去提高群众的觉悟，率领群众前进。我们要在自己的工作中，把最高的原则性和与群众最大限度的联系相配合。这就是我们的群众路线。”⑤这当然是不容易的，但只有如此，才够得上一个好的马克思主义者，才配称为一个好的共产党员。

---

①②③④⑤《刘少奇选集》上卷，人民出版社 1981 年版，第 355、356、356、356~357、357~358 页。

### （三）对党的群众路线的新概括

在民主革命时期，刘少奇对毛泽东一贯倡导的群众路线做了全面而深刻的论述。到了社会主义时期，他又根据新的情况做了新的概括。在党的第七次代表大会到第八次代表大会期间，随着革命的胜利和国家状况的变化，党本身的状况也有了很大的变化。党已经成为领导全国政权的党，在人民群众中具有很高的威信，党同人民群众的联系更加密切了。但是由于种种原因，在党的八大之后，我们党的指导思想逐渐“左”倾。1957 年下半年我党开始重提阶级斗争是主要矛盾的论点，进行了反右派斗争并扩大化；1958 年搞“大跃进”，导致三年经济困难；1959 年又错误地发动了对彭德怀的批判并在党内开展“反右倾斗争”。党的工作出现了重大失误。在这样的历史条件下，我党在 1962 年初召开了扩大的中央工作会议，刘少奇代表党中央作了书面报告和讲话，认真总结经验教训，对党的群众路线理论做了新的阐述。

众所周知，我们的一切伟大成就，都是同贯彻执行党的群众路线分不开的。从当时的实际情况来看，我们党的群众路线的作风有新的发展，但是另一方面又受到了歪曲。可以说，在我们党内，不少同志并不懂得或者不完全懂得什么是群众路线。针对这种情况，刘少奇在 1962 年初召开的中央工作会议上提出：“党中央号召，各级党组织必须认真地讨论一下什么叫做群众路线的问题。一切党员干部，凡是还没有真正懂得党的群众路线的，都应该从头学起。”①“什么是群众路线呢？概括地说，群众路线的基本点就是：第一，信任人民群众，相信他们能够自己解放自己，相信他们是历史的创造者。第二，党必须根据群众的实践来检验自己的工作，党的方针、政策、措施都必须‘从群众中来，到群众中去’。”②这是刘少奇对党的群众路线所作的新阐述和新概括。

1. 明确把“实践”的观点运用于党的群众路线之中。他指出，新中国建

①②《刘少奇选集》下卷，人民出版社 1985 年版，第 406、400~401 页。

立以来我们在社会主义经济建设问题上的基本经验教训之一，就是“党必须把自己的领导同群众的实践结合起来，必须把总路线同各项具体政策结合起来”①。特别是他认为群众路线的基本点，不仅是“信任人民群众，相信他们能够自己解放自己，相信他们是历史的创造者”，而且“党必须根据群众的实践来检验自己的工作”②。

2. 他批评了“把群众运动当作群众路线的唯一方式”的观点，提出了实行群众路线的一系列正确原则。群众运动必须从实践出发，必须出于群众的自觉自愿的行动。群众运动的内容是多种多样的，适应其内容的形式，也不应千篇一律。当然也不能一年三百六十五天都搞群众运动。刘少奇说：“有些同志，把群众运动当作是群众路线的唯一方式，好象不搞群众运动就不是群众路线。这种看法，显然是不正确的。”③更错误的是有些同志把敲锣打鼓、虚张声势，开一些没有内容的大会，作一些空洞的大报告，看成是群众运动和群众路线。其实，这是形式主义的东西，绝不是真正的群众运动，更不是群众路线。这种所谓“群众运动”，往往并没有真正的群众基础，而是在强迫命令的情况下进行的，表面上似乎轰轰烈烈，实际上空空洞洞。刘少奇说：“这种违反群众路线的所谓‘群众运动’，不仅不能真正反映群众的意见和要求，而且损害了群众的积极性，损害了党的威信。”④

刘少奇针对以上种种错误观点和错误行为，提出了实行群众路线的一系列正确原则。其一，实行群众路线就要在群众中做细致的思想工作和组织工作，就像我们过去在土改工作中做扎根串连访贫问苦工作那样，发动贫雇农，团结中农，开展反对封建地主阶级的斗争。又如就像我们在社会主义改造工作中典型示范、分期分批地逐步推广那样。“这样做，表面上似乎并不轰轰烈烈，但是，实际上却能够深入地发动群众和教育群众。”⑤其二，群众运动必须是出于群众的自觉自愿的行动。“一切关系广大群众切身利益的事情，都必须依靠群众的自觉和自愿。”⑥凡是关系广大人民群众切身利益的事

①②③④⑤⑥《刘少奇选集》下卷，人民出版社 1985 年版，第 367、400~401、404、404、403、405 页。

情，不是出于人民群众的自觉和自愿，而是强迫他们要按某些领导者的意图去行动，势必以失败而告终。其三，不应该把完成党和国家的任务，同群众路线的工作方法对立起来。有些同志认为，要完成任务，就不能走群众路线；要走群众路线，就不能完成任务。这是不对的。刘少奇说："要完成党和国家的任务，恰恰必须走群众路线。越是困难的任务，就越要充分地走群众路线。"①有些任务的确比较重，比较困难，但是经过努力可以完成。对这种任务，我们要耐心细致地对群众进行思想政治工作，好好地同群众商量和研究完成任务的办法，千万不要强迫命令。有的任务，领导机关提出的要求过重过急，超出了实际可能，甚至采取强迫命令的办法，也无法完成过重的任务。"在这种情况下，就谈不到走群众路线。"②各级领导干部，必须防止这种错误倾向。其四，搞群众运动，必须把革命热情和实事求是的精神结合起来。社会主义建设工作，必须依靠广大干部和人民群众的干劲，没有他们的冲天干劲，就不可能取得社会主义建设事业的伟大成就。但是，必须区别什么样的干劲。有实事求是的干劲，也有主观主义的"干劲"。前一种干劲，是每一个共产党员都应该有的。"只有对革命事业充满了干劲，同时又把革命热情和实事求是的精神结合起来，一切工作才能做好。后一种'干劲'是不能要的，这并不是真正的干劲，而是一种脱离实际的蛮干。"③在 1958 年的"大跃进"中，不少干部瞎指挥，自以为是，自作聪明，不同群众商量，独断专行，强制群众干了一些蠢事，把群众的干劲白白地浪费掉了，挫伤了广大群众的积极性。这都是蛮干作风的表现。对这种蛮干作风必须坚决反对。

3. 相信人民群众是历史的创造者。刘少奇概括的关于群众路线的基本点，第一点就是信任人民群众，相信他们能够自己解放自己，相信他们是历史的创造者。刘少奇还明确讲："信任群众的问题，是共产党员的根本观点问题。"④有些同志虽然在主观上也有为人民服务的愿望，但是不虚心地同群

①②③④《刘少奇选集》下卷，人民出版社 1985 年版，第 405~406、406、404~405、401 页。

众商量，不耐心地教育群众，不愿意或者不敢把党的政策和党所提出的任务向群众交代清楚，他们实际上是不信任群众。

新中国建立后几十年的历史证明，执政党的地位很容易滋长命令主义和官僚主义作风。这些脱离群众的作风，在有些地方、有些同志身上表现得相当严重。有的国家机关不认真对待人民群众的来信来访；有的领导同志，对于向党的领导机关反映情况，不看作是党和群众之间的一种必要联系，而看作是告自己的状；也有的地方或单位，公然扣压群众信件，甚至追究反映真实情况的人，对他们实行打击报复。刘少奇说："这是党的纪律和国家法律所绝对不能容许的。"①还有少数地方或部门，使用对待阶级敌人和坏分子的专政工具，任意扣押、监禁群众，甚至对群众施行肉体上的处罚，这不是信任不信任群众的问题，而是"严重的犯罪行为"②。

## （四）共产党人要为人民分忧

"一切共产党员，不论职位多高，都是人民群众的勤务员，都应该把自己看成普通劳动者，没有任何特权，都必须关心群众生活，和群众同甘共苦。"③刘少奇是这样讲的，也是这样做的。在几十年的革命生涯中，他始终与人民群众保持着血肉联系。50年代初，他特地从湖南老家找了几个农民担任他的通讯员，要他们每年给他写一两封信，如实反映情况，只要是为大家、为集体的事，他一定回信。他还几次同家乡的干部和群众说过："如果信寄不到，可以直接到北京来。为了群众的事到北京来，路费归我负担。"④刘少奇处处为人民利益着想，把人民利益放到第一位。1961年5月，他回到了阔别数十年的家乡炭子冲大队，住在他出生的那间房子里。他看到由于"五风"的破坏，社员的房子被拆了，许多人居住困难，他就提出把旧居的房子让出来给社员住，纪念馆不要办了，把屋子里的桌子、凳子、锅灶、仓

①②③《刘少奇选集》下卷，人民出版社1985年版，第401、401、401页。

④转引自《缅怀刘少奇》，中央文献出版社1988年版，第256页。

库统统交给社员去用。他还指着房里的楼板说，把这些楼板都拆下来，拿去替没有门的人家做门。在这里住的至少可以住上十年、二十年，等他们有了房子，而且比这个房子更好的时候，愿意搬再搬，任何人不许赶他们走。有的社员就搬进了他的旧居，感谢他的深情厚谊。有的社员租借房子住，怕住不安身，他就要社队干部出面，帮助社员租借屋子。当时社队正在纠正一平二调的"共产风"，搞退赔，为了保护群众利益，取信于民，他要大家把账一户一户的清，赔清之后，立块碑，或者写个大单子，用镜框镶起来挂在公社里。他说，不这样搞，老百姓下不得地。这次教训很深刻，子子孙孙要传下去，以后再不犯这个错误。他每到一个地方，看到群众有困难，都尽量给予帮助，看到有损群众的事都提出批评。1961 年 4 月 10 日，他到韶山瞻仰毛主席旧居后回长沙的途中，在一处下车去看望社员，走到一个木匠家里，知道这个木匠的老母亲病在床上，便进屋去看她，并要随行的医生给老太太看病。这个木匠开始不知道谁来了，还在干他的活。这时抬头看看客人，又看看贴在墙上的领袖像，激动地说："哎呀，刘主席呀，是你老人家到了我屋里，真是做梦都没想到呀!"①

刘少奇曾讲："我们的一切，都依靠于、决定于人民群众的自觉与自动，不依靠于群众的自觉与自动，我们将一事无成，费力不讨好。"②这是说，我们共产党人的一切事业，都是人民群众的事业。我们的一切纲领与政策，不论是怎样正确，如果没有广大群众的直接的拥护和坚持到底的斗争，都是无法实现的。因此，刘少奇总是相信群众的智慧和力量，坚持正确的方针政策只能从群众中来，也要通过群众去贯彻。1961 年 4 月，我们党在拟定《农业六十条》时，有许多重大问题需要做出决策。这时，刘少奇深入到长沙县天华大队，就公共食堂、供给制、粮食、房屋、山林、社员家庭副业、自留地、商业、集市贸易等问题，找基层干部和社员反复讨论，广泛听取各

①转引自《怀念刘少奇同志》，湖南人民出版社 1980 年版，第 65 页。

②《刘少奇选集》上卷，人民出版社 1981 年版，第 351 页。

方面的意见，了解群众的愿望和要求，为中央制定大政方针搜集了大量的第一手材料。

刘少奇很欣赏范仲淹说的“先天下之忧而忧，后天下之乐而乐”。他认为古人能做，难道共产党人还办不到吗？1959 年 4 月，刘少奇当选为国家主席。选举的当天，他回家时工作人员和家人都跑出来迎接他，同他握手，表示祝贺。但他只是向大家点了点头，表情严肃，脸上没一点笑容。按理，担任了一个伟大国家的元首，高兴一下，笑一笑总是应该的。他为什么不笑一笑呢？当时，农村情况不好，国民经济严重失调，人民生活已开始发生困难，国际上反华喧嚣日益加剧，他是受命于危难之中。他正在担起多么重的担子呀！他怎么能开怀地笑呢？他平时曾说：“人民信任你，你就决不能辜负人民的信任”，“人民给你多大的权力，你要负多大的责任”。[①]1961 年他在湖南家乡蹲点调查时，发现老百姓吃、穿、住都有极大的困难，心情沉痛，百感交集，他内疚地说：“我们革命的目的，是要解决广大人民群众的吃饭、穿衣和住房问题。人民受了这么多苦，要为他们分忧啊！不然，要我们共产党人干什么？”[②]

刘少奇相信群众，不仅仅是事事向干部和群众请教，还表现在对干部和群众的错误思想直率地提出批评，讲明道理。在一次谈话中，一些售货员、保育员、护士反映说，有许多同志不安心这些行业工作。刘少奇讲，现在大家都愿意当工人，不愿意干你们这一行，认为是侍候人，低人一等。我看不出有什么道理。照这个说法，矿工就是侍候石头，钳工就是侍候铁块，车工是侍候机器，农民是侍候土地庄稼，科学家成了侍候星星、老鼠、试管或书本，这不算低人一等，为什么单单侍候人就低人一等呢？我看还是侍候人比侍候物更不简单，而且更有前途。因为将来机械化程度越来越高，侍候什么东西都可以用机器代替，唯独侍候人不能完全用机器代替。带孩子、照顾

①转引自《缅怀刘少奇》，中央文献出版社 1988 年版，第 261 页。

②转引自《党史月刊》（湖南），1989 年增刊，第 6 页。

人、教育学生，永远需要人，而且将来会有越来越多的人从事这些职业。这方面的学问也会越来越深，会出现各种各样的发明，创造出更了不起的成就。他还说：“我跟你们一样，也是侍候人的，只不过可能侍候得更多一些。其实，我们大家都是侍候人的，每个人又都受别人侍候，这不就是为人民服务吗？我看不出能有什么比培养人才，或使别人感到幸福愉快更高兴的事。”①

刘少奇在几十年的艰苦奋斗中，他的心总是向着人民。他反复教育我们的党员和干部说，共产党要得民心，民心向背是党和国家兴衰的标志。他的这一认识至死未变。1967 年 5 月，中央发出通知，要求全国开展对刘少奇等“党内最大的一小撮走资本主义道路当权派的大批判运动”。4 月至 8 月，中央文革小组唆使一伙人多次在中南海内组织批斗刘少奇。9 月 13 日，王光美同志被捕入狱，他们的子女也被赶出家门到各自的学校接受批判审查。与此同时，林彪、江青之流加紧从精神和肉体两方面对刘少奇本人进行摧残。这时，刘少奇意识到，自己被打倒已成定局，他的一切申辩都将无济于事，他只有寄希望于历史和人民。1967 年 7 月 18 日，他对王光美同志说了最后一句话：“好在历史是由人民写的!”②他坚信历史和人民对自己会给出公正的结论，他坚信人民群众是历史的创造者!

---

①②转引自《缅怀刘少奇》，中央文献出版社 1988 年版，第 261、456 页。

# 一二　不能滥用党和人民给的权力

刘少奇作为我们党和国家的重要领导人，在长时期里，手中握有很大的权力。但是，他认为权力是党和人民给的，绝不容许滥用。他坚决反对干部滥用党和人民给的权力，搞特殊化，体现了他把历史唯物主义关于一切依靠人民群众，全心全意为人民服务的思想，贯穿到他的实际工作和实际行动中。

## （一）对身边工作人员“约法三章”

刘少奇一贯严于律己，不搞特殊，他对自己身边的秘书等工作人员要求很严。

刘少奇要求秘书、工作人员要“坐得住”和“靠得住”。所谓“坐得住”就是安心工作，安心在中央机关做一名普通的工作人员，全心全意为中央服务，不要打算在中央机关为自己搞点什么名堂。如果企图利用党给的工作条件为自己捞名誉地位，那是要摔跤的。所谓“靠得住”，就是要遵守纪律，保守党的机密。在中央机关工作的同志，听到的多，看到的多，但不许随便乱讲。凡是中央没有公开发表或下达的决定，不许乱传，凡不是中央规定工作范围的事，不许擅自去办。他要求在他身边的工作人员，参加会议或外出办事，一定要讲原则，不许随意发表意见，不许对有关部门或地方工作指手画脚，不许以“少奇同志”的名义去压人家，更不许以“少奇同志”的名义伸手向人家要东西。他对自己身边的所有工作人员“约法三章”。1956 年 3 月间，他对一位新上任的秘书说：“到我这里工作，一个是要如实地向我反映情况，要说老实话，办老实事。凡是要经过我办的、要请示我的事情，你们不要自作主张；对外要如实地传达我的意见、我的话；不要以我的名义干其他个人的、别的事情。第二，你过去长期做机要工作，保守机密这一点你是懂得的。在这里工作，有些事知道得早一点，多一点，不能搞小道消息，对谁也一样，包括我的孩子，都一样。第三，对外联系，传达我的意见，或人家打电话来，要注意态度和蔼，谦虚，有礼貌，不能盛气凌人；要埋头苦干，夹着尾巴做人。处理问题要及时，要紧张而有秩序地工作，轻重缓急要安排好。”[①]这三条要求，实际上是对他身边工作人员的约法三章，必须遵守的原则。

刘少奇每次外出视察工作，在临行之前，他总是要把身边的工作人员叫去，亲自交代“四不准”的规矩：(1)每到一地，不要人家接送；(2)到任何地方，不准请客吃饭，铺张浪费；(3)不准向人家要东西，人家送上门来也要婉言拒收；(4)参观时不要前呼后拥地陪同，有个向导引路就行，不要影响地方负责同志的工作。刘少奇自己是严格执行这些规定的模范。他外出视察，不要地方搞什么招待。为了减少宾馆、招待所的麻烦，有时就住在火车上，由带去的厨师自己做一点简单的饭菜，要工作人员到机关去入伙。有的地方为了表示心意，给他一点土特产，他都一律退回，实在无法退回的少许食品，坚决照价付钱。1958 年成都会议期间，他带的烟抽光了，需要在当地买一点，特别嘱咐工作人员照价付款。烟送来后，还要查看发票，看是否照价付钱了。

在党内关系方面，刘少奇倡导“一律称同志”。过去，党中央曾经做过决定，党内不管职位高低，一律不称官衔，而称同志。对这个决定，刘少奇是一直坚持的。新中国建立之前不用说了，就是新中国建立之后，从 1949 年 10 月 1 日起，虽然刘少奇担任了中央人民政府副主席，后来又先后当选为人大常委会委员长和国家主席，但在他身边工作的人，谁也没有称过他的

①转引自《缅怀刘少奇》，中央文献出版社 1988 年版，第 408 页。

官衔。刘少奇曾对他身边的工作人员说："在我们党内，只有三个人：一个是毛主席，一个是周总理，一个是朱总司令，大家都称他们主席、总理、总司令，都习惯了，不必改，其他人，应该一律互相称同志。"①1954 年在第一届全国人民代表大会上，刘少奇被选为人大常委会委员长。有一次，一位秘书向刘少奇报告工作，喊了一声"委员长"。开头，刘少奇好像没听见，根本不理。当叫了第三声"委员长"时，他才不高兴地反问："你怎么突然叫这个，不感到别扭吗?"刘少奇平时很少责怪工作人员，这一反问，使那位秘书同志变成了大红脸。当时正好王光美同志在场，她向那位秘书同志解释说："你怎么叫他'委员长'呀？委员长是对外的，在家里还叫'少奇同志'嘛!"刘少奇也说："以后不要这样叫了，叫同志多顺口啊!"②由于刘少奇的亲自倡导，在他那里工作，官衔职务一直叫不起来。就是 1959 年，刘少奇当了国家主席，但他也只是在公开场合和外事活动中以国家主席身份出现。在办公室，在家里，大家对他仍然是称"少奇同志"，同志们在他身边工作感到温暖，无拘无束，既尊敬，又亲切，像一家人一样。刘少奇这种作风，充分体现了我们党的无产阶级性质，干部之间平等的革命关系。

## （二）要求亲属同人民同艰共苦

刘少奇出生于一个富农家庭，在兄弟姐妹中是最小的一个。9 岁时，父亲病故，全家都很疼爱他，尤其是母亲，对他格外疼爱。但是，刘少奇首先把自己看成是人民的儿子。他最自豪的就是能做人民的好儿子。他曾说："对领导干部来说，最大的报酬是人民的信任。"③对于这种信任，他感到骄傲，但从不滥用这种信任，从不滥用党和人民赋予他的权力。他把自己看作人民中的一员，同时要求亲属也这样做。

1920 年，22 岁的刘少奇离家到上海学俄文，准备赴莫斯科学习革命经验。母亲不让他走，怕以后见不着了。刘少奇安慰母亲说："我离开祖国远

---

①②③转引自《缅怀刘少奇》，中央文献出版社 1988 年版，第 420、421、265 页。

行，离开母亲，是为了祖国，也是为了母亲啊！”1925年，他被军阀赵恒惕释放后，母亲说什么也不让他走了，跪下来哀求说：“再别干这种事了，太危险了！”刘少奇温柔而又坚定地说：“别的事，我都可以答应你，唯独这件事，不行！”[①]以后，刘少奇到了广州，被选为中华全国总工会副委员长，领导全国工人开展轰轰烈烈的革命运动。刘少奇还曾把他母亲接到城里，专门找人给她画了一张像，一直带在身边。这张像至今还被王光美同志保留着。在当时封建礼教还占统治地位的情况下，一个孝顺的儿子要抗住母亲的下跪，需要多大的革命坚定性啊！

刘少奇有一个比他大两岁的姐姐，跟他关系不错。土改以后，因为要自食其力，她颇感困难，不免有抱怨情绪。有一次她写信给刘少奇：“我在塘边，一边打水一边想，我弟弟在北京做大官，可是我在这里打水……”刘少奇回信说：“我看到你的信，知道你在打水，在劳动，靠劳动生活，我感到光荣。如果我姐姐还在继续靠剥削生活，我会感到羞耻的……”[②]本来，只要刘少奇稍一援手，就可以帮他姐姐很大的忙，但他并没有这样做，而是积极支持自己的姐姐做一名劳动者。1961年，刘少奇回湖南家乡调研时，去看望自己的亲姐姐，并亲热地说：“姐姐，我看你来了！”姐姐眼力不太好，看清是自己的亲弟弟后，一时激动得说不出话来，心直口快的外甥女插话说：“舅舅，想起父亲就难过，吃糠粑粑，屙尿不出来，闭死了……”刘少奇沉思片刻，反问外甥女：“你们食堂死了几个人？”外甥女说：“这两个月就死了11人。”这时，刘少奇的姐姐哀求说：“老弟呀！你在中央做事，要给人家饭吃啰！”刘少奇陷入了沉痛的深思，内疚地说：“我们的工作没有做好，苦了人民。”[③]并问他姐姐：“你现在吃多少呀？”他姐姐哭啼着说：“每餐老秤2两米，一天吃13两米才够咧。一餐不饱，餐餐不饱啊！”在这之前，随行人员代表刘少奇给他姐姐送交了礼物：5斤大米，2斤饼干，2

①②转引自《缅怀刘少奇》，中央文献出版社1988年版，第265、266页。
③转引自《党史月刊》（湖南），1989年增刊，第50页。

斤糖果，9只咸蛋，1瓶猪油。刘少奇告诉他姐姐说："那点米你一餐加一点吧!"他姐姐拉着刘少奇的手说："老弟呀，我加完了，到哪里找你啊!"刘少奇以沉痛的心情握着他姐姐的手说："姐姐，现在是暂时困难时期，你难过，大家都难过，要和社员同艰共苦。"①刘少奇在湖南家乡调研时，向故乡人民和他的亲属提出了严格的要求："这里是我的故乡，省、县、社对这里可能有照顾，照顾多了不好，不照顾也可以搞好嘛，要靠自己努力。大家努力，事情就可以搞好，千万不能用我家乡的名义要求别人照顾。这里还有我的亲属，也不要因为我的关系特别照顾他们。"②

刘少奇对自己的子女要求很严，一直让他们与群众在一起，在斗争的风雨中成长，把他们交给人民。在出生入死的革命年代里，何宝珍烈士被捕就义，允斌、爱琴、允若三个孩子流落在外，一个当了小长工，一个沦为童养媳，一个做了小学徒和报童，饱饮苦水。1938年和1946年，周恩来、叶剑英在武汉、南京先后把他们找回延安。后来，刘少奇说："没有父母不爱自己的子女的，只有全国人民的孩子都幸福了，我们的孩子才能幸福。"③

刘允若是刘少奇的第二个儿子，很聪明，原先对文学较为爱好，这方面的基础知识也较扎实。可是，新中国建立以后不久，组织上根据国家的需要，安排他去苏联学习飞机无线电仪表。开始他学得很好，学业成绩多数五分。过了一个时期，他感到所学专业与自己的兴趣不一致，学习的热情有所下降，加上别的原因，与同学的关系也搞得不够融洽了。这时，他闹着要留级和转学，以达到改学另外的专业和不再与那些同学打交道的目的。当时，党组织认为他年轻，想问题简单，就教育他，改变他的错误想法。但是，经过一段时间的组织帮助和教育，刘允若不仅思想上不转变，坚持个人意见，还接连给他父亲写了几封信，申诉他的"理由"，希望得到刘少奇的同情和支持，替他说几句话，把事情按照他的意愿解决算了。可是，刘少奇并不赞

---

①②转引自《长沙党史通讯》1988年第3期。

③转引自《缅怀刘少奇》，中央文献出版社1988年版，第266页。

同他的观点，接连给刘允若写了三封信，教育他应彻底放弃自己的错误观点，接受组织和同志们的帮助和批评。刘少奇把刘允若的来信转交给了驻苏大使馆党组织，并给大使馆党组织写了一封长信，请党组织对刘允若的错误思想和行为进行严肃的批评和处理。信中明确讲："我看，刘允若是有严重的个人主义的"，并说："如果他转学不可能，或者没有必要，而他又不愿继续学习他现在学的专业，那就请大使馆党组织考虑是否令其退学回国的问题。"①刘允若毕竟是党的儿子，在党组织的教育下，在他父亲的帮助下，认识到了自己的错误，并且在行动中认真地改正了。他愉快地服从了党的安排，仍攻读飞机制造专业，发奋用功。哥哥刘允斌留苏时是研究生，并获得副博士学位。他们回国后，在国家的社会主义建设事业中都做出了有益的贡献，没有辜负祖国和人民的期望。但令人痛惜的是，"文化大革命"中，他们竟被林彪、江青之流残酷地折磨死了。

刘少奇教育自己的孩子做人民的好儿女。三年困难时期，他坚持让孩子们在学校吃住。他对王光美同志说："人民吃不饱，我们有责任，让孩子们尝尝吃不饱的滋味，有好处。等到他们为人民办事的时候，将会更好地总结我们的经验教训，再不要让人民吃不饱饭。"②1967年初，刘少奇受到林彪、江青一伙残酷的打击迫害，他的孩子们也横遭株连。过去，刘少奇总是教育孩子们要听党的话，时刻与群众在一起，认真学习，积极投身革命。刘少奇在孩子们的心目中，形象是崇高的，而今成了"革命的对象"，这使未成年的孩子不知如何去认识。但他们始终相信自己的父母不是反革命，所以一直留在刘少奇身边。也正因如此，对孩子们的压力和打击也就更大些。一天，刘少奇的两个孩子平平和亭亭被勒令到学校去接受"阶级教育"，王光美同志心里很难过，走进他们的屋子，像过去一样拉开书桌抽屉，翻开平平的一本日记。日记的字里行间透露着天真稚气和对美好生活的幻想，也有受到无

①转引自《怀念刘少奇同志》，湖南人民出版社1980年版，第365页。

②转引自《缅怀刘少奇》，中央文献出版社1988年版，第266页。

情打击后的悲观失望。平平日记里有这样几句话："亲爱的爸爸妈妈呀，你们为什么要生我？我本来根本就不该到这个世界上来。"日记里虽然没有流露出对父母的任何谴责之意，但孩子们因受折磨而产生的痛苦之心是可想而知的。王光美同志怀着心如刀绞的痛苦心情，把平平的日记本拿给刘少奇看。第二天，刘少奇把平平、源源、亭亭叫到身边，语重心长地说："人民现在认为我没有把他们交给的工作做好，他们生气，对你们也有过火行动。你们要千方百计地理解群众，决不能有任何对立情绪，要经得住委屈。""年轻人要勇敢地走自己的路，你们一定要活下去，一定要在群众中活下去，要在各种锻炼中成长。你们要记住，爸爸是个无产者，你们也一定要做个无产者。爸爸是人民的儿子，你们也一定要做人民的好儿女。""只要你们在人民中好好学习，好好劳动，他们会了解你们，爱护你们的。人民最终会信任你们，人民会做你们的父母。"①

### （三）严格按党的原则处理问题

刘少奇是我们党和国家的重要领导人，他非常珍惜党和人民赋予的权力。在日常工作中，他严格遵守纪律，按党的原则处理问题。

有一天在中南海散步，他不经意间走进了军事保卫区。哨兵出来制止，不让他和警卫员进去。警卫员看到这是个新兵，不认识刘少奇，便上去说明。哨兵坚持说："上面有命令，不让进。"刘少奇听了，立即上前对警卫员说："人家执行命令是对的，我们走吧！"②转身走了一段路，刘少奇特别嘱咐警卫员，以后不许批评这个战士，人家忠于自己的职责，是个好战士。1959年国庆期间，刘少奇亲自主持召开了一次家庭会议。他工作那么忙，为什么要亲自召开家庭会议呢？原来，有些本家亲戚看到刘少奇当了国家主席，就到北京来找他为自己办点事。有的不想当农民想当工人，有的不安心

①转引自《缅怀刘少奇》，中央文献出版社1988年版，第267页。
②转引自《怀念刘少奇同志》，湖南人民出版社1980年版，第378页。

在农村要进城市，有的想要点东西等等。不给办，还有埋怨情绪。刘少奇认为有必要做些思想工作，纠正他们的错误观点。在这次家庭会议上，刘少奇语重心长地说："今天，请你们来开个会。这个会议室是我主持政治局同志开会的地方。正确处理人民内部矛盾嘛！什么矛盾呢？你们以为我当了国家主席，给你们点方便，给你们点东西很容易，但我和你们的看法不一致，这就是个矛盾。有了矛盾就要正确处理。现在解放了，在农村的也好，当工人的也好，生活都比过去好多了。当然，完全的平等，现在做不到。你们在农村的想进城市，希望我帮忙。不错，我是国家主席，硬着头皮给你们办这些事，也不是办不成。可是不行啊！我是国家主席不假，但我是共产党员，不能随便行使自己的职权。你们现在吃饱了，穿暖了，就该好好为国家工作……"他还说："现在生活比过去好多了，可是国家还不富裕，还有许多困难。我们大家都要好好工作，建设好这个国家，不能因为你们是国家主席的亲戚就可以搞特殊，就可以不好好工作，随随便便，要为国家争气。"①在这之前，也曾有过一些熟人想靠刘少奇的关系找工作。在有些人看来，帮助安排个合适的工作，这是他一句话的事，然而刘少奇就是不说这一句话。他说："这样不好，我们不能乱用党和人民给的权力，不能搞特殊。"②

刘少奇的侄女曾向刘少奇要块手表，当时上海手表刚生产出来，曾作价60元送来给刘少奇，只要他说一句话，侄女的手表问题就解决了。但刘少奇没有这样做，他对侄女说："你要一块表，我不是舍不得，也不是给不起，不是这样一个问题。我给你一块表，也不能代替你革命。古人说：'贫贱不能移，富贵不能淫。'要继续革命嘛！我们有了权不能乱用，为自己谋利益。"③新中国建立后，刘少奇始终珍惜党和人民赋予的权力，他自己不仅没有利用手中的权力谋私利，也从未给自己的亲属办过任何一件违背党的利益和原则的私事。这充分体现了刘少奇全心全意为人民服务的高尚品德。

上面虽然都是些生活小事，但从这些小事中反映了刘少奇的权力观。对

①②③转引自《缅怀刘少奇》，中央文献出版社1988年版，第417、417、418页

待权力的问题，马克思主义者是以历史唯物主义为出发点的，是在历史发展过程中，一些人承担的历史责任，只能用于推动历史前进。把权力看作个人谋取私利的观点，则是剥削阶级的权力观。在剥削阶级看来，权力是用于统治广大的被统治者的手段，是属于个人的。这种权力观和马克思主义的世界观是对立的。刘少奇不滥用职权，则是用实际行动贯彻了马克思主义的世界观。

# 一三　调查研究

马克思主义认为，用辩证唯物主义的思想方法去观察客观世界和解决问题，离不开调查研究。调查研究是决策的基础。刘少奇在长期的革命实践中，遵循了这一马克思主义的基本原理，不断地进行调查研究，深入了解实际情况，对于我们党制定正确的战略方针和政策起了重要作用。

## （一）调查研究是为了解决问题

毛泽东认为，要做到一切从实际出发，就必须坚持调查研究，调查研究是掌握一切真实情况的根本途径和基本方法。毛泽东所说的调查研究，是用马克思主义理论和方法做指导，深入实际，深入群众，获取真实材料，经过分析和研究，把握事物的本质和规律，从中引出正确的结论，用以指导我们行动的认识方法和工作方法。他再三强调："没有调查，没有发言权。"①刘少奇在长期的革命实践中，对毛泽东关于调查研究的理论和方法，不仅严格遵守，而且有一系列精辟的论述。早在1956年，他在党的八大政治报告中向全党提出，"党的各级领导机关都应当大大加强对于实际情况的调查研究工作"②，养成"联系群众、调查研究和实事求是的作风"③。他认为，要想决定的政策符合实际，反映客观规律，不作深入细致的调查研究是难以办到的。主观片面性总是来自于不调查研究实际情况。

---

①《毛泽东著作选读》上册，人民出版社1986年版，第48页。

②③《刘少奇选集》下卷，人民出版社1985年版，第269、268页。

毛泽东曾说，假使你对某个问题不懂得，不知道怎么办好，你就走出去，走出去调查。如果你对某个问题的各个方面调查清楚了，就等于解决了问题。刘少奇对毛泽东的这些教导十分重视。1964 年 4 月，他在湖南调研时，反复对各级干部说，我们要按毛泽东同志的教导深入实际调查研究。我们“是为了解决问题而调查，不是为调查而调查”，“这个调查很重要，非调查不可，不调查就不能解决问题”。[①]我们做调查是为了认识世界，了解事物的真相，进而得出解决问题的正确办法。人的主观世界正确地反映客观世界是很不容易的。人们认识客观世界要经过一个曲折的过程，才可对客观实际认识清楚。作为领导干部，要获得真实情况，做出正确的判断，必须深入基层蹲点，不能光是靠听汇报、看简报来进行领导，来下决心、发指示，也不能靠这里走走，那里看看，只是谈一谈，吃一顿是不能得到正确认识的。1958 年“大跃进”中发生那么多错误，没能及时发现，一个重要原因是领导干部没有下去蹲点。什么亩产七千斤，只要一下去蹲点就会发现是假的。刘少奇批评有的领导干部，生病也生得，学习也学得，甚至于死也死得，唯独蹲点蹲不得，这是为什么？怕困难，怕吃苦，这是共产党的性质所不容许的。他还明确指出，调查的目的有三个：“一是了解中央已经实行的政策是否正确；二是了解实际工作中出现的新情况；三是发现脑子里还没有考虑过的新问题。”[②]

刘少奇不仅主张先调查研究，后决定政策，而且身体力行。新中国建立后的十七年间，他每年差不多都有相当长的时间在工厂、矿区、林区、农村、城市街道居民中间进行调查。每一次发现重要问题，都立即写出意见，用电报或者派专人报告党中央和毛泽东。特别是 1961 年 4—5 月间，他率领中央调查组到湖南进行了 44 天的视察工作和蹲点调查，在我党的历史上产生了深远的影响。这次调查，他在农村住了 32 天，看到了农民深受“左”

①《党史月刊》(湖南)，1989 年增刊，第 16 页。

②转引自《缅怀刘少奇》，中央文献出版社 1988 年版，第 68 页。

倾冒进、急躁浮夸、刮共产风之害，并及时地向党中央和毛泽东写了调查报告，明确提出了要关心农民的疾苦，恢复和发展生产的意见。通过这次调查，他对国民经济困难的形势和国民经济实行调整的迫切性有了正确的认识。1962 年 1 月，中共中央在北京举行了七千人参加的工作会议。会上，刘少奇代表党中央作书面报告和讲话，对新中国建立以来，特别是 1958 年“大跃进”以来，我国社会主义经济建设的基本经验进行了初步总结，并分析了几年来工作中的主要缺点和错误，做出了调整国民经济的正确决策。事实上，由于国民经济发展按刘少奇代表党中央提出的方针贯彻执行，1963 年全国工农业生产开始回升，1964 年国民经济调整任务基本完成，1965 年农业、轻工业、重工业的比例关系基本恢复正常，国民经济全面好转，走上了正确的发展轨道。这是刘少奇通过调查研究，集中全党同志的正确意见和智慧，在实际工作中取得的重大成果。

### （二）国家主席向群众立正、脱帽、鞠躬

毛泽东讲:“不做调查没有发言权，不做正确的调查同样没有发言权。”①这就是说，为了做好工作，不仅要做调查研究，而且要做正确的调查研究，而要做正确的调查研究，就必须有科学的态度和方法。刘少奇在长期的革命实践中，是严格遵守这一马克思主义基本原则的。

1961 年 4—5 月间，刘少奇在湖南 44 天的蹲点调查，充分发挥了他那卓越超群的调查研究艺术，极大地丰富和发展了毛泽东思想关于调查研究的理论及方法。

1961 年我们国家正处于暂时困难时期，为了纠正“五风”②给农村带来的破坏，恢复和发展生产，1961 年 3 月 14 日至 23 日，党中央在广州举行了工作会议，在毛泽东的主持下，讨论和制定了《农村人民公社工作条例

---

①《毛泽东农村调查文集》,人民出版社 1982 年版,第 13 页。

②“五风”指共产风、浮夸风、瞎指挥生产风、特殊化作风、强迫命令风。

（草案）》（简称《农业六十条》）。在这次会议上，毛泽东号召全党“大兴调查研究之风”。3月22日中央发出关于讨论农村人民公社工作条例给全党同志的信，要求全体党员和社员参加讨论，并提出修改意见。这次会议还起草并通过了中共中央《关于认真进行调查工作给各中央局，各省、市、自治区党委的一封信》。信中指出：“中央要求县以上党委领导，首先是第一书记，要认真学习毛泽东注重调查研究的思想方法和工作方法，把深入基层，蹲下来亲自进行系统的典型调查，当作领导工作的首要任务。”信中还指出，几年来许多领导人满足于看纸上的报告，听口头汇报，丢掉了抗日战争和解放战争时期卓有成效的调查研究的经验，从而导致了“大跃进”以来的错误，“全党各级领导决不可忽视和忘记这个付出了代价的教训”，应该经常深入基层，亲身进行有系统的典型调查。就是在这种情况下，身处党和国家领导工作第一线，政务浩繁，年已63岁高龄的刘少奇，在广州会议一结束就风尘仆仆赶往湖南，深入基层蹲点调研，广泛征求对《农业六十条》的意见，并着手解决农村工作中存在的实际问题。

刘少奇这次深入基层的调查研究，处处以普通劳动者的身份出现。他的装束十分朴素，身穿蓝布衣，头戴蓝布帽，脚穿青布鞋，宛如一位普通农民。他下乡采取了老苏区的办法，不住招待所，直接到老乡家，睡门板，铺禾草，不扰民。一切轻装简从，想住就住，想走就走。他每到一地见到基层干部和老百姓就说：“我是来当小学生的，向你们学习来啦!”新中国建立已经十多年了，他看到农民生活还很苦，心情沉重地说：“我们工作做得不好，对不起你们。”刘少奇在家乡东湖塘公社调查时，住在一个猪场内的破旧房子里，房子内杂物横七竖八，连挡风的门也没有，猪粪臭味不时地随风飘进。这样的地方别说国家元首，就是乡下人也难住，但刘少奇在这里整整工作、生活了5天。他在这里找人谈话，走村串户，了解情况。在天华大队调查时，刘少奇住在两间土砖屋里。这个屋已久不住人，阴暗潮湿，霉气扑鼻，一些莫名的小虫十分活跃，在地上来回爬动。墙上涂抹的泥巴风蚀剥落，一片斑斑点点。床铺是用两条长凳支着的两块门板，一块粗布挡住窗口还带有寒意的夜风，一支蜡烛照明，全部摆设是一小方桌和几把靠椅。人们看了这简陋的住房，十分不安地说："刘主席，换个地方吧，你已是63岁高龄的人了。"刘少奇笑了笑说："这比延安时期好多了，恐怕现在农民还没有这个房子住呢！"[①]他就在这个破旧房子里住了18天，开了11个调查会。

刘少奇在湖南的调查并不是一开始就很顺利，而是经过了一个艰苦的过程。在天华大队调查时，刘少奇反复讲：希望大家实事求是，不要讲假话，要讲真话，要讲心里话。他还向干部群众宣布了"三不主义"（不打棍子，不戴帽子，不抓辫子），告诉大家，这次中央同志下来就是来听大家的意见，商量办好人民公社，恢复发展生产的。要求大家本着实事求是的精神，"敢于讲话，一点顾虑都不要，一点束缚都不要，愿意讲的话都讲，讲错了也不要紧，不戴帽子、不批评、不辩论"，并启发大家"要解放思想，不要不办食堂了就不是社会主义，就是资本主义了。不办食堂还是社会主义，只要对大家有利，对发展生产有利，可以办，可以不办，可以大办，可以小办，可以常年办，可以临时办，并不妨碍社会主义"。不知为什么，刘少奇这番恳切的言辞，并没有开启参加座谈的人的口，谁也不讲真话。这是为什么呢？新中国建立已十多年了，党在人民中做点调查研究，想听到群众的心声，为什么竟这般难呢？刘少奇皱起了眉头，凝神思索。当时，群众不敢讲真话，一是因为1959年后的几年，政治运动不断，斗争扩大化，乱抓辫子，乱打棍子，乱戴帽子，以致在党内、在人民群众中都严重存在不敢讲话之风，特别是不敢讲心里话；二是因为在干部中存在乱打人、乱骂人的坏作风，有的干部还用"饿饭"的办法处罚群众；三是因为天华大队是县里、省里树的一面红旗，大队主要负责干部背了"红旗"的包袱，竭力护短，生怕暴露自己的缺点错误，所以你去调查，他们就封锁真实情况，统一口径，只准讲好，不准讲坏。经过反复思考，刘少奇认识到，要想听到人民群众的心里话，必

①转引自《党史月刊》（湖南），1989年增刊，第3页。

须动真情。1961 年 4 月 15 日，他不要社队干部陪同，径直到施家冲生产队，请来 8 位社员，有老人，有中年人，还有 2 名妇女。刘少奇恳切地说："今天请你们来谈话，怕耽误你们的工，让和我一块来的同志，帮助你们劳动。我们的同志不会做事，帮半天不够，明天再帮半天。中央起草了一个六十条，是个草案，想问问你们的意见，请你们随便讲话，请大家向我讲真话。"说完，他取下蓝布帽，只见满头银发熠熠。他环视着一张张面黄肌瘦的脸，心里充满了内疚，恭恭敬敬地向大家鞠了一躬。共和国主席向平民百姓行礼鞠躬，自从盘古开天辟地还没有过！这一鞠躬，使社员不安起来，不知所措，霎时人们明白了这一片真情。一席话，一鞠躬，使国家主席和平民百姓的心紧紧贴在一起，大家初来时的紧张和戒备心理顿时冰消雪释。大家不敢讲也没有地方讲的话，在这位近人情、知痛痒的亲人面前，像开了闸的洪水，滚滚而出。有人说："农村办公共食堂不好。我住食堂，自己的屋空在那里，自留地也不种。以前种的自留地，搞副业，猪、鸡、鸭、蛋、红薯、芋头、豆子都很多，现在这些东西都没有了。""如今做事难得来劲，肚子不饱，没法积极；大个子小个子都十分工，不想积极；技术高低不分，懒得积极。"还有人说："我们当社员的，总望日子过得好，上月望下月好，今年望明年好，现在呢？我们 11 户人家的食堂，喂的猪还顶不上原来一户人家喂的猪。从前满月猪崽长到 40 斤，现在一年还长不到 40 斤，什么道理？没有细糠、菜根吃！没有猪，就没有肥料，现在人吃油很少，人粪也不肥。办食堂以来，我搬了三次家，还不是搬得最多的，现在大家住在一起，鸡不能喂，蛋没有吃，从前劈树杈子、扒树叶烧，现在一刀砍，山也砍光了。看到生产发展不快，许多东西没有了，伤心呀！"许多人是边哭边讲，会场是一片哭声。刘少奇看到这种情况，沉重地说："对大家不起，对大家不起！"①

①转引自《长沙党史通讯》1988 年第 3 期。

### （三）不带主观框框，细心观察

坚持马克思主义认识论，从实践中形成政策，用实践去检验政策，要真正到群众中去寻找解决问题的智慧，这是刘少奇在湖南调查时反复强调的一个重要问题。

1961年4月去湖南蹲点调查时，本来他手头带着《农业六十条》，但他一再告诫调查组“不能够抱着成见去搞调查研究。抱着成见去搞调查研究是很不好的，是认识不了客观实际的”①。他强调要用群众的实践检验《农业六十条》的可行性，从群众中寻求解决问题的办法。他还说，《农业六十条》是个草案，还没有定，这次中央同志下来是问问社员群众的意见，大家要讲心里话。他这种不带主观框框调查的科学态度，集中反映在对待公共食堂的问题上。《农业六十条》上写了公共食堂应该积极办好，采取自愿参加的原则。刘少奇没有从这个框框出发，而是深入了解农民群众对办公共食堂的真实想法。经他发动群众，深入了解，发现对办食堂的意见很不一致。大队干部们（主要是支部书记和队长）认为，有优越性，好处很多，要办，并说“都退了，我也不退”，“谁退食堂，不给谁自留地”；有的认为，食堂办大了不好，可以办小一点；多数农民群众认为办食堂没有好处，强烈要求不要办食堂。他们说，把食堂再办下去，不仅是劳民伤财，而且要家破人亡，人死路绝。刘少奇经过走家串户，深入了解，他发现所谓公共食堂节约劳力、解放了妇女等优越性，与实际情况是大相径庭的。如天华大队就有90%的人要求退出食堂。刘少奇从实际出发，得出了与《农业六十条》根本不同的结论，并根据群众的意见，解散了天华、花明楼两地的公共食堂。接着长沙、宁乡两县以至湖南全省相继照办。刘少奇把《农业六十条》放到实践中接受检验，听取意见，弄清了农民群众对办食堂的真正意愿，这就为我们党制定正确解决公共食堂问题的政策打下了基础。如果他带着“积极办好”食堂的先入之

①《刘少奇研究论文集》，中央文献出版社1989版，第374页。

见，那么这次蹲点调查就只能在缩小食堂规模、加强管理措施等问题上转圈圈，只能缓解情况的恶化，而不能触及问题的实质，从根本上纠正这一严重错误。

刘少奇在调查中十分注意细心观察，独立思考，透过虚假的现象抓住事物的本质。他一再告诫调查组成员注意群众的情绪，如你提出一个问题，群众“是鼓着眼睛，还是眯着眼睛，是笑脸，还是哭脸，是昂着头，还是低着头”，所有这些表情都要注意细心观察。这样，经过多方面的了解和观察，终于透过虚假的现象，弄清了许多事情的真实情况。在通往宁乡的沙石公路上，他细心观察，感慨万千：离开家乡近40年，故乡山野竟陌生难认。按季节应是青山堆翠、花红柳绿了，可眼下，四面山头光秃秃，田垄里，红花草子稀疏，不知名的野草却长得很高。看到村庄住房拆得七零八落，他的心情十分沉重。当汽车驶到王家湾时，看到一处挂着“宁乡县东湖塘人民公社万头猪场”的牌子，他下车察看，发现里面没有几头猪。为了弄清情况，他在猪场的饲料房里住了下来。工作人员架床时，他又发现找不到铺床板的稻草。盛产水稻的江南为何找不到稻草？他感到问题的严重性。走到屋后山坡，他发现一堆已经风干的人粪，撩开观察，粪便不臭，是没有吃粮食的粪便！“农民吃饭已经成了问题。”[①]当刘少奇再深入调查时，他又发现不仅许多田园荒芜，还有许多挖野菜的孩子，这使他忧心如焚。这一带自古就是鱼米之乡，为什么生产遭到如此严重的破坏？过去他从《家乡快讯》上看到，说家乡放了亩产6500斤的高产卫星，他当然不相信，但与现实竟有这么大的距离却未曾料到。后来他又去天华大队调查。从材料上看，天华大队的生产搞得好，群众生活不错，退赔工作也是先进。从统计数字看，1960年全大队1324亩地，产粮120万斤。除去国家征购32万斤，还余88万斤，按全大队1186人计算，人均应有粮食742斤。可是，刘少奇从不少社员患水肿病、小孩得干瘦病、妇女不来月经等现象中，感到这面“红旗”存在严重的问题。经他深入

①转引自《长沙党史通讯》1988年第3期。

调查，发现天华大队1960年粮食实际产量只有72万斤，为了保住“红旗”，大队干部竟然弄虚作假，虚报48万斤。就是这样，刘少奇在社会调查中细心观察，独立思考，弄清了许多事情的真相，为解决农村问题，制定正确的方针和政策，打下了基础。

### （四）反对越组代庖，耐心听取不同意见

在蹲点调查中，刘少奇不搞越组代庖，坚持依靠群众自己解决问题，反对调查组包揽过多。他多次提醒工作组“我们不是来恩赐的”，对工作不能包办代替，调查组只起帮助作用。大队党支部要“自己主动负责，自己拿出主意”，群众自己的事一定让群众自己商量决定，不要代替群众作决定。天华大队的缺点错误，如虚报粮食产量等，也由他们自己去纠正。刘少奇认为，各级干部调查蹲点时，要注意发挥干部群众的自主作用。过去上级调查组蹲点调查的也不少，也强调走群众路线，但往往收效甚微，常常是调查组一走，点上的工作就垮下来，其原因之一就是没注意发挥干部群众的自主作用。

在蹲点调查中，刘少奇十分注意发扬民主，以平等的态度和干部群众讨论问题，做出决定时广泛听取意见。在调查过程中，他反复强调，调查组“要注意好话、坏话都要听，就是骂我们的话，包括骂我的话，也要听”[①]。他在天华大队调查时，90%的社员群众要求解散公共食堂，而大队党支部书记思想不通。刘少奇派省委的一位处长去找她商量工作，她避而不见，躲在家里对大队干部说：“刘胡子（指刘少奇）不是来抓生产的，是来找茬。”刘少奇了解到这一情况后说：“她不愿意合作，我们耐心等待吧。”[②]对此，刘少奇没有责备她，而是耐心帮助。刘少奇分析，党支部书记思想不通，主要是背了“红旗”的包袱。他几次找她谈心，摆事实，讲道理，帮她提高认

①转引自《刘少奇研究论文集》，中央文献出版社1989年版，第377页。

②转引自《长沙党史通讯》1988年第3期。

识。一次，刘少奇同这位年轻的女共产党员谈了一个小时，语重心长地说；“彭梅秀同志，我作为国家主席，是你的领导，作为共产党员，我们都是同志。大队工作有成绩，有一些好的经验，但问题也不少，要总结，你们要做真正的红旗，向前发展。”①一席话，像和煦的春分，吹拂着这位年轻共产党员的心扉。彭梅秀含着热泪激动地说：“我们天华大队的问题很严重，不是中央首长来，问题发展下去，后果将更加严重。是刘主席帮助我们发现了问题，感谢刘主席的教育，我诚恳接受刘主席对我的批评。”刘少奇高兴地说：“彭梅秀同志这个态度很好。老百姓说我今年来没有吃上红薯、芋头和鸡蛋，明年我再来一定有红薯、芋头和鸡蛋吃，我明年一定再来!”②

从以上分析中我们可以看出，刘少奇的蹲点调查，贯穿着一条实事求是的思想路线，贯彻了党的“一切为了人民群众”的根本宗旨，从根本上保证了他的蹲点调查的成功。这是永远值得我们效法和学习的。

①②转引自《长沙党史通讯》1988 年第 3 期。

# 一四　思想教育工作在先

毛泽东在长期的革命实践中反复讲，思想政治工作是一切经济工作的生命线，抓好对人的思想教育工作是搞好一切工作的根本。刘少奇作为我们党和国家的重要领导人，所担负的领导任务是极其繁重的。他在千头万绪的繁忙工作中，始终把抓好对人的思想教育工作放在首位。特别是当他所领导的任务遇到困难，人们的思想认识不统一、有阻力时，他总是思想工作在先，努力说服教育，达到认识一致，团结统一。这是他所从事的领导事业得以成功的奥秘所在。

## （一）思想政治工作，干部是特殊的教师

刘少奇希望党的各级干部都要高度重视思想教育工作，决不要把思想教育工作当作额外负担，或可有可无的事情。

1957 年 5 月，刘少奇接见北京地质勘探学院应届毕业生代表时，发现该校团委书记因学生给团委贴“红辣椒”的大字报，心里不是滋味，感到费力不讨好，有委屈情绪。他耐心地说，你是我们共和国培养出来的第一代大学生，你毕业后留校做青年团工作，这是党对你的信任和爱护，也是一种锻炼。这项工作比你搞业务工作更重要，因为一个大学的团委书记，是在众多的学生中挑选出来的。你在大学四年中学习的知识，对你从事这项工作都有用，可能还不够。他还强调指出：“思想政治工作是一项难度很大、意义重大而深远的事业。思想是人的灵魂，思想指挥着人的行为，好的思想，科学的、先进的思想能够指导人们创造奇迹。我们党的工作，青年团的工作，很

大程度是做人的思想转变工作，做人的教育工作，要让人们接受马克思主义，认识到马克思主义、共产主义是人类最先进、最科学的思想，愿意为实现它而奋斗，这需要很大的本领和献身精神。"还说："你们是所谓'双肩挑的干部，做一个大学的教师，当然也不容易，可是，青年团的干部，思想政治工作干部，更是一种特殊的教师。要好好珍惜这个工作。你还年轻，基础是好的，要准备经受挫折和委屈；要严格要求自己，任何情况下都要坚定信心，磨炼意志，努力工作，尽职尽责。我们这样做不是为了让别人对我们如何评价，而是出于对党的事业和对人民的忠诚。一个人一生要经受多种考验，使自己在政治上日益成熟起来！我们党多么希望你们这些青年一代有一定文化知识的共产党人快快成长，来承担大业啊！"[①]刘少奇这语重心长的一番话深深地打动了这位团委书记的心，使她下定决心在思想政治工作战线上奋斗到底。

刘少奇特别重视对青年的思想教育工作，他多次和各地党政负责同志谈到青年的思想教育问题，并提出了一些很深刻的见解。他认为，父母师长的言传身教对青年的健康成长影响甚大，如果长辈不能以身作则，社会风气不好，青年便受到不良影响。他还指出："许多青年的思想发生了很大的混乱，原因在于学校教育中的政治教育和思想工作存在脱离实际、脱离群众的缺点。"[②]还有一部分国家干部忘记了共产党人的优良传统，一事当前，先替自己打算，斤斤计较个人地位和待遇；有的甚至发展到了争名夺利、唯利是图的地步。"这些坏思想、坏行为也是对青年的腐蚀剂。"[③]刘少奇关于青年思想教育工作的一系列谈话，不仅体现了党和国家对青年的殷切期望和热情关怀，也体现了党和国家领导人对民族、对人民高度负责的崇高精神。

### （二）教育人，改造人

思想政治教育工作的核心问题是教育人，改造人。多年来，我们党不仅

---

①②③转引自《缅怀刘少奇》，中央文献出版社 1988 年版，第 314、315、358 页。

在人民群众的思想教育工作方面，坚持教育人、改造人，而且在对待地主资产阶级方面，也是一贯坚持消灭地主资产阶级、改造人的方针。毛泽东曾反复指出，人是可以改造的，消灭地主资产阶级不是把人灭掉，而是把这个阶级消灭掉，人要改造过来。在这个问题上，刘少奇是完全支持毛泽东的观点的。

1950 年 6 月，刘少奇在《关于土地改革问题的报告》中明确指出，在土地改革中，除对极少数罪大恶极的土豪劣绅及坚决反抗土地改革的犯罪分子，应由法庭判处死刑或徒刑以外，“对于一般地主只是废除他们的封建的土地所有制，废除他们这一个社会阶级，而不是消灭他们的肉体”①。一般的地主阶级分子，经过长期的劳动改造和思想教育之后，“是可以成为新人的”②。1953 年 7 月，刘少奇在《加强党的总路线工作》的讲话中也指出，要走社会主义道路，在我国建成社会主义就要消灭一切剥削阶级。消灭剥削阶级可以有两种方法：一种是采取直接剥夺的方法；另一种是采取逐步改造的方法。“即经过教育、说理、批评和自我批评、在政治上工作上生活上进行安排等等又团结、又斗争的方法，引导那些能够服从社会主义改造或不坚决反抗社会主义改造的资产阶级分子走上社会主义的道路。”③刘少奇认为，只要我们的政策是正确的，我们的思想教育工作做得好，绝大多数资产阶级分子是能够服从社会主义改造，并跟着我们走社会主义道路的。

1955 年 11 月，刘少奇在《关于资本主义工商业的社会主义改造问题》的讲话中提出，要在资产阶级分子中间培养一批核心进步分子，每一个城市里面应该有几十个或几百个。教育他们不要怕“共产”，而且要下决心准备“共产”。他们不仅自己下决心，而且向其他的资产阶级分子去宣传，去影响其他的资产阶级分子。这就是说，“我们要废除资本主义所有制，不只是采取逼的办法，而且要采取教的办法，统一战线的办法。要使资产阶级内部起变化，就要在资产阶级里面产生那么一部分人，他们积极赞成社会主义。这

①②③《刘少奇选集》下卷，人民出版社 1985 年版，第 34、34、120 页。

样事情就好办。他们内部没有这个分化，没有产生这样的人，这就难办”①。有人问，我们有那么多共产党员，有这么多工人阶级里面的积极分子还不够吗？为什么还要在资本家里面找积极分子呢？刘少奇回答说：“同志们必须清楚，资本家中间的积极分子能够起一种作用，这种作用是共产党员和工人阶级中的积极分子起不了的。刚才陈云同志讲了，两个陈副总理的报告不如资本家老婆的一席话。所以，在资本家中间，在资本家的老婆中间，在资本家的子女中间，有一批积极分子，赞成社会主义，宣传社会主义，这是很可宝贵的，对于今天的阶级斗争形势是很有帮助的。这是一个重要问题。”②

1956 年，刘少奇在党的八大政治报告中又指出，民族资产阶级分子正处在由剥削者变为劳动者的转变过程中，我们要“采取教育的方法，逐步地改造资本家，使他们由剥削者改造成为自食其力的劳动者”③。1957 年 12 月，刘少奇邀集参加统战部长会议的部分同志谈话，提出用统一战线的方法，把资产阶级的多数人转化过来，并说：“资产阶级已没有什么生产资料，没有工厂了，且多数依靠国家依靠工人阶级吃饭。当然还拿定息，但已不是原来的资产阶级。”“再过五六年，定息也不给了，就不好再讲资产阶级。”1960 年 2 月，刘少奇在中央政治局会议上又明确指出：“要采取积极态度对待工作，把他们化掉。”④为了把资产阶级分子改造成为劳动者，刘少奇十分重视对资本家进行社会发展规律的教育，改造他们的世界观。他要求中央统战部编写一本供工商界学习的历史唯物主义课本，办好工商界训练班，抓好工商界家属的思想教育工作。

在 20 世纪 50 年代末和 60 年代初，我国的国民经济遭受了严重挫折，经济陷入极度困难。这时，原属于资产阶级的人们多数思想动荡不安，对社会主义制度优越性产生怀疑。1960 年春，民建、工商联召开全国代表大会，不少代表心情紧张，口袋里装着发言稿，准备在大会上一拥护、二检讨，争

---

①②③《刘少奇选集》下卷，人民出版社 1985 年版，第 181、181、217 页。

④转引自《怀念刘少奇同志》，湖南人民出版社 1980 年版，第 51 页。

取过关。为了解除他们的顾虑，中央对两会采用开“神仙会”的方式，实行“三自方针”（自己提出问题、自己分析问题、自己解决问题）和“三不主义”（不打棍子、不抓辫子、不扣帽子），彻底敞开思想，分清是非，坚定走社会主义道路的信心。在会议期间，刘少奇接见了民建中央、全国工商联的领导人，针对工商联界的思想顾虑，亲自做政治思想工作，提出“顾一头，包一头”，即要工商界“顾一头”（顾自我改造、为人民服务的一头）、国家“包一头”（包工商界物质生活福利的一头）。刘少奇说：“工商业者只要跟着人民政府，一心一意搞社会主义，同共产党合作，不论老、病或者其他困难，国家都负责到底，包到底。”[①]我们对民族资产阶级采用使用安排、教育改造、包下来的办法，花了一定的代价，但是顺利地改造了企业，改造了人。正如马克思所说，这对无产阶级来说是“最便宜不过的事情了”[②]。毛泽东也说过：“出这么一点钱，就买了这样一个阶级。”[③]刘少奇讲的“顾一头，包一头”，正是从无产阶级的根本利益出发，使资产阶级分子安心工作、安心改造，在党的领导下走社会主义道路。实践证明，消灭阶级，教育人，改造人，是我国社会主义改造的一个突出特点和优点，是中国共产党人对马列主义的思想方法和工作方法的重大发展。

### （三）宣传教育工作要走在一切工作的前面

思想政治工作与宣传教育工作是密切相连的。刘少奇为了把思想政治工作抓好，一向重视宣传教育工作。无论是在民主革命时期，还是在社会主义革命和建设时期，他一直把党的宣传教育工作放在党的工作的重要位置。

在抗日战争时期，他反复强调宣传教育工作的重要性。他明确讲：“宣传工作要走在一切工作的前面，有了思想上的认识和觉悟，然后才能有行

①转引自《怀念刘少奇同志》，湖南人民出版社1980年版，第53页。

②《马克思恩格斯选集》第4卷，人民出版社1972年版，第315页。

③《毛泽东选集》第5卷，人民出版社1977年版，第337页。

动。”[①]并指出，抗日宣传是抗日组织行动的第一步，有了这一步，才能进行抗日的实际行动。他在主持中共中央中原局、华中局工作期间，为了加强党的宣传工作，亲自到区党委宣传部门了解宣传工作中存在的问题，并要求干部们重视宣传工作，抓好宣传工作的各个环节。

宣传教育工作必须从实际出发，针对群众中存在的实际思想认识问题进行。1940年11月，刘少奇参加中共盐阜区党委讨论群众工作时，了解到群众的觉悟程度还不高，还不懂得剥削与被剥削的道理，反而听信地主、资本家的鬼话，认为农民、工人都是地主、资本家养活的。针对这种情况，刘少奇提出，这就是对农民、工人最现实的教育问题，必须向群众进行“谁养活谁”的教育，是农民、工人养活地主、资本家，而不是地主、资本家养活农民、工人，用这样的教育内容去启发群众的阶级觉悟。刘少奇还要求把这个观点摆在一切地区宣传教育工作的首位，以此来驳斥地主、资本家的反动宣传。刘少奇从实际情况出发，狠抓宣传教育工作，对发展华中地区的抗日斗争和巩固根据地起了很大的推动作用。

刘少奇认为，抓好宣传教育工作，一个很重要的方面是抓好报纸、广播等舆论工具。1948年9月至10月间，为了改进和加强新闻工作，党中央在河北省平山县西柏坡召集人民日报社、新华社华北总分社的部分记者进行学习。刘少奇在这次学习会上了解到，有的新闻工作者认为做新闻工作没有兴趣，没有味道，没有前途；有的同志感到自己文化低，没有受过新闻工作的基本训练，于是不安心，想转干其他“实际工作”；等等。总之，这时——全国革命胜利前夕，我们的新闻工作队伍还不够强大，很多新闻工作者对新闻工作的性质、任务、基本要求还不够明确。为了充分发挥新闻工作的战斗作用，推进全国革命的胜利发展，刘少奇在这次学习会上发表了重要讲话。他明确提出，报纸是党的耳目喉舌，是党联系广大人民群众的纽带或桥梁。列宁说，党要通过千百条线索和群众联系起来。而千百条线索是什么呢？当

①转引自《缅怀刘少奇》，中央文献出版社1988年版，第146页。

然，军队是联系群众的桥梁，人民代表大会、合作社等也是党联系群众的桥梁。没有这些桥梁，党和人民群众的联系就断了，党和人民之间就有了鸿沟。但是，“千座桥，万条线，主要的一个就是报纸”[①]，因为报纸每天和群众见面，每天把党的政策告诉群众。没有任何一个部门、一种工具，能够这样广泛及时地把广大人民群众的斗争、群众的创造、群众的希望和要求反映到党的组织中来；也没有任何一个部门、一种工具，能够这样准确及时地把党的方针、政策和任务，告诉广大人民群众。因此，刘少奇希望全党要重视报纸工作，广大新闻工作者要热爱自己的工作。刘少奇对新闻工作者说：“党是依靠你们的。”[②]党就是依靠新闻报纸这个工具，联系群众，指导人民，指导各地党和政府的。“人民也是依靠你们的。”[③]新闻工作者到各地去，人民依靠报纸、广播把他们的呼声、要求、困难、经验以至党中央工作中的错误反映上来，变成新闻、通讯，反映给各级党委，反映给中央，这就把党和群众联系起来了。当然，这就要求新闻报道必须真实，反对“客里空”。如果捕风捉影，捏造事实，“故意夸大，反映得不真实，就害死人了”[④]。“因此，报纸工作如果做不好，就是最厉害的脱离群众，就会发生很危险的情况。”[⑤]当时，许多新闻工作者听了刘少奇的话，明确了新闻工作的性质和任务，明确了新闻工作在党的思想教育工作中的重要地位，于是下定决心，克服困难，在新闻战线上奋斗一辈子，绝不辜负党的期望。

刘少奇认为，宣传教育工作的根本问题是提高全党的马列主义理论水平，并把这个问题提高到关系革命成败的高度来认识。早在 1941 年 7 月，刘少奇在《答宋亮同志》一文中就提出，中国共产党的艰苦奋斗和英勇牺牲精神是很好的，数十万党员被敌人割去头颅的白色恐怖，也不能威胁我们的党员放弃自己的马列主义的旗帜。“然而，中国党有一极大的弱点，这个弱点，就是党在思想上的准备、理论上的修养是不够的，是比较幼稚的。”[⑥]刘

①②③④⑤⑥《刘少奇选集》上卷，人民出版社 1981 年版，第 398、399、399、399、398、220 页。

少奇认为，我国过去革命的屡次失败，都是指导上的失败，是在指导上的幼稚与错误而引起全党或重要部分的失败，并不是整个工作上的失败。我们党只要克服了理论上的修养不够这个弱点，就能有把握引导中国革命到完全的胜利。“因此，现在提倡党内的理论学习，就成为十分必要。”①1948 年 12 月，在对马列学院第一班学员的讲话中，刘少奇又讲：“为什么要学马列主义呢？特别是一个共产党员，不学行不行？少学行不行？不行。‘没有革命的理论，就不会有革命的运动。’这是列宁的有名的话。革命的行动是受革命的理论指导的。理论正确，指导正确，革命就能胜利，否则不能胜利。”②他还进一步指出，马列主义是我们党的理论基础，是我们观察一切问题、处理一切问题的武器，特别是观察社会现象、处理一切社会问题的武器。只有掌握了这个武器，才能站稳无产阶级立场，代表无产阶级和人民群众的根本利益，把握科学的思想方法，制定正确的路线、方针、政策，在情况变化了的时候，及时改变战略和策略，从而保证革命的胜利。在民主革命时期，刘少奇写了一系列著作，反复强调在全党进行马列主义基本理论教育的必要性。

新中国建立之后，我们的国家进入了一个新的历史时代，我们党所面临的革命和建设任务更加繁重。为了推进社会主义革命和建设事业的胜利发展，刘少奇反复强调全党学习理论的必要性。1950 年 9 月，他在马列学院第二班、第三班开学典礼上指出：“中国革命胜利了。总的说来，我们各项工作做得很好，但理论工作却是很薄弱的一环。我们很多干部，甚至是负重要责任的高级干部，斗争经验丰富，可是理论水平不高。这是我们党的一个弱点。”③刘少奇认为我们的党员和干部，如果只是满足实际工作的经验，而缺乏理论修养，遇到问题就处理不好，驾驭不了，也难于担负更多更重要的工作。当然，只有理论没有实践要犯教条主义的错误；但是，理论是实际工作

①②《刘少奇选集》上卷，人民出版社 1981 年版，第 220、409 页。

③《刘少奇选集》下卷，人民出版社 1985 年版，第 48 页。

的指针，没有理论，工作就是盲目的，没有前途的。没有理论的人容易被"俘虏"，被人家天花乱坠的话所迷惑。"掌握了理论才能正确地指导工作。有些人不懂理论，又要站在指挥台上指挥，行吗？不行。"[①]宣传理论工作是党的思想教育工作的重要一环，必须加强。我们党必须有很多人去做理论宣传和研究工作，"中国党如果没有很多的理论干部，就不可能领导这样大的国家达到社会主义"[②]。

1956年9月，刘少奇在党的八大政治报告中明确指出，党的历史经验证明，加强全党的理论学习，克服思想认识上的主观主义，"是保证党的工作顺利发展、避免重大错误的根本关键"[③]。这也就是说，思想教育工作，必须坚持马列主义、毛泽东思想教育我们的党和人民，提高全党和全国人民的马列主义理论水平，为在我国建设社会主义和实现共产主义打下思想基础。只要我们的共产党员在思想上是清醒的，那么，就可以保证全国人民信任我们党，并在我们党的领导下，一步一步地走向最后胜利。

①②③《刘少奇选集》下卷，人民出版社1985年版，第49、52、268页。

# 一五　善于总结经验

我们所从事的任何一项工作都是认识世界和改造世界的实践活动。在这样的实践活动中，由于人们的主观努力，一般来说总会取得一定成功；又由于主客观条件的限制，在成功之路上也往往会出现一些挫折或失败。所谓总结经验，就是我们运用马列主义、毛泽东思想的立场、观点和方法，对以往的实践活动做出科学的分析和评价，通过由此及彼、由表及里的连贯思索，通过去粗取精、去伪存真的加工制作，从中抽象出客观事物的本质，发掘出事物发展的内在规律性。因此，为了把工作做好，在认识世界和改造世界的实践活动中，善于总结经验教训，找出受挫折或失败的原因，制定出解决问题的具体办法和措施，是一个重要的思想方法和工作方法。在这方面，刘少奇为我们树立了光辉榜样。

## （一）善于总结经验是提高认识世界和改造世界能力的重要环节与途径

我们党和毛泽东历来十分重视总结经验。1965 年，毛泽东在同李宗仁谈话时明确讲过，“我靠总结经验吃饭”。的确，毛泽东的著作就是用马克思列宁主义的基本理论和基本方法作指导，在总结中国革命和建设的经验基础上写出来的。我们党的路线、方针和政策，也是在总结中国革命和建设的实践经验的基础上制定出来的。人们在社会实践活动中，不断地总结经验教训，是减少盲目性、提高自觉性的重要环节，是提高认识世界和改造世界能力的重要途径。因此，善于总结经验，在人们认识世界和改造世界的实践活动中居于重要地位，是毛泽东方法论的重要组成部分。刘少奇在这方面做出了重要贡献。

我们做任何一件事情，或者完成一项任务，总要坐下来想一想，或者讨论讨论，这项任务完成得怎么样？有什么成绩和问题？解放军打仗要这样，我们搞社会主义建设也应如此。这就是善于总结经验教训，这样的领导者一般来说是比较高明的，具有高超的领导艺术。有的同志则不然，不善于总结，工作干到哪里算哪里，究竟有什么成绩和缺点，他自己也讲不清楚，是一笔糊涂账。他所从事的事业，方向不明，办法和措施不得力，很难把事业从一个阶梯推向另一个更高的阶梯。

总结工作，把成绩和缺点都要讲透，要如实地全部摆出来。把成绩讲透，可以鼓舞人心，使人们有明确的奋斗目标，这是一般人都能做到的。问题是如实地摆，把缺点和错误也如实地摆出来，是很不容易的。刘少奇在总结 1958 年至 1961 年三年困难时期的工作时，反复强调这一点。在这段时期里，我们党的工作成绩与缺点各占何种比重？很多同志讲，成绩是主要的，缺点错误是次要的，是九个指头和一个指头的关系。刘少奇认为，“过去我们经常把缺点、错误和成绩，比之于一个指头和九个指头的关系。现在恐怕不能到处这样套”[①]。当然，有一部分地区可以这样讲，可能成绩是九个指头，缺点是一个指头。“可是，全国总起来讲，缺点和成绩的关系，就不能说是一个指头和九个指头的关系，恐怕是三个指头和七个指头的关系。还有些地区，缺点和错误不止是三个指头。”[②]如果我们不这样认识问题，“是不能说服人的”[③]。

我们在工作中发生了缺点和错误，要敢于揭露和正视，这是纠正缺点和改正错误的前提条件。特别是在犯了严重错误时，遇到严重困难时，更要如此。1962 年 5 月 11 日，刘少奇在中共中央工作会议上的讲话中说，我国目前的经济形势到底怎么样？一般同志总是讲套话，什么缺点错误是有的，政

①②③《刘少奇选集》下卷，人民出版社 1985 年版，第 421、421、421 页。

治经济形势是好的。这样讲行吗？不行。“我看，应该说是一个很困难的形势。从经济上来看，总的讲，不是大好形势，没有大好形势，而是一种困难的形势。……这一点，我看要跟干部讲清楚。讲了这么多年的大好形势，现在讲没有大好形势，而是一种困难形势，这个话很难讲。我们这回切实这样讲一讲，你们回去跟省委书记讲一讲，然后大家才好讲。我们这里不开口，大家是不好讲的。”①可见，刘少奇是用彻底的唯物主义的观点看待问题的，他主张把缺点、错误、困难都要讲透，以理服人。我们对困难看得重一点，甚至过分一点，没有什么害处。我们对困难估计过分了，后来发现困难没那么严重，这危险不大。“但是，对困难估计不够就危险了。我们多少年都是因为估计不够而陷于被动。”②我们干任何一项任务，都应当充分估计当时的困难以及现在还没想到的困难，要准备迎接困难。否则，对克服困难我们就会精神准备不够，这是危险的。一个人充分估计了困难，但不害怕，还是干劲十足地挺起胸膛前进，这是勇敢的。分明有困难却说没有困难，这样的人，不能算勇敢的人。刘少奇说：“共产党员的革命气概，应该是充分估计困难，而且在最困难的时候，还是挺起腰杆前进。我想，我们革命家的气概，马克思主义者的气概，应该这样。对困难估计不够，自己安慰自己，那不是马克思主义者。”③

## （二）缺点和错误往往是正确的先导

我们总结经验教训，把缺点错误和困难统统摆出来，其目的是找出犯错误的原因，改正错误，把坏事变成好事，以利再战。

我们在工作中，一般来说，取得了成绩叫好事，有了缺点、犯了错误叫坏事。好事和坏事不是绝对对立的，我们只要认真地总结经验教训，找出犯错误的原因，找到改正错误的办法，改正了错误，坏事就变成了好事。因此，我们在工作中犯了这样那样的错误，甚至严重的错误，用不着悲观和丧

①②③《刘少奇选集》下卷，人民出版社 1985 年版，第 444~445、446、446 页。

气。这好比我们走路，其道路总是崎岖不平的，甚至在我们前进的道路上，还会有许多障碍物或绊脚石，因此人们在走路过程中跌跤是难免的，哪一个人走路没有跌过跤呢?！我们一旦跌了跤，而且跌得很痛，怎么办？要自己想办法爬起来，把道路看清楚，再继续前进就是了。在这里重要的问题是要实事求是地承认缺点和错误，要善于总结经验教训，要善于学习。如果根本不承认缺点和错误，或者只是枝枝节节、吞吞吐吐地承认一些又掩盖一些，而不是实事求是地倾箱倒箧地承认曾经有过的和还存在的缺点和错误，经验就无从总结，也无从学习，坏事就不能变为好事。这样的人跌倒了，他自己就爬不起来，当然也不能继续前进了。这种人势必陷入被动，势必要在别人的帮助下才能站起来，才能继续前进。所以，要使缺点错误这类坏事变成好事，必须有一个条件，就是要善于总结经验，善于学习。

1962 年 1 月，刘少奇在党中央工作会议上指出，近几年我们在工作中出现了不少缺点和错误，但是“这些缺点和错误改正之后，坏事就能够变为好事。问题是我们要善于总结经验，善于学习。事物向相反的方向转化，必须具备一定的条件。要使坏事变为好事，就缺点错误来说，它的条件就是我们能够总结经验，能够很好地从经验教训中学习”①。

### （三）总结经验是制定出解决问题的办法和措施的前提

我们总结工作中的经验教训，找出缺点、错误及其原因，最终要落实到解决问题的具体办法和措施上，否则，一切皆空。高调唱得比谁都响，好话说了一大篇，就是没有解决问题和困难的具体办法及措施，只能是不务实际的“空头政论家”。刘少奇在总结 1958 年至 1961 年三年困难时期的经验教训时指出：“对于当前实际存在着的困难，应该有足够的估计，不正视困难，因而不努力克服困难，当然是不对的。困难从来吓不倒共产党人。共产党人在困难面前的唯一正确的态度，就是认真地研究困难产生的原因，寻求

①《刘少奇选集》下卷，人民出版社 1985 年版，第 421~422 页。

克服困难的办法，集中一切力量去战胜困难。”①

总结经验教训，拿出解决问题的具体办法和措施，这是刘少奇一贯坚持的思想方法和工作方法。1958 年至 1961 年，由于盲目地发动了“大跃进”和人民公社化运动，特别是由于“左”倾指导思想的影响，错误地开展了“反右倾”斗争，使全国经济陷入极度困难，人民生活缺吃少穿。面对这样的困难局面，为了统一思想、认清形势、总结经验、克服困难，1961 年 5 月 31 日，党中央召开了工作会议，刘少奇作了《当前经济困难的原因及其克服的办法》的讲话。在讲话中，他分析了当时经济困难的形势。当时粮食很紧张，工业、学校等都没有办法多办，实际上是城里人跟农民争饭吃、争肉吃、争油吃、争鸡蛋吃、争棉花、争麻等等。很多东西被收购起来，农民很不高兴。“这样一来，就使工农之间发生了尖锐的矛盾。这个矛盾不解决是很危险的。它对我们的无产阶级专政，我们的国家，甚至于我们的社会，能不能继续维持和发展下去，是一个很严重的问题。”②他还明确指出，我们党在工作中间的缺点、错误是造成当时困难的主要原因，进而提出克服缺点错误、战胜困难的具体办法和措施。他说：“现在要解决的问题很多，中心的问题，就是要坚决缩短工业战线，延长农业战线和轻工业战线，压缩城市人口下乡。各位同志还可以想些其他的办法。解决了这些问题，再加上贯彻执行‘十二条’、‘六十条’，农业方面就可以好转。农业方面好转了，工业就可以好转，市场就可以好转。整个国家的情况好转了，就会出现心情舒畅、生动活泼的局面。”③

1962 年 1 月，党中央在北京又召开了扩大的工作会议（又称“七千人大会”）。这是新中国建立以来我党历史上极为重要的一次会议。在这次会议上，刘少奇作了书面报告和口头发言。他实事求是地分析了形势，比较系统地总结了 1958 年以来经济工作中的经验教训，代表党中央对工作中的缺点、错误进行了严肃的批评和自我批评，分析了发生“左”的错误的根源，提出

①②③《刘少奇选集》下卷，人民出版社 1985 年版，第 359、336、341 页。

了解决问题的具体办法和措施，提出了1962年调整工作的十项任务。根据对我国政治经济形势的切合实际的分析，明确提出要加强民主集中制，加强集中统一，反对分散主义，加强党的建设，增强党的战斗力，反对分散主义，克服主观主义、官僚主义和命令主义。他说："要充分地发扬人民民主和党内民主，进一步地密切党和人民群众的联系，加强党中央的集中统一的领导，在全党范围内，统一思想，统一政策，统一计划，统一指挥，统一行动。"①刘少奇的书面报告和口头讲话，对全党统一看法、加强党的领导、克服困难，全面贯彻执行调整、巩固、充实、提高的八字方针起了极为重要的作用。

"七千人大会"后，刘少奇依据中央精神亲自抓经济调整工作。1962年2月21日至23日，他主持召开了中央政治局常委扩大会议（即"西楼会议"），进一步分析形势，研究克服困难的具体办法和措施。会议首先听取了国务院财贸办公室关于1962年国家财政预算的汇报。这份报告没有把当时的财政困难如实反映出来，本来有50亿元的赤字，预算却按收支平衡来编写，收入和支出各定为300亿元。刘少奇听了汇报，对预算报告没如实揭露矛盾提出了严肃批评，指出，"你们搞的是假平衡赤字"，指示财贸办公室重新写报告，把财政赤字如实摆出来，同时提出要中央解决什么问题，采取哪些具体措施。在这次会议上，陈云同志就当时的财政经济情况和克服困难的办法发表了重要意见，刘少奇表示完全赞同，并对陈云同志说，光是你在这里说我们赞成还不行，建议召开一次国务院全体会议，更充分地讲一讲，让参加国务院全体会议的同志都了解我们目前的经济情况，了解我们的方针政策和具体措施，以利于统一思想、统一行动。

根据刘少奇的建议，陈云同志于2月26日向国务院各部委党组全体成员作了《目前财政经济的情况和克服困难的若干办法》的讲话。这次会议的气氛非常活跃，陈云同志的讲话受到与会同志的一致拥护。会后，刘少奇又

①《刘少奇选集》下卷，人民出版社1985年版，第373页。

提出用中央的名义把陈云同志的讲话转发全国，并且对转发时中央批语的内容和写法讲了他的具体意见。批语草稿拟出后，他又亲自做了多处重要修改。经毛泽东同意，中央于3月18日全文转发了陈云同志的讲话。与此同时，刘少奇建议由陈云同志担任中央财经小组组长，主持经济调整工作。刘少奇对陈云同志说："大家都同意你当，你就当，就我个人来说，全力支持你，支持到底。"①

"西楼会议"以后，在刘少奇、周恩来主持下，中央和国务院采取了一系列具体措施来克服困难，加快国民经济的调整工作。1962年3月10日，做出了《关于切实加强银行的集中统一，严格控制货币发行的决定》，要求把货币发行权真正集中于中央，加强现金管理，严格结算纪律等。4月21日又做出了《关于严格控制财政管理的决定》，要求加强财政监督，严格财政纪律等。3月20日中央发出了关于严禁各地进行计划外工程的通知，要求正在建设的所有计划外工程一律停止施工，特别是楼、堂、馆、所，不论建设到什么程度，必须立即停止施工。4月25日国家计委向中央报送了1962年国民经济的调整计划，对原来的草案进行了较大幅度的调整，其中除了要求多增加一些日用工业品外，其他生产指标特别是重工业生产指标都调低了。对于基本建设规模也作了进一步压缩，国家预算内的基本建设投资由原计划的60.7亿元缩减为46亿元，减少了将近1/4。

为了进一步讨论和落实1962年的计划调整方案，刘少奇于5月7日至11日在北京主持召开了中央局书记参加的中央工作会议。会议通过了《中央财经小组关于讨论1962年调整计划的报告》，确定了进一步调整的决策，以及应当采取的方针和措施。刘少奇、周恩来、邓小平等中央领导同志在会上作了重要讲话。他们对当时的经济形势作了进一步分析，对1958年以来所犯的"左"的错误进行了严肃批评。刘少奇尖锐地指出："以后计划要这样定：计划定低一点，在执行中间超过计划；按短线来平衡，不要按长线来

①转引自《刘少奇研究论文集》，中央文献出版社1989年版，第401页。

平衡，而且要留有余地，以便在执行中间超过计划。‘左’了这么多年，让我们‘右’一下吧。这个高指标的尾巴，一直还没有割掉，今年要把这个尾巴割掉才好。”①

这次中央工作会议以后，各地方、各部门迅速地贯彻会议精神，国民经济的调整工作在全国范围内普遍深入展开，并很快取得了效果。1962年，农业总产值比1961年增长了6.2%，粮食产量增长了250亿斤；工业生产超额完成了调整后的计划,基本建设战线大大缩短；市场供应开始缓和，整个经济趋于稳定。到了1963年、1964年，全国经济情况继续好转。1965年继续调整一年，国民经济得到全面恢复和发展，人民生活得到改善。历史证明，我们党在这一时期的经济工作是卓有成效的，是得到全国人民拥护的。这一成就的取得是党的集体智慧的成果，其中刘少奇作为当时党中央日常工作的主持者和国家主席，起了极为重要的作用，充分显示了他那高超的领导艺术。刘少奇说：“可以断言，只要认真吸取工作中的经验教训，我们一定能够比较快地战胜困难，社会主义建设事业必将进入一个新的大发展的时期。”②这就是说，善于总结经验教训、善于学习，是解决问题和战胜困难，不断把社会主义事业推向前进的重要思想方法和工作方法。

从认识和实践的关系来讲，人们在实践基础上实现由感性认识到理性认识，由理性认识再到实践的两次飞跃的过程，都离不开总结经验。人们的感性经验是认识的开端和基础，仅仅是零散的材料，要认识和把握事物的本质，必须用马克思主义的思想方法认真加以总结，经过去粗取精、去伪存真、由此及彼、由表及里的分析加工，才能上升到理性认识。有了理性认识以后，回到社会实践中去，把实践中所得到的经验教训再进行总结。只有这样反复实践，反复总结，才能逐步达到认识和把握事物的客观规律，才能真正有所发现，有所发明，有所创造，有所前进。刘少奇用他的实际行动证明了善于总结经验是马克思主义的一个重要思想方法和工作方法。

---

①②《刘少奇选集》下卷，人民出版社1985年版，第444、359页。

# 一六　道德修养与共产主义的人生观

在长期的革命斗争中，鉴于无产阶级革命和社会主义建设事业的需要，刘少奇深刻地概括和总结了革命斗争中中国共产党人和革命人民可歌可泣的高贵道德品质，形成了丰富的伦理思想。刘少奇先后发表的《论共产党员的修养》《论党员在组织上和纪律上的修养》《论党内斗争》《论党》，以及新中国建立以后发表的《为更高的共产党员的条件而斗争》《为增强党的团结而斗争》《在扩大的中央工作会议上的报告》《在扩大的中央工作会议上的讲话》《加强基层领导,改进工作作风》等著作，比较集中地体现了他的伦理思想，发展了马克思主义的道德哲学。特别是他的《论共产党员的修养》一书，系统地阐述了共产主义道德观，极大地丰富了马克思主义伦理学的理论宝库。

## （一）共产主义道德修养的实质、目的和根本途径

《论共产党员的修养》是刘少奇于 1939 年 7 月在延安马克思列宁学院的讲演，曾连续发表于《解放》周刊。在延安整风运动中，其中部分章节被列为整风文献。1962 年经作者修订，由人民出版社再版。

写这部光辉著作的目的，是为了发扬中国共产党的革命传统，树立正确的建党思想，妥善地进行必要的思想斗争，健全党的组织，搞好党员和干部的思想教育，提高他们的政治觉悟，增强抵制资产阶级思想的侵蚀能力，以便使党更好地把广大人民群众动员起来，开展对敌斗争，完成伟大的民族民主革命的任务。几十年来，《论共产党员的修养》一书一直是中国共产党对广大党员进行道德修养教育，提高他们政治觉悟的重要文件。

道德修养主要是指人们的思想意识、道德品质方面的自我教育和自我改造。以毛泽东为代表的中国共产党人一向重视广大党员的道德修养问题。在民主革命时期，毛泽东号召全党努力提高“我们党的马克思列宁主义的修养”[①]，其中包括共产主义的道德修养。周恩来在《我的修养要则》中提出，“要与自己的他人的一切不正确的思想意识作原则上坚决的斗争”，“永远不与群众隔离，向群众学习，并帮助他们。过集体生活，注意调查，遵守纪律”[②]，为党内外树立了道德修养的光辉榜样。刘少奇也十分重视道德修养问题，他不仅身体力行，在实际行动中为我们树立了光辉榜样，而且在《论共产党员的修养》等论著中对道德修养的实质、目的和根本途径做了深刻的论述。

道德修养的实质是什么呢？刘少奇指出：“我们共产党员的修养，是无产阶级革命家所必需有的修养”[③]，“就是每个党员用无产阶级的思想意识去同自己的各种非无产阶级思想意识进行斗争；用共产主义的世界观去同自己的各种非共产主义的世界观进行斗争；用无产阶级的、人民的、党的利益高于一切的原则去同自己的个人主义思想进行斗争”[④]。这就是说，共产主义道德修养的实质，就是积极地培养共产主义道德品质，自觉地用无产阶级的思想意识和共产主义世界观，不断地克服和肃清剥削阶级的旧道德、旧习惯的影响。

道德修养的目的是什么呢？刘少奇提出：“我们应该把自己看作是需要而且可能改造的。不要把自己看作是不变的、完美的、神圣的，不需要改造的、不可能改造的。我们提出在社会斗争中改造自己的任务，这不是侮辱自己，而是社会发展的客观规律的要求。如果不这样做，我们就不能进步，就不能实现改造社会的任务。”[⑤]这里深刻地揭示了进行共产主义道德修养的目

①《毛泽东选集》第2卷，人民出版社1966年版，第499页。
②《周恩来选集》上卷，人民出版社1980年版，第125页。
③④⑤《刘少奇选集》上卷，人民出版社1981年版，第101、121、98页。

的是在改造客观世界的同时改造自己的主观世界，不断地推进社会的进步。

道德修养的根本途径是什么呢？刘少奇认为，共产党人进行共产主义道德修养，一方面要积极参加人民群众的革命实践活动，在人民群众的革命实践中改造自己，进行道德修养，锻炼自己的无产阶级的思想意识；另一方面，要努力学习马克思列宁主义理论，在学习马克思列宁主义过程中，培养和锻炼自己的无产阶级思想意识。

共产党员的道德修养和群众的革命实践有密切的关系，人民群众的革命实践活动是进行道德修养的根本途径。我们一定要在人民群众的革命实践中进行修养和锻炼，无论如何都不能脱离当前的人民群众的革命斗争。因为我们进行道德修养的唯一目的是为了人民，为了革命的实践。在实践中不断地改正清洗自己思想意识中的一切错误的东西，增强自己无产阶级共产主义的意识和道德品质。这就是马克思主义的修养方法。刘少奇说："我们要做马克思列宁主义创始人的最忠实、最好的学生，就需要在无产阶级和一切群众的长期而伟大的革命斗争中进行各方面的修养。"①这种方法与其他唯心主义的脱离人民群众的革命实践的修养方法有根本的不同。唯心主义的修养方法是形式的、抽象的，脱离社会实践的东西，他们片面夸大主观的作用，以为只要保持他们抽象的"善良之心"，就可以改变现实、改变社会和改变自己。我们决不能这样去进行道德修养。我们的道德修养一刻也不能脱离实践。只有社会实践才是产生优秀道德品质的源泉，才是检验道德修养客观效果的标志和推动人们的道德修养不断发展的动力。总之，只有社会实践才是道德修养的根本途径。

刘少奇还认为，共产党员进行道德修养，还必须努力学习马克思主义理论。"我们共产党员，不但要在革命的实践中改造自己，锻炼自己的无产阶级思想意识，而且要在学习马克思列宁主义理论的过程中改造自己，锻炼自己的无产阶级思想意识。"②学习马克思列宁主义主要是学习无产阶级的立

①②《刘少奇选集》上卷，人民出版社 1981 年版，第 108~109、112 页。

场、观点和方法，用马列主义原则去抵制和克服自己思想意识上的旧东西，端正自己的无产阶级立场，并能够运用马克思列宁主义的原则去处理实际问题。

有的共产党员认为，只要自己革命坚决，斗争勇敢，就完全行了，学习不学习马克思列宁主义理论，进行不进行马克思列宁主义理论的修养，都没有什么关系；有同志甚至认为，只靠家庭出身好，本人成分好，用不着学习马克思列宁主义，也能够成为无产阶级的先进战士；还有的同志虽然一般地承认理论的重要性，但是在工作和斗争中却从来不认真学习马克思列宁主义。刘少奇尖锐地批评说："所有这些想法，显然都是不对的。"①马克思列宁主义的理论，是我们观察一切现象、处理一切问题的武器，特别是观察一切社会现象、处理一切社会问题的武器，如果我们不能掌握马克思列宁主义的理论武器，我们就不能正确地认识和处理在革命斗争中所遇到的各种问题，就有迷失方向、背离无产阶级革命立场的危险，甚至可能自觉地或者不自觉地成为各种机会主义者，成为资产阶级的俘虏和应声虫。

共产主义事业是人类历史上空前伟大而艰难的事业，完成这样艰难而伟大的事业必须用马克思主义作指导，制定正确的战略和战术，具有很高的马克思列宁主义领导艺术。革命坚决、斗争勇敢是每一个共产党员必须具备的品质。共产党员有了这样的品质，还必须在不同的历史时期，在不同的斗争条件下，正确地解决如何革命、如何斗争的问题，才能争取革命的胜利，实现共产主义的最高理想。因此，刘少奇号召共产党人要做马克思和列宁的好学生，要把伟大的马克思列宁主义创始人一生的言行、事业和品质，作为我们锻炼和修养的模范。刘少奇说："毛泽东同志不断地提出过，一切有相当研究能力的党员，都要研究马克思列宁主义的理论，研究当前运动的实际情况，研究本国和世界的历史，学会用马克思列宁主义理论指导行动，并且经过他们去教育那些文化水平和理论水平较低的同志。毛泽东同志的这个指

①《刘少奇选集》上卷，人民出版社 1981 年版，第 116 页。

示，在任何时候，都应该引起我们全党的注意。”[①]我们共产党员和每一位要革命的同志，只要有为共产主义奋斗的坚强意志和决心，在伟大的群众革命斗争中刻苦学习马克思主义理论，善于总结经验，进行锻炼和修养，终身为无产阶级共产主义事业而奋斗，就可以成为马克思列宁主义创始人的最好学生。

## （二）党的利益高于一切

刘少奇在《论共产党员的修养》中明确指出：“党的利益高于一切，这是我们党员的思想和行动的最高原则。”[②]他希望共产党员在任何时候、任何问题上，都要想到党的整体利益，都要把党的利益放在个人利益之上。当个人利益和党的利益发生矛盾的时候，要毫不犹豫地服从党的利益。“为了党的、无产阶级的、民族解放和人类解放的事业，能够毫不犹豫地牺牲个人利益，甚至牺牲自己的生命，这就是我们常说的‘党性’或‘党的观念’、‘组织观念’的一种表现。这就是共产主义道德的最高表现，就是无产阶级政党原则性的最高表现，就是无产阶级意识纯洁的最高表现。”[③]文如其人，一本《论共产党员的修养》就是刘少奇一生所坚持的党性原则、思想意识和作风的真实写照。

### 1. 党员个人利益无条件地服从党的利益

刘少奇同志指出：“个人利益服从党的利益，地方党组织的利益服从全党的利益，局部的利益服从整体的利益，暂时的利益服从长远的利益，这是共产党员必须遵循的马克思列宁主义的原则。”[④]当然这也是共产主义道德观和人生观的最高原则。

个人利益服从党的利益，也就是服从阶级解放和民族解放的、共产主义的、社会发展的利益。“一个共产党员，在任何情况下，能够不能够把自己个人的利益绝对地无条件地服从党的利益，是考验这个党员是否忠于党、忠

①②③④《刘少奇选集》上卷，人民出版社 1981 年版，第 120、130、131、129 页。

于革命和共产主义事业的标准。”[①]党的利益高于一切，这是我们党员的思想和行动的最高原则。在个人利益和党的利益不一致的时候，要坚决服从党的利益，牺牲个人利益。为了党的、无产阶级的、民族解放和人类解放的事业，能够毫不犹豫地牺牲个人利益，甚至牺牲自己的生命，这就是共产主义人生观和道德观的最高表现。刘少奇强调，共产党员应该具有人类最伟大、最高尚的一切美德。这种道德之所以伟大，是因为它不是建立在保护个人和少数剥削者的利益的基础上，而是建立在无产阶级和广大劳动人民利益的基础上，建立在解放全人类、建设幸福美好的共产主义社会的利益的基础上，建立在马克思列宁主义的科学共产主义的理论基础上。这是最伟大最崇高的共产主义人生观和道德观。

为了论证共产党员把党的利益看得高于一切的极端重要性，刘少奇分析批评了某些党员中存在着的浓厚个人主义和自私自利的思想意识。他说有些共产党员在解决各种具体问题时，常把个人利益摆在前面，把党的利益摆在后面。对于个人利益总是患得患失，假公济私，借着党的工作去达到个人的某种目的；借口原则问题，借口党的利益，用这些大帽子去打击报复他所怀恨的同志。讲到待遇、享受和其他个人生活问题，总是企图要超过别人。在同志关系方面，他们好出风头，好居功，盛气凌人，不可一世，企图压倒别人，总想把走在自己前面的人拉下来，用损害别人的方法去达到抬高自己的目的。这种人往往“看人看势说话”，“顺风转舵”，毫无原则，简直像寓言中的蝙蝠一样，看哪一方面行时，他就投到哪一方面去，实际上这是“非驴非马”“两面三刀”的人。在党内生活中，他们常常搞无原则的派别斗争，或者故意地打击某些人，或者互不得罪，互相隐瞒，互相吹嘘；讲到工作，就要和不如他的人比较，有吃苦的事，设法避开，有危险的时候，就企图逃走。刘少奇认为，“这种人的脑筋，浸透着剥削阶级的思想意识。他相信这样的话：‘人不为己，天诛地灭’，‘人是自私的动物’，‘世界上不会有真正

①《刘少奇选集》上卷，人民出版社 1981 年版，第 130 页。

大公无私的人，如果有，那也是蠢才和傻瓜’。他甚至用这一大套剥削阶级的话，来为他的自私自利和个人主义辩护”[①]。这种个人主义和自私自利的思想意识与党的利益高于一切的思想是格格不入的，在党内是不允许存在的。

当然，在我们党内，强调党员的个人利益要服从党的利益，为了党的利益，还要求党员在必要时牺牲个人利益。“但是，这并不是说，在我们党内，不承认党员的个人利益，要抹煞党员的个人利益，要消灭党员的个性。党员总还有一部分私人的问题需要自己来处理，并且也还要根据他的个性和特长来发展他自己。”[②]“党员个人的利益必须而且能够和党的利益完全取得一致。”[③]因此，党允许党员在不违背党的利益的范围内，去建立他个人的以至家庭的生活，去发展他个人的个性和特长。同时，党在一切可能的条件下，还要帮助党员根据党的利益的要求，去发展他的个性和特长，保护党员个人的不可缺少的利益。总之，我们每一个共产党员，都要以党的利益高于一切作为自己思想和行为的准绳。刘少奇在民主革命时期是这样教导我们的，也是这样做的；在新中国建立之后的二十年里，他也是这样谆谆教导我们和身体力行的。

2. 共产党人的雄心壮志

刘少奇是伟大的共产主义战士，他为共产主义伟大事业的胜利奋斗了一生。刘少奇多次向广大党员指出，共产党是用马克思列宁主义武装起来的，最革命的、战斗的无产阶级政党。当它处于被压迫地位的时候，它要利用一切可能，组织和领导广大人民，为准备和进行革命、为夺取政权而斗争。当它取得了国家政权以后，它要组织和领导人民把革命进行到底，建设社会主义和共产主义，并继续同国际帝国主义作斗争，支援世界各国人民的革命运动，一直到共产主义世界的实现。“这些就是无产阶级革命政党的雄心壮志。它把自己的一切力量，贡献给人民的事业，经历各种曲折，绕过各种暗

①《刘少奇选集》上卷，人民出版社 1981 年版，第 139 页。

②③《刘少奇选集》上卷，人民出版社 1981 年版，第 135、135 页。

礁，用不屈不挠的斗争来实现这种雄心壮志。”[①]我们党就是这样一个无产阶级的雄心壮志的革命政党。

为了使我们党永远保持无产阶级革命政党的雄心壮志，刘少奇艰苦地奋斗到最后一刻。“文化大革命”中，林彪、江青一伙对刘少奇进行残酷的摧残和迫害，指控他是“党内头号走资本主义道路的当权派”，诬蔑他是“叛徒、内奸、工贼”，“造反派”硬抄他的家，拆掉他的电话，勒令他自己做饭、打扫卫生、洗衣服等。他顽强地承受着沉重如山的压力和痛苦。1967年4月9日，刘少奇怀着极为痛苦的心情对妻子、儿女们说：“一个革命者，一生为革命，死也永远为共产主义事业，一心不变。”说到这里，他稍停了一下，并恢复了以往的安详神态，亲切地望着自己的亲人缓慢地说：“将来，我死了以后，你们要把我的骨灰撒到大海里，像恩格斯一样。大海连着五大洋，我要看着全世界实现共产主义。你们要记住，这就是我给你们的遗嘱!”

3. 终生尊重毛泽东

刘少奇为了党的伟大事业，终生尊重毛泽东，把毛泽东作为无产阶级政党的伟大领袖来拥护和爱戴。

刘少奇从不擅权、自作主张，凡是重大的事情总是请示党中央和毛泽东。1943年，刘少奇回到延安任中央书记处书记。在整风运动中，他和毛泽东一起领导全党对我党历史上“左”、右倾机会主义路线进行总批判、总清算，帮助人们提高对王明路线实质的认识。当时王明很顽固，仍然吹嘘他那本作为“左”倾机会主义路线纲领的小册子——《为中共更加布尔什维克化而斗争》，标榜自己是执行所谓“国际路线”。刘少奇一针见血地指出，这是一本“罪恶的小册子”，是穿上国际路线与布尔什维克党的外衣来进行欺骗的小册子。他谆谆教育全党说，我们要做马克思、列宁的好学生；要做到这一点，就要学习毛泽东，不学王明。毛泽东同志把马列主义理论和中国革

①《刘少奇选集》下卷，人民出版社1985年版，第395页。

命实践结合起来，他就有了真马克思主义、中国马克思主义，就有了解决中国革命的各种问题的金钥匙。毛泽东是我国英勇的无产阶级的杰出代表，是我们伟大民族的优秀传统的杰出代表，代表着中国革命唯一正确的方向，因此，“一定要跟随我们的领袖毛泽东”①。1945年5月，在党的七大修改党章的报告中，刘少奇热情讴歌我们党产生了自己的领袖毛泽东，科学地阐明了毛泽东思想“是我们党的唯一正确的指导思想，唯一正确的总路线”②。

新中国成立之后的几十年中，刘少奇也是处处维护毛泽东的崇高声望，把自己对毛泽东的由衷热爱倾注在自己的行动之中。1961年4月，刘少奇在湖南省宁乡调查时，先在宁乡东湖塘公社的一个大队住了几天，打算听完中央调查组汇报就回家里看看。可是，他一听说毛泽东也到湖南来了，就立即从东湖塘赶往韶山，又从韶山赶到长沙，亲自向毛泽东汇报他调查的情况。毛泽东听了他的汇报，十分高兴，风趣地对人说，我也向少奇同志学习，到韶山调查去。5月份，刘少奇从炭子冲回到宁乡县城后，又迅速把他所了解的情况写成书面汇报，派人专程去杭州送给毛泽东。在宁乡调查时，他看到有的地方写着“刘主席万岁!”的大幅标语，就叫人把这样的标语立即涂掉，并说：“我们党和国家只有一个主席，就是毛主席，要喊，只能喊毛主席万岁。”③

半个多世纪以来，刘少奇一直跟随毛泽东，与毛泽东紧密配合，和其他中央领导同志通力合作，这样便团结了全党同志，发扬了党的优良传统和作风，保证了我国革命和建设事业的胜利发展。

## （三）严于责己，为捍卫政治生命奋力抗争

刘少奇为了党的利益，为了革命事业，具有忘我的革命斗争精神。在革命斗争中，遇到困难和挫折，他总是坚定不移，百折不回；一旦发现错误，

①转引自《缅怀刘少奇》，中央文献出版社1988年版，第20页。

②《刘少奇选集》上卷，人民出版社1981年版，第334页。

③转引自《怀念刘少奇同志》，湖南人民出版社1980年版，第331页。

坚决迅速改正。在党的八大政治报告中，他曾明确讲：“从我们党的历史可以得出这样的结论：党的经验多少和党的领导人选对于党是否犯错误有重要的关系，但是关系更重要的，是各个时期广大党员首先是党的高级干部是否善于用马克思列宁主义的立场、观点和方法去总结斗争中的经验，坚持真理，修正错误。”①

1961年5月，刘少奇回湖南家乡调查研究，发现农民生活还很苦，吃穿还有很大困难，于是怀着沉痛的心情说：“我将近四十年没有回家乡了，很想回来看看。回来了，看到乡亲们的生活很苦。我们工作做得不好，对你们不起。”②刘少奇谈到1958年之后的三年困难时期的原因时，指出近几年的困难，当然有天灾问题，“但不是主要的，主要是工作中犯了错误，工作做得不好”③。工作中的错误，不能完全怪大队干部，上边要负主要责任。县有一部分责任，省有一部分责任，中央有一部分责任。当然，大队干部不是没有责任，要负一小部分责任，有的是中央提倡的，如办食堂。“因此根子还在中央，不过到了下边就加油添醋了。”④刘少奇在调查中，根据广大农民群众的意见，决定解散食堂，农民群众欢欣鼓舞。一个70多岁的老人满意地说：“这下上面睡醒了。”刘少奇听后对工作组同志们说：“老人家讲的上面，从公社算起，一直到中央，过去都在睡觉，都不了解实际情况。现在，是不是真正睡醒了呀！”⑤这富有哲理的问话，充分反映了刘少奇为了党的事业，为了人民的利益，严于自责的精神。

刘少奇为了党的利益，有甘愿牺牲个人一切的精神，无论民主革命时期，还是社会主义革命和建设时期，他都把党的利益置于个人利益之上。党的八届十一中全会期间，毛泽东于8月5日写了《炮打司令部——我的一张大字报》。这次党的会议决定，刘少奇从第二位降到第八位。他当即表示，保证服从党的决议，努力去认识自己的错误，不做任何不利于党的事。从这

①②③④《刘少奇选集》下卷，人民出版社1985年版，第266、328、328、329页。
⑤《怀念刘少奇同志》，湖南人民出版社1980年版，第348页。

以后，“文化大革命”初期派工作组的问题升格为“资产阶级司令部”的错误了。既称“司令部”，就不应是一个人，但刘少奇从内心里不愿意牵连别人。一次在会议休息时，当一位老同志走来向他表示同情时，刘少奇当即会意地对在场的同志说：“错误与同志们无关，我一个人负责，请大家放心。”在当年 10 月的中央工作会议上，刘少奇正式向大会提出：“这个错误的主要责任应该是由我来负担。……第一位要负责任的，就是我。”①

①转引自《刘少奇研究论文集》，中央文献出版社 1989 年版，第 452 页。

# 结束语

刘少奇的一生，是革命的战斗的伟大的一生。他把毕生精力奉献给了我国无产阶级革命和建设的事业，为中华民族的解放，为我国社会主义革命和社会主义建设，为国际共产主义运动，做出了重大贡献。邓小平同志在刘少奇追悼会上的悼词，对他的一生做了全面的公正的评价。“刘少奇同志言行一致。他在《论共产党员的修养》中对广大党员提出的党性锻炼的要求，自己都以身作则地实践了。”文如其人，《论共产党员的修养》一书，是一切优秀共产党员在艰苦卓绝的斗争中形成的高尚品格的结晶，也是刘少奇自己理想信念、道德风貌的写照。

刘少奇作为伟大的马克思主义者和无产阶级革命家，作为我们党和国家的卓越领导人之一，其所以在半个世纪的革命生涯中，不畏艰险，不怕牺牲，为中国人民的解放事业和社会主义革命及建设事业，进行不屈不挠的斗争，做出了不可磨灭的贡献，并得到了全党和全国人民的敬仰和深切怀念，是与他的科学的哲学理论和科学的思想方法密不可分的。在他那战斗的一生中，不仅有许多科学的哲学理论观点，至今在各个方面给我们以有益的启示，而且他那优良的思想作风和科学的思想方法，无论过去、现在和将来，都是我们共产党人和中国人民学习的榜样。我们研究他的哲学理论和科学的思想方法，认真地总结并继承这份珍贵的精神遗产，不仅是研究刘少奇思想不可缺少的重要组成部分，更重要的是将有助于我们为建设有中国特色社会主义而努力。

刘少奇是中国共产党内伟大的理论家。他善于运用马克思列宁主义、毛泽东思想来分析和解决实际生活中遇到的种种新问题，并经过深思熟虑，把丰富的实践经验提到理论高度，做出富有创见的理论概括。刘少奇同志又是实干家，他总是脚踏实地，深入实际，调查研究，对工作抓得十分细致扎实。他一生表里如一，言行一致，严于律己，在工作中从不擅权、自作主张；他作风民主，严守纪律，在工作中总是勤勤恳恳，艰苦奋斗；他一贯把党的利益置于个人利益之上，数十年如一日，把自己的一生无私地奉献给了党和人民。

在“文化大革命”中，他被非法剥夺了一个共产党员、一个公民应该享有的起码权利，遭受到各种污辱、打击以至人身迫害。在这样极端困难的情况下，他还是坚决维护宪法的尊严，严格遵守党的纪律，日夜关心着党和国家的命运，关心着人民的命运。一个共产党员，能够得到党的信任，得到同志和人民的信任，是最大的幸福。

他在《论共产党员的修养》一文中，要求共产党员能够经得起各种打击，在受到大多数人的反对和指责而暂时孤立，甚至因此而牺牲生命的时候，也能够逆潮流而拥护真理，绝不随波逐流。他默默无声地死去，把对共产党员的期望，变成了自己忠贞实践的诺言。

任何政党、任何个人在革命斗争中犯一些错误是难免的，重要的是看他对待错误的态度，是看他的主流和大方向是否正确。刘少奇在半个多世纪的革命实践中，也犯过这样或那样的错误，但他毕生坚持社会主义道路，坚持无产阶级专政，坚持共产党的领导，坚持马列主义、毛泽东思想。也正因为如此，他对于自己工作中的缺点和错误，总是从人民的利益出发，严于责己，勇于承担责任，勇于公之于众，勇于纠正错误。

刘少奇是一个纯洁正直、光明磊落、道德高尚的共产党员，是在党内和国内享有崇高威望的领导人，他的不朽事迹和光辉形象将永远铭刻在全党同志和全国各族人民的心中。我们学习他留下来的哲学理论财富，学习他的革命精神和高尚的道德品格，学习他的优良的思想作风和科学的思想方法，把伟大的社会主义事业推向前进，这就是我们应该得出的结论。

# 下篇

XIA PIAN

# 刘少奇哲学思想研究述评[①]

十多年来，刘少奇哲学思想研究是逐步展开的，并取得了一定成果。据不完全统计，已出版了两本《刘少奇哲学思想研究》专著，发表了40多篇论文。从已发表的论著来看，不同观点的争论甚少，大都是挖掘和阐述刘少奇的哲学理论观点，阐发他对毛泽东哲学思想的贡献。研究内容涉及刘少奇哲学思想的各个方面，本文仅就以下几个主要问题的研究状况作一评述。

## 一、关于哲学体系及其特色问题

刘少奇是伟大的马克思主义理论家，这是全党及思想理论界公认的。但是，刘少奇是不是一个哲学家？如果是的话，他的哲学理论有没有一个科学体系？他的哲学理论的基本特色是什么？这是近年来理论界研讨的一个重要问题。

大多数研究者高度评价了刘少奇对马克思主义哲学的运用和发展，提出刘少奇既是伟大的无产阶级革命家，又是伟大的马克思主义理论家和哲学家。韩树英在《刘少奇哲学思想研究》"序"中明确指出："作为伟大的马克思主义者，刘少奇同志对马克思主义哲学理论和它的作用，有着独到的见解。"[②]

论者指出，刘少奇的哲学思想主要散见在他的一系列报告、讲话、论著

①载于《刘少奇研究述评》，中央文献出版社1997年版。

②商孝才：《刘少奇哲学思想研究》，宁夏人民出版社1993年版，第2页。

中，体现在指导中国革命和建设的实际工作中。他自觉运用马克思主义哲学的基本原理分析和解决实际问题的能力，曾受到中共中央和毛泽东的赞扬。1937年6月，毛泽东称赞刘少奇“懂得实际工作的辩证法”。毛泽东在延安整风时写的一篇驳“左”倾路线的文章中写道，刘少奇是坚持唯物辩证法的“正确的领袖人物”。1941年9月10日，王稼祥在中共中央政治局扩大会议上说：“在苏区毛主席代表了唯物辩证法，在白区刘少奇同志代表了唯物辩证法。”陈绍畴在《毛泽东和刘少奇》一文中指出：“毛泽东和刘少奇在领导中国革命中，在思想理论方面很突出的一点，就是善于坚持和运用唯物辩证法来解决中国革命的问题。”“他们是我们党的理论大师，最基本的一点，就是坚持唯物辩证法，把马列主义普遍原理同中国革命具体实践相结合。他认为毛泽东在苏区、刘少奇在白区同‘左’倾教条主义作斗争，他们坚持了马克思主义的路线，坚持了唯物辩证法。这是刘少奇成为毛泽东的亲密战友的思想基础。”[①]

不少论者明确指出，刘少奇的哲学思想不仅体现在他的一系列报告、讲话、论著中，而且还体现在《论共产党员的修养》《人的阶级性》《人为什么犯错误？》《国营工厂内部的矛盾和工会工作的基本任务》《如何正确处理人民内部矛盾》等理论价值很高的哲学论著中。李宗远的《刘少奇哲学思想述要》[②]、忻剑飞的《“辩证启新思”——刘少奇哲学理论学习札记》[③]等文，以及龙平平等主编的《毛泽东周恩来刘少奇朱德邓小平陈云哲学思想概要》[④]、吴月堂等主编的《刘少奇哲学思想研究》[⑤]、商孝才的《刘少奇哲

①陈绍畴：《毛泽东和刘少奇》，《说不尽的毛泽东》（上），中央文献出版社、辽宁人民出版社1993年版，第551、555、553页。

②李宗远：《刘少奇哲学思想研究述要》，《青海民族学院学报》，1987年第2期。

③忻剑飞：《“辩证启新思”——刘少奇哲学理论学习札记》，《社会科学》，1981年第4期。

④龙平平等主编：《毛泽东 周恩来 刘少奇 朱德 邓小平 陈云哲学思想概要》，高等教育出版社1990年版。

⑤吴月堂等主编：《刘少奇哲学思想研究》，中国国际广播出版社1993年版。

学思想研究》[①]等论著，都对刘少奇哲学思想的科学体系及其特色进行了探讨。这些论著认为，刘少奇没有照搬苏联20世纪30年代的哲学教科书，而是依据马克思主义哲学的基本原理，结合中国革命和建设的具体实践，特别是结合党的建设，突出论述了实事求是、主观和客观、事物的矛盾法则、两类矛盾理论，以及党的策略辩证法、党的建设辩证法、经济建设辩证法、文化建设辩证法、党的群众路线、科学的思想方法和工作方法、伦理思想和共产主义人生观等一系列哲学理论，建构了独具特色的哲学体系。

对刘少奇哲学思想的鲜明特色，张文和在《刘少奇的哲学思想中的几个特征》一文中做了较为具体和深刻的分析，指出刘少奇“在认识论上抓住实践这一中心环节，在辩证法理论上抓住矛盾这一核心思想，在历史唯物论上抓住发展这一基本要求，形成了一整套带有鲜明特色的哲学思想，为毛泽东哲学思想的形成与发展做出了许多独特的贡献”。他把刘少奇哲学思想的鲜明特色概括为四个方面：实践第一的认识论；能动的唯物辩证法；独具特色的两类矛盾学说；实际工作中体现的哲学思想。其核心是实事求是。[②]

## 二、关于实事求是问题

刘少奇的哲学思想是毛泽东哲学思想的重要组成部分，而其根本点是实事求是。近些年来，理论界对刘少奇的实事求是的理论和思想作风给予了很高的评价。研究者一致认为，刘少奇是全党“实事求是的榜样”[③]。

---

①商孝才:《刘少奇哲学思想研究》,宁夏人民出版社1993年版。

②龙平平等主编:《毛泽东 周恩来 刘少奇 朱德 邓小平 陈云哲学思想概要》,高等教育出版社1990年版。

③吴冷西:《实事求是的榜样——回忆七千人大会中少奇同志的作风》,《缅怀刘少奇》,中央文献出版社1988年版,第317页。

王光美①、张平化②、吴冷西③、姚力文④、宋士堂⑤等撰文，对刘少奇实事求是的思想观点做了概括和阐述。其要点是：第一，实事求是是一种哲学方法。从实际出发，弄清真实情况，在马克思主义指导下认真地研究国情，研究斗争形势及其变化。这是最基础最重要的工作。第二，坚持实事求是，必须联系人民群众，善于听取干部和群众的意见，正面的、反面的都要听。第三，坚持实事求是，必须坚持调查研究。要敢于承认事实，不能先入为主，带着框框去搜罗某些事例来印证自己的观点。第四，坚持实事求是，要正确对待成绩和缺点。成绩要讲够，缺点要讲透，既不夸大，也不缩小。第五，坚持实事求是，必须具体情况具体分析。不仅要看到现象，还要看到事物的本质；不仅要看到一个方面，还要看到事物的各个方面。要做到真实，就要全面，缺一方面就不是真理。第六，坚持实事求是，要注重马克思主义理论与中国革命实际的结合。既反对经验主义，又反对教条主义，有“左”反“左”，有右反右，既没有“左”，也没有右，就什么也不要反。第七，坚持实事求是，就是坚持真理，必须具有革命的精神和勇气。要说老实话、办老实事、当老实人，要敢于同危害党和人民利益的言论和行为做斗争。

学术界还一致认为，刘少奇实事求是的思想作风，在指导我国经济建设方面有突出的表现，特别是1949年四五月间，刘少奇视察天津时的一系列讲话，深刻地体现了刘少奇求实创新的革命精神和科学态度。马济彬于1988年11月21日在《北京日报》发表的《刘少奇“天津讲话”的历史功绩》

①王光美：《敢于实事求是的一个范例——重读少奇同志〈在扩大的中央工作会议上的讲话〉的感想》，《文献和研究》，1985年第6期。

②张平化：《学习刘少奇同志实事求是、联系群众的作风》，《红旗》，1980年第6期。

③吴冷西：《实事求是的榜样——回忆七千人大会中少奇同志的作风》，《缅怀刘少奇》，中央文献出版社1988年版，第317页。

④姚力文等：《实事求是精神的光辉体现——读〈刘少奇选集〉上卷的一点体会》，《北京日报》，1982年1月8日。

⑤宋士堂等：《革命的实践的唯物主义——学习〈刘少奇选集〉上卷中的哲学思想》，《哲学研究》，1982年第1期。

和薄一波于1989年11月19日在《人民日报》发表的《回忆刘少奇同志建国初期的一些经济建设思想》等文章，认为“天津讲话”是刘少奇用实事求是的思想指导经济建设的重要历史文献。

## 三、关于“理论与实践同时并重”问题

理论和实践相统一的问题，在刘少奇哲学思想中居于十分重要的地位。邓小平在刘少奇同志追悼大会上致的悼词中对刘少奇关于理论和实践相统一的思想给予了很高评价，指出：“刘少奇同志一贯重视研究马列主义理论。他善于根据理论原则，联系实际，周密考察、具体分析问题，具有政治上的远见卓识。我们要学习他这种理论和实践相统一的科学态度。”

论者认为，刘少奇关于理论和实践相统一的思想，突出体现在1941年7月31日《答宋亮同志》的一封信中。这封信针对当时把理论同实践相割裂的错误倾向，明确提出了“关于理论与实践同时并重的正确的意见”。这是引人注目的马克思主义认识论的新观点。这个独具特色的新观点在“文化大革命”中曾遭到严重曲解和批判。为了澄清理论是非，孙冶方①、郑健民②、安起民③等撰文，论证了刘少奇关于“理论与实践同时并重”这一马克思主义认识论观点的理论价值和实践意义。他们指出：其一，刘少奇关于“理论与实践同时并重”的侧重点是强调加强理论学习，是强调哲学社会科学理论对社会实践具有巨大的指导作用。其二，刘少奇关于“理论与实践同时并重”的正确的意见，不是否定实践第一的唯心论，也不是认识论上的二元论，而是为了反对当时存在的两种错误倾向：一种是过分强调实践，轻视理论的重要性，轻视理论对实践的指导作用；另一种是过分强调理论，轻视“实践对理论的基源性和优越性”。这两种倾向的实质在于没有正确解决理论与实践的关系。其三，当时党内存在的主要倾向是轻视理论，有的人把“稍

①②③吕星斗主编：《刘少奇和他的事业》，中共党史出版社1991年版，第610、13、617页。

稍埋头读书”视为“学院派”，把钻研马克思主义理论看作是专家或领导人的工作，甚至被看作“本本主义”一类的东西。孙冶方指出，自刘少奇提出“关于理论与实践同时并重的正确的意见”到现在，已经几十年过去了，“今天我们党的理论水平又怎样了呢？我们党的理论上的准备和修养是否很充分了呢？党内关于理论和实践同时并重的正确意见是否得到了发展了呢？这是很值得我们认真研究的问题”①。孙冶方认为，建国以来党所走过的曲折道路，特别是从“文化大革命”到十一届三中全会以前所走的曲折道路说明，“我们党的理论准备仍然不够，理论水平仍然不高”。这有两个原因：一个是建设社会主义社会是人类历史上的新事物，我们的经验不够；另一个是毛泽东在《整顿党的作风》一文中批评了教条主义和经验主义，而在以后的实际工作中，主要是反对轻视实践的教条主义。因此，在理论和实践的关系问题上的另一种偏向，即“过分强调实践，轻视理论的重要性，轻视理论对实践的指导作用的思想，却很少受到批判，反而有所抬头”，“这就妨碍了党员理论水平的提高，也妨碍了马克思主义哲学社会科学理论在群众中的普及和提高”。②

论者指出，深入研究刘少奇“关于理论与实践同时并重”这一马克思主义认识论观点，对我们深刻认识和高度重视理论学习，切实克服轻视理论的错误思想有重要的指导意义。

## 四、关于矛盾的统一性和两类矛盾的理论问题

论者一致认为，关于矛盾的统一性和两类矛盾的理论，在刘少奇哲学思想中是最引人注目的问题。刘少奇早在 1941 年 10 月写的《人为什么犯错误？》中就提出，矛盾基本上分为对抗的和不对抗的两大类，而“矛盾的最基本的性质是矛盾的统一性”，我们要善于利用矛盾的统一性认识和解决社会问题。后来，他在《国营工厂内部的矛盾和工会工作的基本任务》和《如何正

①②吕星斗主编:《刘少奇和他的事业》,中共党史出版社 1991 年版,第 613、614 页。

确处理人民内部矛盾》等论著中，对这一哲学观点做了进一步发挥。

“矛盾的最基本性质是矛盾的统一性”的内含是什么？是否符合马克思主义哲学基本原理？这是多年来我国理论界思考的重点问题之一。刘少奇认为，矛盾的统一性是指矛盾双方的相互依存性、相互推移性和相互渗透性，其实质是“不可分离性”，对刘少奇这一思想的研究，早在“文化大革命”前就已展开了。杨献珍赞成刘少奇关于矛盾统一性的观点，并把矛盾的统一性生动地表述为“不是冤家不聚头”①，还说这是黑格尔、列宁和毛泽东的哲学观点。商孝才在《刘少奇哲学思想研究》一书中，对刘少奇关于矛盾统一性的哲学观点也做了肯定性的分析和论述。他认为，刘少奇“这一哲学观点是符合马克思主义哲学的基本观点的，是对客观矛盾本性的深刻揭示，是对马列主义矛盾法则的重要发挥”②。

论者指出，善于利用矛盾的统一性解决社会问题，严格区分两类不同性质的社会矛盾，是刘少奇指导中国革命和建设的重要思想方法，是对毛泽东两类不同性质社会矛盾理论的丰富和发展。王贵秀等的《评对“党内和评论”的批判》③、张宝山的《刘少奇对国营工厂内部矛盾和工会工作的理论建树》④、马云飞的《刘少奇对两类社会矛盾学说的贡献——读〈如何正确处理人民内部矛盾〉》⑤等文章，对这一问题做了较深入的分析和研究。他们认为，刘少奇的理论观点归纳起来有这样几个方面：第一，任何矛盾都有“两重性”，但“两重性”双方并不是永远势均力敌，无所侧重的。对于统一性和斗争性在每一对具体矛盾中的地位，应该视具体条件的不同而变化。该维护矛盾的统

①杨献珍:《我的哲学“罪案”》,人民出版社 1981 年版,第 301 页。

②商孝才:《刘少奇哲学思想研究》,宁夏人民出版社 1993 年版,第 30~31 页。

③王贵秀等:《评对“党内和平论”的批判》,《红旗》,1980 年第 2 期。

④张宝山:《刘少奇对国营工厂内部矛盾和工会工作的理论建树》,《〈刘少奇选集〉下卷学习研究文集》,中共中央党校出版社 1985 年版,第 72 页。

⑤马云飞:《刘少奇对两类社会矛盾学说的贡献——读〈如何正确处理人民内部矛盾〉》,《〈刘少奇选集〉下卷学习研究文集》,中共中央党校出版社 1985 年版,第 89 页。

一体时则坚决维护之;该打破统一界限时则坚决打破之。刘少奇关于党内斗争理论和正确处理人民内部矛盾的理论，实质上是关于“矛盾两重性”的哲学思想的具体运用和发挥。第二，在解决矛盾的方法上，刘少奇反复强调，任何矛盾都有“两重性”，我们解决矛盾常常是强调某一个方面，有时强调斗争方面，而有时则强调统一方面，即强调统一性，而不是只讲斗争性。第三，解决非对抗性矛盾，解决党内问题，我们的方针是利用矛盾的统一性（不去扩大它的斗争性）。我们不是斗争的嗜好者，而是主张党内的原则斗争，又承认在原则一致基础上的必要的“和平”与“妥协”。第四，刘少奇明确提出了“现在人民内部的矛盾已成为主要矛盾”的科学论断，这是我们党的领导人和党的文件第一次也是唯一一次做这样明确的表述，它不仅体现了刘少奇在实践中勇于探索的理论勇气，而且以更明确的语言概括了我国在生产资料所有制的社会主义改造基本完成后的阶级关系和政治形势。第五，刘少奇提出要严防用对付敌人的办法来处理人民内部矛盾问题，专政机关对人民来说，要变成处理人民内部矛盾的机关；要加强社会主义法制建设。第六，刘少奇依据实际情况和阶级关系的新变化，明确提出在人民民主专政条件下，要自觉地“利用矛盾的统一性及双方的一切优点，来推动和促进这个矛盾的和解和妥协（经过适当的斗争），以达到双方团结一致，共同努力进行生产的目的”[①]。第七，刘少奇强调共产党人要善于“利用矛盾的统一性及双方的一切优点”解决矛盾问题，绝对不是否定在一定条件下利用矛盾的斗争性解决矛盾的客观必要性。我们采取什么样的方针和方法解决矛盾，不是凭主观愿望决定的，而是由客观矛盾的性质决定的。“我们共产党人不是斗争的嗜好者”，“似乎非要斗一下我们才舒服，不斗一下就不过瘾。但我们也不害怕斗争，在需要用强硬的斗争的办法来解决矛盾的时候，我们是不吝惜斗争的。”“只是在必要的时候才采取强力的办法、压服的办法。”[②]这充分说明，刘少奇是伟大的唯物辩证论者。

---

①②《刘少奇选集》下卷，人民出版社 1985 年版，第 94、302 页。

## 五、关于“人”的问题及其伦理道德问题

关于“人”的问题和伦理道德问题，研究刘少奇哲学思想的论著都有不同程度的涉及，也发表了一些学术论文，并有一定的研究深度和理论价值。

论者认为，刘少奇十分重视对“人”的问题的研究。早在1941年6月写的《人的阶级性》和1941年10月写的《人为什么犯错误？》两文，对“人”的问题做了精辟的阐发，是他研究“人”的问题的代表作。研究者认为，他在“人”的问题上的基本观点是：人具有两种属性，“即人的自然性和社会性”；人的社会性在阶级社会中更是人的阶级性，而党性则是无产阶级性的最高表现。因此，人性不是抽象的、固定不变的，而是具体的、发展的。有的论者指出，刘少奇关于“人决非固定的、永远不变的”思想“十分精彩”。马克思主义主张人类本性的彻底解放和充分发展，而刘少奇的“修养论”正是“从理论和实践的结合上重视人性的改造和发展的丰硕成果”①。

研究者还指出，《人为什么犯错误？》是一篇哲学论著，但主旨不是写体系严密的教科书，也不是研究人犯不犯错误的问题，而是从“人的二重性”出发，分析人（中国共产党人）为什么犯错误这个党的建设的重大课题，“分析主观与客观之间的矛盾是人之所以犯错误的基本原因”②。刘少奇还从“人的二重性”出发，提出“主观常常落后于客观，是人不免犯错误”的观点。

在研究刘少奇伦理道德思想方面，近年来发表的论著较多，而有一定研究深度、论述得较为系统的论著，有邓力群的《真理的声音是窒息不了的——驳〈“修养”〉的要害是背叛无产阶级专政》③、马俊启的《闪耀唯物辩

①忻剑飞:《“辩证启新思”——刘少奇哲学理论学习札记》,《社会科学》,1981年第4期。

②商孝才:《刘少奇哲学思想研究》,宁夏人民出版社1993年版,第4页。

③邓力群:《真理的声音是窒息不了的——驳〈“修养”〉的要害是背叛无产阶级专政》,《刘少奇研究论文集》,中央文献出版社1989年版,第202页。

证法光辉的公私观——重温〈论共产党员的修养〉的一点体会》[①]、宋惠昌的《学习刘少奇同志的道德教育思想》[②]、李宗远的《刘少奇伦理思想初探》[③]等。综合研究者的观点，主要有以下几个方面：其一，伦理道德思想是刘少奇哲学思想的一个有机组成部分，贯穿于他的全部著作之中，而《论共产党员的修养》《论党内斗争》《论党》则是他的伦理道德思想的代表作，是中国共产党人应具有的共产主义道德观的集中体现。其二，刘少奇伦理道德的理论基础是反映社会发展的客观要求，及其代表社会上最大多数人的最根本利益的科学的革命理论。其伦理道德的基本原则是无产阶级的集体主义，而坚持"党的利益高于一切"则是集体主义的最高原则，也就是最高的道德标准。其三，共产主义道德教育的基本内容是：革命人生观的教育，无产阶级的爱国主义教育，共产主义劳动态度的教育，革命气节教育和革命胸怀教育等。刘少奇把祖国的传统美德与共产主义道德完美地结合起来了。其四，在培养道德的方法上，刘少奇强调以唯物史观为指导，重视革命实践和学习革命理论在道德教育和道德修养中的巨大作用，强调要善于批判地继承和运用中华民族进步的伦理思想，做到古为今用，推陈出新。其五，在"公私观"方面，刘少奇提出了"共产党员的个人利益应该而且能够溶化到党和无产阶级的一般利益之中"的光辉思想。他认为，我们党强调个人利益必须服从党的利益，"但是，这并不是说，在我们党内，不承认党员的个人利益，要抹煞党员的个人利益，要消灭党员的个性"[④]。

论者认为，刘少奇伦理道德思想有很高的理论价值和重大的实践意义。共产党员要努力按照刘少奇的要求，培养共产主义道德品质和高尚的人格，按照"党的利益高于一切的最高原则"和道德规范，正确处理个人同党的关

①马俊启:《闪耀唯物辩证法光辉的公私观——重温〈论共产党员的修养〉的一点体会》,《红旗》,1980年第10期。

②宋惠昌:《学习刘少奇同志的道德教育思想》,《教育研究》,1982年第4期。

③李宗远:《刘少奇伦理思想初探》,《青海社会科学》,1983年第5期。

④《刘少奇选集》上卷,人民出版社1981年版,第135页。

系、党内同志之间的关系、党员和人民群众的关系以及敌我之间的关系。邓力群对刘少奇有关共产主义高尚人格的观点做了较全面的概述。[①]邓小平在刘少奇同志追悼大会上致的悼词中，对他一生的高尚品德和人格做了高度评价："刘少奇同志言行一致，他在《论共产党员的修养》中对广大党员提出的党性锻炼的要求，自己都以身作则地实践了。"《论共产党员的修养》一书，是一切优秀共产党员在艰苦卓绝的斗争中形成的高尚品格的结晶，也是刘少奇自己的理想、信念、道德风貌的光辉写照。

## 六、关于有待深入研究的几个问题

十几年来，理论界对刘少奇哲学思想的研究工作正在深入开展，并取得了可喜的硕果。但是，从总体来看，对刘少奇哲学思想的理论价值和深远的历史意义还未引起高度重视，甚至还存在这样或那样的疑虑和误解。有关刘少奇哲学思想的研究专著尚不多见，较多的只是散见在研究刘少奇思想的综合论著中。

关于刘少奇哲学思想的内容和方法，以下几个问题有待深化：

第一，关于刘少奇哲学思想的体系问题。刘少奇哲学思想有没有一个完整的哲学体系，理论界认识并不一致。已出版的两本《刘少奇哲学思想研究》专著，对其体系的理解和建构存在相当大的差异。因此，我们应从刘少奇的论著中，深入挖掘其哲学思想，进一步探讨其哲学思想体系的建构。

第二，对《人为什么犯错误？》是不是刘少奇的哲学代表作，人们的认识差异甚大。韩树英在《刘少奇哲学思想研究》"序"中提出，刘少奇的《人的阶级性》《人为什么犯错误？》两篇哲学著作，"虽然没有收进《刘少奇选集》，但曾经在干部中发生过比较广泛的影响"[②]，值得理论界深入学习和研究。

①邓力群：《真理的声音是窒息不了的——驳〈"修养"〉的要害是背叛无产阶级专政》，《刘少奇研究论文集》，中央文献出版社1989年版，第221~222页。

②商孝才：《刘少奇哲学思想研究》，宁夏人民出版社1993年版，第1页。

笔者认为，韩树英的意见是值得重视的。因为，刘少奇在这两篇著作中，对关于人的“两重性”、矛盾的“两重性”（矛盾最基本的性质是统一性）、人犯错误的基本原因（认识错误和立场错误）、真理的绝对性和相对性（没有绝对的绝对真理），以及马克思主义哲学体系等重大的哲学问题，都有独到的见解，我们应从哲学的高度和党的建设的角度做深入的挖掘、研究和阐发。

第三，“关于理论与实践同时并重的正确的意见”这个马克思主义认识论的新观点，近些年来理论界有所反映，并已发表了几篇文章，但是像孙冶方在 1982 年明确阐述刘少奇“关于理论与实践同时并重的正确的意见”的侧重点，是希望全党“要加强哲学社会科学理论学习”的文章，还很少见。我们应结合社会主义现代化建设中出现的新问题和新情况、物质文明和精神文明同时并重的实际，深入研究和广泛宣传“理论和实践同时并重”观点的理论价值和实践意义。

为把以上几个哲学理论问题的研究引向深入，可以采用比较研究的方法，把刘少奇哲学思想同毛泽东的哲学思想和邓小平的思想理论，在内容、特点等方面加以比较，进而阐明刘少奇对毛泽东哲学思想的丰富和发展，论证其哲学思想对建设有中国特色社会主义的理论价值和深远的历史意义，从而使有关研究同我国社会主义建设的实际结合起来，并向纵深发展。

# 论刘少奇党性修养的理论及其现实意义[①]

刘少奇是我们党的无产阶级革命家和伟大的马克思主义理论家。他在长期的革命和建设实践中，结合我们党领导中国革命和建设的经验及教训，写了《论共产党员的修养》等一系列有关党的建设理论的著作，为我们增强党性锻炼和修养，加强党的建设，提高党的战斗力做出了重大贡献。江泽民同志在刘少奇同志诞辰一百周年纪念大会上的讲话中明确指出："刘少奇同志的《论共产党员的修养》教育了一代又一代共产党人，在党的建设史上产生了广泛而深远的影响，是我们党极其宝贵的精神财富。当前对我们加强新形势下党的建设，仍具有很强的现实意义。"今天，我们深入研究和广泛宣传刘少奇党性锻炼和修养的理论，对深刻理解和全面贯彻党的十六大把"三个代表"确立为党的指导思想，加强党的建设，提高党的战斗力，推进有中国特色的社会主义事业的发展，是具有重大而深远的理论价值和实践意义的。

## 一、党性是阶级性的集中体现

什么叫党性？从毛泽东、刘少奇、邓小平，以及江泽民同志等无产阶级革命家的大量论述来分析，所谓党性，是指一个政党固有的本性，是阶级性的集中体现。中国共产党是中国工人阶级的先锋队，同时也是中国人民和中华民族的先锋队，是中国革命和社会主义建设事业的领导核心，始终代表中

①载于河南省刘少奇党建经济思想研究会编:《永恒的课题——刘少奇〈论共产党员的修养〉研读》,河南大学出版社 2003 年版。

国先进生产力的发展要求，代表中国先进文化的前进方向，代表中国最广大人民的根本利益。我们党的党性，就是无产阶级利益的最高而集中的体现。正如刘少奇所讲："为了党的、无产阶级的、民族解放和人类解放的事业，能够毫不犹豫地牺牲个人利益，甚至牺牲自己的生命，这就是我们常说的'党性'或'党的观念'、'组织观念'的一种表现。"[①]可见，中国共产党的党性，就是无产阶级的政治性，即无产阶级政治立场、政治观点和政治方向。党的十六大把"三个代表"确立为党的指导思想，是党的基本理论、基本路线和基本纲领的总概括，是当代无产阶级政治性的集中体现。

我们党的党性，具体地反映和体现于党组织活动和党员的言行之中。每个合格的共产党员，都应自觉地增强党性锻炼和修养。我们的党性增强了，有了坚定的无产阶级政治立场、政治观点和政治方向，就可以把党风从根本上整治好。因为，党性是党风的内在根底，党风是党性的自然反映和外在表现。党性与党风之间息息相通、紧密相连，是不可分割的。党风反映党性，党性决定党风。党风端正不端正，取决于党性的强弱。所以，只有弄清了什么是党性，才能真正找到争取党风根本好转的方法和途径。历史的发展已证明，在我们党内，绝没有党性很强而党风很差的党员，也绝没有党风很正而党性很差的党组织。党性强弱同党风好坏总是互相成正比的。有些党性差、党风不正的人，以剥削阶级腐朽思想为轴心，随机应变，见风使舵，善于伪装，外表一本正经，内里十分肮脏。这样的伪君子、变色龙在历史和现实中经常出现。但是，他们即使能蒙骗他人于一时，但迟早要暴露原形，被人识破，没有好下场。我们只有真正搞好党性，坚定无产阶级政治立场、政治观点和政治方向，才能真正搞好党风。陈云同志讲："执政党的党风问题是有关党的生死存亡的问题。"[②]江泽民同志也明确讲："党的作风是党的形象，是党的性质、宗旨、纲领、路线的重要体现，是党的创造力、战斗力和凝聚

①《刘少奇选集》上卷，人民出版社 1981 年版，第 131 页。
②《陈云文选》(1956—1985)，人民出版社 1986 年版，第 245 页。

力的重要内容。”“党的作风状况，关系党的生死存亡，关系国家的前途和命运。”①

共产党员增强党性锻炼和修养，是保持党的先进性必不可少的条件。在改革开放的新的历史时期，新的任务、新的环境，要求共产党员更加自觉地加强党性锻炼和修养。江泽民同志明确讲：“革命战争年代，党员和干部要讲个人的修养；党执政了，搞改革开放和现代化建设，党员和干部同样要讲个人修养。这个问题，我认为现在大有重申和加强的必要。”②有的同志认为：“现在发展社会主义市场经济，实行改革开放，讲党性还有什么实际意义?”江泽民同志一针见血地批评说：“这完全是一种误解。”③建立社会主义市场经济体制，是党的十四大在总结改革开放十四年来经验的基础上做出的重大决策，是科学社会主义实践的一个伟大创造。共产党员要用党性来保证和促进这个新体制的建立，要用党性来抵制市场活动中的消极因素。江泽民同志认为，在社会主义市场经济条件下，“按照党性的要求，具有自我认识、自我剖析、自我改造的自觉性和主动性，是领导干部政治上成熟的一个标志”④。我们的党员和干部如果不加强学习，不注意修养和改造，思想境界低下，个人主义的东西增多了，势必迷失方向，走到邪路上去。江泽民同志语重心长地说，古人尚懂得“修身、齐家、治国、平天下”，“吾日三省吾身”的道理，我们共产党人更应自觉地加强主观世界的改造，按照“三个代表”的要求，不断增强党性锻炼和修养，不断增强无产阶级政治斗争意识，保持高尚的道德情操，真正养成共产党人的高风亮节，做个合格的中国共产党党员。

## 二、要有马克思主义理论的修养

我们党的党性锻炼和修养，其内容是多方面的，而最根本的问题是马克思主义理论的修养。刘少奇要求我们共产党员做“马克思和列宁的好学生”，

①②③④江泽民:《论党的建设》,中央文献出版社 2001 年版,第 531、246~247、77、387 页。

就是要求我们认真学习和掌握马克思列宁主义理论。江泽民同志讲，我们党要始终代表先进文化的前进方向。这里讲的先进文化，最根本的还是要坚持马克思主义主导地位。革命和建设的实践已证明，一个好的共产党员，尤其是一个好的党的干部，一般来说，都有较高的马克思主义理论素养。可以说，我们党员和党的干部，学习马克思主义的人越多，学得越好，我们党的战斗力就越强。

在改革开放的新的历史时期，邓小平和江泽民同志反复强调全党加强学习马克思主义的重要性。有的同志说："我们现在是在搞建设，最需要学专业知识和管理知识，学马克思主义理论有什么实际意义?"邓小平和江泽民同志都尖锐地批评说："同志们，这是一种误解。""无论是自然科学的发展，还是社会科学的发展，一旦形成新的理论，就会直接或间接地对实践产生巨大的作用。"①

马克思列宁主义是我们党的指导思想，是我们党的行动指南，是不断发展的科学理论。它科学地揭示了人类社会发展的历史规律，可以指导人们掌握正确的立场、观点和方法，去能动地认识世界和改造世界。毛泽东思想就是马克思列宁主义与中国革命具体实践相结合的产物，就是中国的共产主义，中国化的马克思列宁主义。中国革命实践反复证明，毛泽东思想是客观真理，是唯一正确的救中国的理论和政策。邓小平理论是马克思列宁主义基本原理与当代中国实际和时代特征相结合的产物，是毛泽东思想的继承和发展，是当代中国的马克思主义。它科学地把握了社会主义的本质，第一次比较系统地回答了中国这样的经济文化比较落后的国家，如何建设社会主义、如何巩固和发展社会主义的一系列基本问题，用新的思想、观点，继承、丰富和发展了马克思主义。党的十六大把"三个代表"确立为党的指导思想，同马列主义、毛泽东思想、邓小平理论一脉相承，是把马克思主义基本原理和当代中国具体实际相结合的理论成果，是立党与执政兴国二者统一的崭新

①江泽民:《论党的建设》,中央文献出版社 2001 年版,第 21 页。

理论，它正确回答了我们党在21世纪的纲领、路线和历史任务，给党和全国各族人民指明了继续前进的方向。我们党在“三个代表”重要思想的指导下，必将走向更加繁荣富强。所以，坚定不移地以马克思列宁主义、毛泽东思想、邓小平理论和“三个代表”重要思想指导我们党的一切工作，认真学习和运用马克思主义的立场、观点和方法，实事求是地去研究革命和建设实践中出现的新情况，解决在新情况下发生的各种新问题，就是有坚强的党性。反之，如果我们不坚持甚至放弃马克思列宁主义基本原则，或者名为坚持，实则把它当作僵死的教条，采用实用主义的态度，断章取义，任意歪曲，那就要迷失方向，失去党性。“甚至可能自觉地或者不自觉地成为各种机会主义者，成为资产阶级的俘虏和应声虫。”[①]近些年来，一些领导干部在金钱、权力、美色面前，经不起考验，蜕化变质，跌入腐败的泥坑，原因是多方面的；而一个重要原因，就是这些人不学习，放松了世界观的改造，失去了共产党人的革命气节。毛泽东多次说过：“以其昏昏，使人昭昭，是不行的。”邓小平也说过：“不注意学习，忙于事务，思想就容易庸俗化。如果说变质，那么思想的庸俗化就是一个危险的起点。”江泽民同志依据毛泽东和邓小平的教导，依据历史和现实的教训，多次号召全党“学习、学习、再学习”，用毛泽东提倡的“挤”与“钻”的精神进行学习。他要求“我们的领导干部，应该少搞一点卡拉OK，少搞一点应酬活动，多搞一点学习”[②]，努力提高精神境界和拒腐防变的能力。

无产阶级政党的党性，就是无产阶级的政治性。我们强调增强党性锻炼和修养，从根本上说，就是江泽民同志反复强调的全党“一定要讲政治”。而政治水平是同理论水平成正比的，政治上的成熟和坚定来源于理论上的成熟和坚定。因此，我们要认真学习马克思列宁主义、毛泽东思想，特别是邓小平理论和“三个代表”重要思想，提高自己的理论水平和坚持党的“一个

①《刘少奇选集》上卷，人民出版社1981年版，第116页。

②江泽民：《论党的建设》，中央文献出版社2001年版，第189页。

中心、两个基本点"的基本路线的自觉性，摆脱狭隘的眼界，站在人类社会和中国历史发展的高度，准确把握中国社会主义现代化建设事业的大局和世界经济竞争、政治斗争和科学技术文化发展的趋势，进而坚定社会主义和共产主义在全世界必胜的信念，推进中国社会主义事业的大发展。

在党内要造成一种学习马克思主义的空气。对马克思主义的书本要认真研读，掌握马克思主义的精神和实质；反对肤浅地学习马克思主义的词句，反对只是胡诌一些马克思主义的术语。在旧社会，有许多人在受教育和学习的时候，认为他们所学的并不需要照着去做，尽管满口的仁义道德，然而实际上却是彻头彻尾的男盗女娼。我们共产党员学习马克思列宁主义、毛泽东思想、邓小平理论和"三个代表"重要思想，完全不能采取这种态度。我们学到的，就应努力做到。刘少奇认为，我们无产阶级革命者忠实纯洁，学习马克思主义，"不能欺骗自己，不能欺骗人民，也不能欺骗古人。这是我们共产党员的一大特点，也是一大优点"①。

## 三、要有善于联系群众的修养

群众路线是党的根本政治路线。早在党的七大时，毛泽东就明确指出，我们共产党人与最广大的人民群众取得最密切的联系，是我们区别于任何其他政党的一个显著的标志。刘少奇明确讲道："一切为了人民群众的观点，一切向人民群众负责的观点，相信群众自己解放自己的观点，向人民群众学习的观点，这一切，就是我们的群众观点。"②江泽民同志明确讲，学习历史唯物论，当前要更多地强调掌握马克思主义的群众观点和党的群众路线。"真正掌握和实践了群众观点、群众路线，也就能真正掌握和实践了历史唯物主义和党的实事求是的思想路线，也就从根本上懂得了政治。"③

江泽民同志讲："什么叫政治？从根本上说，政治问题主要是对人民群

①②《刘少奇选集》上卷，人民出版社1981年版，第111、354页。

③江泽民：《论党的建设》，中央文献出版社2001年版，第194页。

众的态度问题、同人民群众的关系问题。”[①]这一点毛泽东和邓小平早就讲清楚了。我们想事情，做工作，想得对不对，做得好不好，要有一个根本的衡量尺度，这就是人民拥护不拥护，人民赞成不赞成，人民高兴不高兴，人民答应不答应。因此，我们要同群众保持密切联系，真正同群众打成一片，想群众之所想，急群众之所急，做群众之所需，诚心诚意地为人民谋利益，定会得到人民的拥护。否则，我们党的干部如果利用手中的权力去搞私利，自己“整天花天酒地”，危害了党和人民的事业，势必遭到人民的反对，自己到头来也会弄得身败名裂。江泽民同志讲：“人民，只有人民，才是我们工作价值的最高裁决者。”[②]我们执政的共产党，必须关注党与群众的关系问题、人心向背问题。人心向背，是决定一个政党、一个政权兴亡的根本性因素。政风廉洁，从来是赢得人心，实现政治清明、社会安定繁荣的重要一环。江泽民同志明确讲：“这是对兴亡规律的一个重要经验总结。中国历史上一个个王朝的覆灭，世界历史上一个个不可一世的大帝国的崩溃，当今世界上一些长期执政的政党的下台，都与人心向背的变化有很大的关系。”[③]因此，我们共产党员要充分理解人民的利益就是党的利益。可以说，除了人民的利益之外，党再无自己的特殊利益。最广大人民群众的最大利益，就是我们党员一切行动的最高标准。每个党员对人民负责，就是对党负责，对人民不负责，就是对党不负责。要深刻认识对党负责与对人民负责的一致性，要深刻认识向人民负责与向自己领导机关负责的一致性。因此，共产党员要大公无私，“全心全意地为人民服务，一刻也不脱离人民群众；一切从人民的利益出发，而不是从几个人或小集团的利益出发；向人民负责和向党的领导机关负责的一致性；这些就是我们的出发点”[④]。把自己同人民群众密切结合起来，和人民群众同甘共苦，这就叫作有党性。反之，一切官僚主义、军阀主义、冒险主义、命令主义、尾巴主义、关门主义以及各种以权谋私的腐

①②③江泽民：《论党的建设》，中央文献出版社 2001 年版，第 193、181、473 页。

④《毛泽东选集》第 3 卷，人民出版社 1991 年版，第 1094~1095 页。

败现象，使党脱离人民群众，都是党性不强或没有党性的表现。

密切联系人民群众，坚持群众路线，全心全意为人民服务，是具体的，要落到实处，体现在行动中，要同切实解决人民群众的实际问题紧密结合起来。江泽民同志说：“全心全意为人民谋利益，不能挂在嘴上，不能搞‘虚功’，而是要实实在在地为群众办事，要从群众最关心、最迫切需要解决的实际问题入手开展工作，把我们党的根本宗旨落实到各项工作中，落实到广大人民群众身上。”[①]因此，我们每个共产党员应从各种工作岗位上，直接地去为部分的、具体的人民服务。比如，为一个工厂的工人服务，为一个村的农民服务，为一个机关的职员服务，为一个部队的战士服务，为一个学校的学生服务，以至为几个人服务等等，从而“汇合于为全中国人民服务的一个共同目标上”[②]。

我国是个农业大国，农民占全国人口的80%。就全国范围来说，所谓照顾人民群众的多数，主要就是照顾农民。可以说：“我们的群众观点与农村观点，是密切联系着的。”[③]我们党的方针政策，无论过去还是现在，如果不着眼于农民，不着眼于农民的解放和农业的发展，是一定无法完成自己的历史任务的。

总之，我们共产党员特别是党的干部，只有在自己的工作岗位上，把党的最高原则与群众利益最大限度地联系起来，才够得上一个好的马克思主义者，才配称为一个好的共产党员和一个好的党的干部，才能调动一切积极因素，团结一切可以团结的力量，进而使党永远立于不败之地。江泽民同志依据党的历史经验和教训，要求我们党始终成为中国最广大人民根本利益的忠实代表，其重大的政治意义就在于此。

---

①江泽民:《论党的建设》,中央文献出版社2001年版,第353页。

②③《刘少奇选集》上卷,人民出版社1981年版,第355、356页。

## 四、要有自觉遵守纪律的修养

提高党的战斗性，必须严格党的纪律。列宁明确讲过：“否认党性，否认党的纪律……就等于完全解除无产阶级武装而有利于资产阶级……谁要是把无产阶级政党的铁的纪律哪怕是稍微削弱一点（特别是在无产阶级专政时期），那他事实上就是帮助资产阶级来反对无产阶级。”①

我们党是集中统一的，民主集中制作为党的根本组织原则。我们要坚持实行“在民主基础上的集中，在集中指导下的民主”，坚持实行“个人服从组织，少数服从多数，下级服从上级，全党服从中央”的铁的纪律。全党同志必须做到党章规定的这“四个服从”。不论什么人，不管其职位高低，都不允许搞独断专行，或者拒绝组织的调遣和监督，把自己凌驾于组织之上。江泽民同志指出：“要坚决反对拉帮结派，搞‘团团’、‘伙伙’。这种封建帮会的恶习，如果在党内和干部队伍中盛行起来，是要亡党亡国的！”②一个时期以来，党在这方面的纪律松弛了，一些党员，尤其是一些领导干部，不遵守按照民主集中制原则形成的决议，在党内生活中独断专行，各行其是。还有的人妄图在党内搞反对派，公开反对党的纲领和路线。江泽民同志明确讲：“这是绝对不允许的。从严治党，也要在这方面严起来。”“不管什么人，只要违反民主集中制，就要受到批评；破坏民主集中制，就应给予必要的制裁。”③从表面上看，其他阶级的政党也讲所谓民主，也讲所谓纪律，但同我们党讲的有本质的区别，绝不能混为一谈。我们共产党绝对禁止党内一切派别的存在，坚决反对党的任何形式的宗派主义的倾向和非组织活动。而派别林立，宗派倾轧，在其他任何阶级的政党内都是司空见惯、不可避免的。

我们共产党的纪律，是建立在党员高度自觉的基础上的。列宁在《共产

①《列宁选集》第4卷，人民出版社1960年版，第200~201页。

②③江泽民：《论党的建设》，中央文献出版社2001年版，第341、13页。

主义运动中的“左”派幼稚病》一文中，提出无产阶级政党维持和加强纪律，一靠党员的高度自觉，二靠党和群众保持密切的联系，三靠党的政治路线正确。这样的纪律是真正的权威和有力量的铁的纪律。除了共产党，其他任何政党内部都不能真正实行。

在政治路线上，我们要维护中央权威，自觉地同党中央保持一致，必须保证中央的政令畅通。凡是有关全国性质的问题，在中央没有发布意见和决定之前，各地方党的组织和党的负责人，除自行讨论及向中央建议外，均不得自由发布意见和决定。对于全国性的问题，我们全党只能有一个方针、一条路线，而不能有几个方针、几条路线。对于全国性的问题，只能有一种态度、一种意见，不应有几种态度、几种意见。在当前，我们要高举邓小平理论伟大旗帜，坚定地维护党中央的权威，在政治上与党中央保持高度一致，坚决地贯彻和执行建设有中国特色社会主义的基本理论、基本路线和基本纲领，全面贯彻“三个代表”重要思想。当然，按民主集中制的原则，党员有不同意见可以向党组织提出，但是中央做出的决定，任何党员和组织都要不折不扣地贯彻执行。

当然，如果发现党的个别负责人有反党行为，或者是诈骗分子、腐化变质分子，也必须负责向上级或中央报告，听候上级或中央解决。近几年，党员犯罪之多，破坏党的纪律之严重，是过去少有的。对严重破坏党的纪律的党员，对违法犯罪的党员干部，对利用职权残害人民的党的负责人，我们要坚持原则，进行坚决的斗争，这是对党高度负责的表现。列宁对党员犯罪十分愤慨，他主张对党员犯罪要“严厉地惩办”，执政党不应“庇护‘自己的坏蛋’”。列宁这些思想，对严格党的政治纪律，加强党的建设，提高党的战斗力，有重要的指导意义。

我们共产党人在任何时候都不应提倡盲目的服从。我们国家区域广阔，各个地区的内外情况常有极大的悬殊。领导机关的决议与指示，常常不能照顾到一切区域的一切情况，只能带有一般性。因此，一个决议与指示，就常常在一般地区行得通，而在某些特殊地区行不通。在这种时候，我们就不能提倡盲目地去执行与服从，而是提倡自觉地认真地执行。这就是说，要认真地研究情况，认真地研究决议与指示的精神。如果发现决议或指示有错误，或者与本地情况不符合，就应勇于提出意见，请示上级收回或修改，而不是闭着眼睛硬去执行，以致劳民伤财，脱离群众。下级这样做，并不是反抗上级，也不是闹独立性，而正是以认真负责的精神去执行上级的决议或指示。只有这样的党员和党的干部才是最好的。刘少奇说："只有这样的党员，才是最好的党员，他不只是能够独立思考问题，而且能够帮助上级纠正错误、缺点。这是应该特别奖励的。"①我们党反对不遵守纪律，向党闹独立性的倾向，但是提倡与奖励每个党员在党的方针指导下独立思考问题，以及独立进行工作的创造精神。

党的发展史已证明，我们认真地按照民主集中制行事，严守党的政治纪律，时时刻刻维护全党的统一性，特别是保持全党在政治上、思想上和行动上同党中央的一致性，这就是坚持了无产阶级先锋队，同时是中国人民和中华民族先锋队的党性，就是全面贯彻"三个代表"重要思想的实际行动。反之，听任个人主义、无政府主义、极端民主化、派性活动泛滥起来，党的组织原则和铁的纪律必然要遭到削弱或破坏，导致党的政治生活不正常，我们党的党性原则也就会被践踏。

## 五、要有坚持党的团结，进行批评和自我批评的修养

刘少奇讲："党内斗争之所以必要，并不是由于我们主观地嗜好斗争，欢喜争辩，而是由于在党的发展过程中和无产阶级斗争过程中产生了党内原则上的分歧。"②所以，问题的中心不在于党内有无不同意见的分歧，有无不同的思想意识，这是一定会有的；问题的中心是在于如何解决党内矛盾，如何解决这种分歧，如何克服党内各种不正确的、非无产阶级的思想意识。马克思主义认为，矛盾绝不能长期掩饰起来，它们总是以正确的斗争方法加以

①②《刘少奇选集》上卷，人民出版社 1981 年版，第 367~368、161 页。

解决的。

对党内的矛盾和分歧，对党内的各种矛盾和错误，要持正确的态度。那种看不见党内矛盾，否定党内矛盾；或者看见党内某些不好的东西，就悲观失望，丧失信心，大惊小怪；或者看见党内各种坏的现象不管，而任其自流发展，麻木不仁；或者同这些坏现象进行斗争的时候，采取敷衍了事、调和折中的态度；或者对党内某些不正确的思想行为，简单地持“深恶痛绝”的态度，对一些小事情“无限上纲”，乱加“腐败分子”“政治机会主义大帽子”，进行机械的“过火斗争”；或者故意在党内搜索“斗争对象”，故意制造党内斗争，乱用组织手段惩罚同志等等，“企图依靠这种所谓斗争和组织手段来推动工作”①，都是错误的，是损害党的事业，是无党性的表现。

马克思主义认为，党内矛盾是客观存在的，如果党内没有矛盾和斗争，党的生命也就停止了。批评和自我批评是我们党的“三大作风”之一，是我们党团结和发展的基础和动力。所以，问题的关键是正确地进行党内批评与自我批评，促进党的团结和发展。

共产党员要严肃地进行批评与自我批评，勇于改正自己的缺点和错误。彻底的唯物主义者是无所畏惧的。我们共产党员应当是无私无畏，光明正大，勇于坚持真理，修正错误。我们共产党区别其他任何政党的显著标志之一，就在于我们有认真的批评和自我批评精神。江泽民同志明确讲：“能不能经常地自觉地拿起批评与自我批评的武器，开展积极健康的思想斗争，是衡量一个领导班子是否坚强有力、一个领导班子是否具有一身正气的重要尺度。”②我们的同志应当经常有党内斗争的精神准备，应当虚心接受一切正确的批评，同时也应受得起误会和打击，以致委屈冤枉，尤其不要为别人的一些不负责任的、不正确的批评和流言所刺激而冲动起来。中国有两句谚语：“谁人背后无人说，哪个背后不说人？”“任凭风浪起，稳坐钓鱼船。”世界

①《刘少奇选集》上卷，人民出版社1981年版，第156页。

②江泽民：《论党的建设》，中央文献出版社2001年版，第387~388页。

上完全不被别人误会的人是没有的，而误会迟早都是可以弄清楚的。我们应当经得起误会，在任何时候都不牵入无原则的斗争。这正是我们共产党特有的品格，同样也是我们的坚强党性所在。凡是害怕批评和自我批评的人，绝不是好的党员，更不是党的好干部。在当前，我们学习和全面贯彻“三个代表”重要思想，加强党的建设，提高党的战斗力所面临的一个重要问题，就是要健全各级党的组织生活制度，正确地开展批评和自我批评，促进党的团结和发展。

我们开展批评与自我批评的目的和出发点是增强党的团结。邓小平和江泽民同志多次讲，在新的历史时期，我们面临着复杂的情况，要解决各种复杂的问题，单凭个人的智慧和才能是很不够的，要靠集体智慧、集体领导，靠全党同志群策群力。各级领导干部要善于集纳群言，团结各方面的同志，包括与不同意见的同志共同工作。江泽民同志说：“团结就是力量，团结出凝聚力，出战斗力，出新的生产力，革命时期是这样，建设时期也是这样。”每个真正的共产党人，都必须讲团结，讲统一，讲顾全大局，“都必须具备这样的政治品格和遵守这样的政治纪律”①。但是团结统一的基础和前提条件，是在马列主义、毛泽东思想、邓小平理论和“三个代表”重要思想指导下的批评与自我批评。历史已证明，丢掉了批评与自我批评这个武器，就会影响党的团结，就会削弱党的战斗力。

我们党一直倡导拿起批评与自我批评的武器，开展积极的思想斗争。长期以来，我们党为妥善解决党内正确思想与错误思想、先进思想与落后思想的矛盾，形成了一个公式：“团结—批评—团结”。这是加强党的思想建设和加强党的团结的一条基本经验。但是，近些年来有些同志把开展批评与自我批评等同于“左”，认为进行积极的思想斗争会影响团结；有些人把批评说成是“打棍子”“整人”，而他们自己却对马克思主义肆意诽谤，对坚持正确原则的同志横加指责；还有些人搞“好人主义”和庸俗的关系学，对错

①江泽民：《论党的建设》，中央文献出版社 2001 年版，第 75 页。

误的思想听之任之，讲私情而不讲党性，讲关系而不讲原则，回避矛盾，一团和气，当“好好先生”，是非不分；等等。江泽民同志尖锐地批评说，这些错误的东西，“实际上起了掩护和纵容党内错误思想和言行的作用”。对这种颠倒黑白的现象必须“坚决反对”。①近些年来，一些领导班子软弱涣散，内耗不止，存在的问题长期得不到解决。有的领导干部经不起权力、金钱、美色的诱惑，搞以权谋私，甚至走上犯罪的道路，“一个重要原因，就是那里的领导班子不讲党性原则，政治上软弱，好人主义、自由主义盛行，讲庸俗关系学，丢掉了批评与自我批评这个锐利武器”②。这种教训是深刻的，全党同志一定要警醒！

以上几个方面，只是对党性锻炼和修养的内容做了大致的概述，不能说这几个方面把党性原则包揽无遗了。比如，共产党员还要有无产阶级的革命战略战术的修养，要有无产阶级思想意识和道德品质的修养，要有各种科学知识的修养等等。毛泽东、刘少奇、邓小平和江泽民同志关于党性锻炼和修养的理论，从本质上体现了我们共产党固有的本性。从党的整体上来说，这些党性原则都是不可改变的，不可移易的。如果把它们改变了，移易甚至泯灭了，我们党就失去了无产阶级先锋队的本性和特色，必然要腐化变质，不成其为共产党了。所以，我们全党同志对于这些党性锻炼和修养，任何时候都只能不断地予以巩固、加强，而绝不可以对它有丝毫的削弱和损害。我们全党同志要高举邓小平理论伟大旗帜，努力学习和全面贯彻“三个代表”重要思想，不断增强党性锻炼和修养，为争取党风的根本好转，进一步提高党的战斗力而斗争！

①②江泽民:《论党的建设》,中央文献出版社 2001 年版,第 11、388 页。

# 论刘少奇从新民主主义到社会主义转变的理论及其时代意义[①]

刘少奇是我党伟大的马克思主义理论家，无论在民主革命时期，还是在社会主义建设时期，他不仅十分重视理论学习和研究工作，而且在重大的革命和建设的实践问题方面，有一整套马克思主义理论建树。在新中国成立前后，他依据马克思主义基本原理和七届二中全会精神，系统阐发的从新民主主义到社会主义的转变的理论，尤其是他对巩固新民主主义制度的构想，就是其中突出的一例。

## 一、刘少奇巩固新民主主义制度的构想

新民主主义革命成功以后，到底要建设一个什么样的国家？是像十月革命那样，革命一胜利就搞社会主义，还是搞一段新民主主义？在新中国成立前后，刘少奇比较集中地思考这个问题，并于 1951 年 3 月指出："中国共产党的最终目的，是要在中国实现共产主义制度。它现在为巩固新民主主义制度而斗争，在将来要为转变到社会主义制度而斗争，最后要为实现共产主义制度而斗争。"[②]在这里明确提出了巩固新民主主义制度的口号。在此前或此后，刘少奇虽然没有在哪篇文章、哪个报告里专门阐述过这个口号，但它的精神却贯穿于他的一些报告和讲话之中。我们研究从新民主主义到社会主

---

①载《刘少奇经济思想研究》，天津人民出版社 2000 年版。

②《刘少奇选集》下卷，人民出版社 1985 年版，第 62 页。

义转变的理论，有必要把这个问题做一研究。

刘少奇关于巩固新民主主义制度的基本观点是：新民主主义革命成功以后，从中国的国情出发，在采取社会主义的实际步骤之前，应该经过一个阶段的经济建设，创造和准备了充分的物质条件后，再转向社会主义。这些观点的精神实质就是民主革命胜利之后，还不能马上采取社会主义的实际步骤。刘少奇明确表示："过早地采取社会主义的政策是要不得的。"①他认为，过早地消灭资本主义的办法，要犯"左"倾的错误。1948 年 12 月 25 日，刘少奇在华北财政经济委员会上的报告中明确提出，新民主主义社会是从资本主义向社会主义的过渡，"中国如果没有突然的武装干涉，没有资产阶级的暴动，这种过渡可能是十年到十五年，这样对无产阶级有利"②。当时的毛泽东、刘少奇等中央领导同志都在思索，民主革命胜利后，为什么"不能过早采取社会主义的政策"问题。

（一）条件不成熟

刘少奇认为，从五种经济成分看，银行、铁路、大企业等国家经济在整个国民经济中的比重是很小的，"顶多占国民经济的百分之十至二十"。"正为这一部分数量很小，困难就来了，为什么不能实行社会主义革命即由于此。"③

（二）搞社会主义革命，如同搞民主革命一样，不要照搬俄国的经验

刘少奇说："我们不要去套书本子，要从我们的阶级关系出发。"④"中国资产阶级，没有被推翻，一般说来，他们没有当过权，因此也无须乎推翻。"⑤因此，我们没有必要像俄国那样，采取立即推翻资产阶级、取消生产资料私有制的做法。

（三）客观上还要利用资本主义工商业来发展经济

刘少奇认为，在国民经济中还存在着占有相当比重的私人资本主义经

---

①②③④⑤《刘少奇论新中国经济建设》，中央文献出版社 1993 年版，第 7、47、1、47、47 页。

济。“这种经济，在以后还要发展，而且这种经济在一定程度上的发展，也还是必要的，有益的，不是可怕的。”①“在生产上、经济上，资本家比我们有办法，发展生产应该首先和资本家合作，资本家在城市生产方面占很高的地位。”②因此，保护他们，实际上就是保护生产。在新民主主义的经济下，在劳资两利的条件下，还让资本家存在和发展几十年，这样做，对工人阶级的好处多，坏处少。

（四）他设想，经过一段新民主主义时期，工业逐步发展起来了，“有些资本家将来还可以同我们一起走入社会主义”③

刘少奇认为，在新民主主义历史阶段，自由资产阶级不是我们的斗争对象。如果把资本家当作斗争对象，就要乱了自己的阵线，就要犯路线错误。对民族资产阶级的方针政策，是又斗争又联合，而“把重点是放在联合上”④。刘少奇对资本家明确指出，现在私人资本是有积极作用的，必须充分发挥。将来到中国的工业生产过剩的时候，就是要搞社会主义的时候，到那时候，私人资本的积极作用已经用完了，但那将是几十年以后的事情。到那个时候，资本家也“非走社会主义的路不可”⑤。

（五）新民主主义阶段的经济是过渡性质的经济，是以国营经济为主体的“五种经济成分都要发展”，是“各得其所”⑥

这个阶段的中心任务是发展生产力。刘少奇强调，只要第三次世界大战不爆发，经济建设的任务就不变。二十年甚至三十年不爆发战争，我们的任务就一直是经济建设，“一切以经济建设为中心”。在中国采取社会主义的步骤，必须根据中国社会经济发展的实际需要和全国大多数人民的要求。“中国共产党在将来也愿意和一切愿意进入社会主义的人们一道，共同地进入社会主义。”⑦

---

①②③④⑤⑥《刘少奇论新中国经济建设》，中央文献出版社 1993 年版，第 14、81、78、78、104、206 页。

⑦《刘少奇选集》上卷，人民出版社 1981 年版，第 435 页。

（六）在对待不要“过早地采取社会主义的政策”问题上，刘少奇强调反“左”要比反右困难得多

在1949年5月5日的“天津讲话”中，他指出：在对待资产阶级问题上，“不要怕说闲话，怕被人说投降了资本家，该说的话不说，结果是害了工人，工人失业后骂你，我们要早讲才对。‘左’的东西常常是有一股劲的，反‘左’的劲头一定要比它原来的劲头更大才行。反右的时候，他一听右倾机会主义就会改。反‘左’，他往往会反过来说你右。”[①]刘少奇在当时就指出了反“左”比反右更困难，这是难能可贵的。

## 二、用历史的观点和方法评析刘少奇巩固新民主主义制度的构想

刘少奇关于巩固新民主主义制度的构想，在我们党的历史上曾产生过相当大的影响。我们党内以及理论界对刘少奇这一理论的认识也产生过分歧，“文化大革命”中，林彪、“四人帮”抓住这一理论对刘少奇发动过疯狂的批判。因此，怎样用科学的态度和方法评析刘少奇这一理论，是摆在我们党和理论工作者面前的一项重要任务。

（一）关于巩固新民主主义制度的构想，是对列宁关于在一个小农生产占优势的落后的农业国，怎样实行社会主义理论的继承和具体化

十月革命后的苏维埃俄国，列宁曾试图“直接过渡到纯社会主义的经济形式和纯社会主义的分配”[②]。几年以后感到，这是“力所不能及的”。从1921年以后，不得不转而实行“新经济政策”。列宁从实践中认识到，“在一个小农生产者占人口绝大多数的国家，实行社会主义革命必须通过一系列特殊的过渡办法”[③]。所谓“特殊的过渡办法”，简言之，就是要把政策建立在引导人们“对个人利益的关心”[④]的基础之上，要发展商品经济，允许自

①《刘少奇论新中国经济建设》，中央文献出版社1993年版，第117页。
②④《列宁全集》第33卷，人民出版社1972年版，第380、39页。
③《列宁全集》第32卷，人民出版社1972年版，第304页。

由贸易，利用资本主义经济成分来发展经济。他还明确说："我们必须同资本主义经济成分并存一个时期。"[①]为了发展大工业，列宁还主张实行租让制，搞国家资本主义。列宁的这些论述，实际上是提出了在经济文化落后的国家里搞社会主义革命和社会主义建设应该十分注意的一个带有普遍性的重大问题，就是如何更加重视利用资本主义已经创造的物质、技术、管理经验和文化条件的问题。现在看来，刘少奇的有些想法，是从列宁的这些论述中受到了启发。

（二）关于巩固新民主主义制度的构想，来源于毛泽东关于新民主主义的理论

毛泽东把马克思主义与中国革命实践相结合，写下了《新民主主义论》等光辉著作，创立了新民主主义革命和建设的理论。刘少奇关于巩固新民主主义制度的构想，实际上也是来源于毛泽东的这一理论。在大的问题上两者是基本一致的。

（三）"剥削越多越好"论断的精神实质

刘少奇于1949年4月至5月间到天津调查研究时，在一个多月时间里，他深入机关、工厂、学校听取汇报，同干部、工人、职员、资本家等各方面人士座谈，做了多次报告和讲话。其中，对资本家曾讲到"剥削越多越好"等言词。这些讲法曾引起党内争议，也有不少人迷惑不解。实践证明，对这个问题，我们有个清醒的认识是至关重要的。

1. 刘少奇讲这个问题的出发点，是消除民族资本家存在的疑惧心理，尽快恢复和发展工业生产。

工业在当时国营经济成分中仅占34.7%，私营工商业还占着相当大的比重，恢复和发展生产，自然不容忽视私营企业。但是，当时在处理公私、劳资等关系方面存在着严重问题。工人、店员误认为我们党允许分厂、分店，进行清算斗争。天津解放一个月内，曾发生过53次清算斗争。资本家脑子

①《列宁全集》第33卷，人民出版社1972年版，第269页。

里有三怕：一怕清算，二怕共产党只管工人利益，三怕以后工人管不住，无法生产。因此，他们抱着等待、观望的态度，甚至跑去香港。据天津统计，当时私营企业开工的不足30%。这种情况必须迅速扭转。尽快恢复和发展生产，改善和提高人民的物质文化生活水平，使国家富强起来，是我们党的总方针和总原则。刘少奇天津之行的讲话精神，从实质而言，就是以此为出发点的。

2. 资产阶级剥削是一种历史现象，它与奴隶主和地主阶级剥削相比，是一种历史的进步。

马克思主义认为，私有制、阶级的存在和发展，与社会生产的发展相联系。私有制和阶级的产生，是在社会生产力有了发展而又发展不足的基础上产生的；而私有制和阶级的消灭，有待于社会生产力的高度发展。社会生产力达不到高度发达的水平，就企图叫资本主义“绝种”，是违背历史规律的。就是在这个意义上，刘少奇明确指出，“关于剥削问题，这不是几个资本家可以负责的，剥削行为不是由意识决定的，而是历史发展的必然，是整个社会制度问题。中国工人阶级还要忍受一个时期的剥削痛苦”。他还对民族资本家说：“你们有本事多开工厂多剥削一些工人，对国家人民都有利，大家赞成。你们当前与工人有很多共同利益。资产阶级在历史上是有功劳的。”①刘少奇之所以强调“不要怕资本主义的适当发展”，关键是政权已经掌握在无产阶级手里。

3. “剥削越多越好”的讲法确有不妥之处。

刘少奇这种讲法，就思维方法而言确有片面性，容易造成人们对社会主义的误解，因为“社会主义的本质，是解放生产力，发展生产力，消灭剥削，消除两极分化，最终达到共同富裕”②。当时，薄一波同志把刘少奇的“天津讲话”向毛泽东做了汇报，毛泽东对他的讲话总的讲是肯定的，认为

①薄一波:《若干重大决策与事件的回顾》上卷,中共中央党校出版社1991年版,第62页。

②《邓小平文选》第3卷,人民出版社1993年版,第273页。

讲得好，只是觉得“剥削得越多越好”的话不一定这么讲。邓小平在七届四中全会上的发言中讲到刘少奇的“天津讲话”时，强调“虽然在讲话中个别词句有毛病，但主要是起了好作用的”。这里的“个别词句有毛病”，也是指“剥削越多越好”的讲法。薄一波同志说的刘少奇“在‘天津讲话’中讲到‘剥削’问题时走了‘火’”，也是指于此。现在看来，1949 年 7 月 23 日，朱德在全国工会工作会议上阐述这个问题时讲得好。他说，为了工人阶级的根本的长远的利益，还必须“在现阶段自觉地忍受资本家之一定限度以内的剥削”①。这里用的是“忍受”资本家“一定限度以内的剥削”，这种表达是比较确切恰当的。

刘少奇关于巩固新民主主义制度构想的论述，尽管在“个别言词方面有毛病”，但是从总体上分析，他是以人类历史发展规律为依据的，是从中国的实际出发的，是对马克思主义历史辩证法的具体运用和发挥，对我们今天深刻理解邓小平理论的正确性有重要的启迪意义。

---

①《朱德选集》，人民出版社 1983 年版，第 262 页。

# 认清国情与经济建设的发展

## ——论刘少奇对中国国情的认识[①]

邓小平在总结中国革命和建设的历史经验时曾指出："过去搞民主革命，要适合中国情况，走毛泽东同志开辟的农村包围城市的道路。现在搞建设，也要适合中国情况，走出一条中国式的现代化道路。"[②]刘少奇是中国共产党和中华人民共和国的主要领导人之一，他在长期的革命和建设实践中，一贯重视对中国国情的研究和把握。他认为，搞经济建设如同搞民主革命一样，也必须从中国的国情出发，并制定出符合中国国情的路线、方针和政策，才能不断地推进经济建设的顺利发展。

### 一、认清国情是一切经济建设问题的基本依据

早在民主革命时期，毛泽东就指出："认清中国的国情，乃是认清一切革命问题的基本的根据。"[③]新中国成立前夕，毛泽东针对党内关于经济政策的糊涂思想，分析了我国的基本国情，指出："中国的工业和农业在国民经济中的比重，就全国范围来说，在抗日战争以前，大约是现代性的工业占百分之十左右，农业和手工业占百分之九十左右。这是帝国主义制度和封建制度压迫中国的结果，这是旧中国半殖民地和半封建社会性质在经济上的表

①载《刘少奇与新中国建设》，中央文献出版社1994年版，

②《邓小平文选》(1975—1982)，人民出版社1983年版，第149页。

③《毛泽东著作选读》上册，人民出版社1986年版，第324页。

现，这也是在中国革命的时期内和在革命胜利以后一个相当长的时期内一切问题的基本出发点。从这一点出发，产生了我们党一系列的战略上、策略上和政策上的问题。”[①]刘少奇对毛泽东这一科学论断表示赞同。

在新中国成立前后，刘少奇也多次强调搞社会主义建设一定要从中国的国情出发，并做了大量的论述。1949年6月，刘少奇在《关于新中国的经济建设方针》一文中，运用马克思主义的基本原理，分析了我国的实际国情，指出：“我国是一个产业落后，发展又不平衡的大国。我国大部地区的经济，比东北要落后得多。”[②]1950年，刘少奇又在《国家的工业化和人民生活水平的提高》一文中明确指出：“直到现在，中国劳动人民的生活水平和世界许多先进国家比较起来，还是很低的。他们还很穷困，他们迫切地需要提高生活水平，过富裕的和有文化的生活。这是全国最大多数人民最大的要求和希望，也是中国共产党和人民政府力求实现的最基本的任务。”[③]刘少奇对中国国情的分析和判断，是符合客观实际的，是正确的。

大家知道，旧中国是一个经济文化十分落后的半殖民地半封建的国家，现代工业很少，而且几乎全部集中在少数大城市和沿海地区。半殖民地经济的畸形发展，造成了广大内地和边疆地区的生产力水平很低，经济十分落后，幅员辽阔的农村，小商品经济与半自然经济占着绝对的优势。新中国就是在这样极度贫穷、社会经济文化发展极端不平衡和落后的基础上建立起来的。

从我国的国情出发，是认识和把握我国社会主义经济建设发展规律的基础和前提。我国是一个人口众多、贫穷落后的农业大国。新中国成立后，全党全国人民奋发努力，经过第一个五年计划和1956年的社会主义改造，使我们的社会迈进了社会主义的门槛。在我们这样的国家里建设社会主义，其

①《毛泽东著作选读》下册，人民出版社1986年版，第657~658页。
②《刘少奇选集》上卷，人民出版社1981年版，第426页。
③《刘少奇选集》下卷，人民出版社1985年版，第1页。

道路究竟怎样走？1954年6月14日，毛泽东在中央人民政府委员会第30次会议上做宪法草案说明时讲，我们要建成一个伟大的社会主义国家，大概经过50年即10个五年计划。1955年10月11日，他在党的七届六中全会的讲话中，又改为10个五年计划到15个五年计划，才可能建成一个强大的社会主义国家。这说明，我们党和毛泽东在当时对我国社会主义建设的长期性、复杂性、艰巨性，还是有一定认识的。但是到了1958年后，由于我们党在民主革命和社会主义革命中取得了一连串的历史性胜利，滋长了骄傲自满情绪，以为只要用战争和土改中大搞群众运动的方法，社会主义建设的成功就能指日可待。结果适得其反，使社会主义建设遭到了严重的挫折。

社会主义经济建设遭受挫折之后，我们党和毛泽东的头脑又开始冷静下来。1960年6月18日，毛泽东在《十年总结》中说："我们对于社会主义时期的革命和建设，还有一个很大的盲目性，还有一个很大的未被认识的必然王国。"12月30日，他在一次谈话中又说："看来建设社会主义只能逐步地搞，不能一下子搞得太多太快。"1961年8月23日，在庐山工作会议上他又说："现在遭到了挫折和失败，碰了钉子，但还碰得不够，还要碰。""对社会主义，我们现在有些了解，但不甚了了。我们搞社会主义是边建设边学习。搞社会主义，才有社会主义经验。'未有学养子而后嫁人者也。'""搞社会主义，我们没有一套，没有把握。"①刘少奇在主持起草"七千人大会"的书面报告时，对毛泽东这一认识做了进一步发挥。他说，立三路线时，宣传只要两三年就能打倒国民党，结果打了十年，自己越打越弱了，这才知道打倒国民党要做长期的努力。社会主义建设也是有艰巨性、长期性和复杂性的，不能急于求成，只能在探索中前进，这也是一项极为重要的经验教训。刘少奇在"七千人大会"上，在总结了我们党在工作上的经验教训之后，明确指出："我们应该学会自己走路，应该根据中国的特点，采取适合中国情

①薄一波:《若干重大决策与事件的回顾》下卷，中共中央党校出版社1991年版，第1270页。

况的方法来进行建设。"[①]刘少奇的这些思想，对我们认识在一个原来经济文化落后的农业大国，怎样进行社会主义现代化建设，怎样建设具有中国特色的社会主义，具有重要的指导意义。

## 二、认清国情是实现全国工作中心转移的客观基础

列宁在领导俄国布尔什维克党取得十月革命胜利后，强调指出："无产阶级取得国家政权以后，它的最主要最根本的利益就是增加产品数量，大大提高社会生产力。"如果"没有这个条件，劳动摆脱资本桎梏的整个解放事业的成功和社会主义的胜利，就无从谈起"[②]。这就是说，无产阶级在取得政权以后，为了巩固和发展胜利的革命成果，推进社会主义社会向共产主义的发展，应当不失时机地把工作重心转移到经济建设上来，把发展社会生产力的任务提到首位。

以毛泽东为代表的中国共产党人，一贯重视社会生产力的发展。1949年初，革命即将在全国取得胜利，中国历史就要进入一个新的历史时期，中共中央适时地召开了七届二中全会，规定了全国胜利后党在政治、经济、文化、外交等方面的基本路线和政策，同时提出了使中国由农业国转变为工业国，由新民主主义转变为社会主义的总任务和重要途径。

刘少奇在中共七届二中全会前后的许多重要报告和讲话中，分析了中国的国情，论述了新中国成立后经济建设是全党工作的中心任务问题。1948年12月25日，刘少奇在《新中国经济的性质与经济建设方针》的报告中指出，现在提经济建设问题，与马克思恩格斯的《共产党宣言》有所不同，这不是宣传问题，而是议事日程上的问题。发展经济，搞经济建设"是一切斗争的终极目的"，是"党的总任务"。其后，他在天津的多次讲话中又提出，政府的方针，就是改善与发展生产，只有这样，国家才能富强。他说，过去我

①《刘少奇选集》下卷，人民出版社1985年版，第423页。
②《列宁选集》第4卷，人民出版社1960年版，第586页。

们比较长时期在农村搞革命，现在全国即将解放，必须学会管理城市，恢复和发展城市中的生产事业。这就是城市工作的总路线、总方针。在这里，刘少奇已经鲜明地把经济建设作为新中国成立后的总任务、总路线、总方针提出来了。1949 年 6 月，刘少奇在《关于新中国的经济建设方针》一文中，又分析了当时我国的基本经济状况，指出解放战争快要结束了，“今后的中心问题，是如何恢复与发展中国的经济”[①]。他这是说，建国后，全党工作的中心任务，是发展社会生产力，搞经济建设。

1950 年，刘少奇在《国家的工业化和人民生活水平的提高》一文中，分析了中国人民生活极度贫困的状况和基本原因之后，提出了我们党使中国人民从贫困、痛苦和被侮辱的生活中解放出来，并不断地提高他们的生活水平，使他们能够过富裕的和有文化的生活，必须做好两件最基本的事情。第一件事情是解放生产力，这件事情以中华人民共和国成立为标志，可以说基本完成或正在完成。第二件事情，就是保护和发展生产力，“就是利用已经建立并且巩固起来的人民民主专政作为主要的工具，并利用其他各种条件，配合各方面的努力，来发展一切有益于人民的生产及其他经济事业”[②]。这第二件事情，就是使中国逐步地走向工业化和电气化，使中国人民逐步地提高物质和文化生活水平。也只有做好第二件事情，才能使中国人民过上富裕的和有文化的生活。“因为生产事业的发展，劳动生产率的提高，乃是全体人民一切物质福利和精神福利的基础。”刘少奇认为，这两件事情是密不可分的，“只有做好了第一件事情，才有可能做好第二件事情。当着我们去做好第一件事情的时候，我们的目的就是为了要做好第二件事情。现在第一件事情已经或者差不多做好了，第二件事情也已经在一些地方开始进行，不久以后，就要更大规模地有全面计划地来进行，而且要永远继续下去，因为生产是更基本的，永远需要的。如果我们在做好第一件事情之后，不能接着把

①《刘少奇选集》上卷，人民出版社 1981 年版，第 426 页。

②《刘少奇选集》下卷，人民出版社 1985 年版，第 3 页。

第二件事情做好，那我们的革命就没有什么大的意义了，我们的革命就不能说是已经胜利了，相反，我们还要遭受可耻的失败”[①]。

1951 年 2 月 28 日，刘少奇在北京市第三届人民代表会议上，在论述国家政权建设和经济建设、民主化和工业化的关系之后，明确指出：“经济建设现已成为我们国家和人民的中心任务。”[②]1956 年 9 月，他在中国共产党第八次全国代表大会上的政治报告中，分析了从七大到八大这 11 年内，我国经历了两次具有世界意义的伟大历史事变，即中国民主革命的胜利和社会主义改造的完成。指出在阶级关系中，官僚买办资产阶级和封建地主阶级被消灭后，剩下的剥削阶级，即民族资产阶级和农村中的富农阶级已经处在被消灭的过程中。工人阶级已经成为国家的领导阶级。农民已经由个体农民转变为合作化的农民，这样，我国工人阶级同资产阶级之间的矛盾已经基本上解决了。在革命战争时期和全国解放初期，斗争的主要任务是从反动统治下解放人民，从旧的生产关系的束缚下解放社会生产力，斗争的主要方法是人民群众的直接行动。而“现在，革命的暴风雨时期已经过去了，新的生产关系已经建立起来，斗争的任务已经变为保护社会生产力的顺利发展”。党的八大通过的《关于政治报告的决议》明确提出：“我国国内的主要矛盾，不再是工人阶级和资产阶级的矛盾，而是人民对于经济文化迅速发展的需要同当前经济文化不能满足人民需要之间的矛盾。”党和全国人民当前的主要任务，就是要集中力量来解决这个矛盾，把我国尽快地从落后的农业国变为先进的工业国。这就要求我们党将工作重点由以阶级斗争为主，迅速地转移到工业建设上去，并紧紧抓住工业化这一根本任务，发展生产，以满足人民的物质和精神生活的需要。刘少奇对国内主要矛盾的分析是符合我国的实际情况的，它为新时期全面建设社会主义指明了方向，从而进一步坚持和发展了经济建设是我们党和全国中心任务的思想。

在我国社会主义经济建设问题上，党的工作中心的转移经历了曲折发展

①②《刘少奇选集》下卷，人民出版社 1985 年版，第 4、60 页。

的过程。历史证明，在社会主义的基本政治经济制度确立之后，仍然坚持“以阶级斗争为纲”的方针是错误的。从1958年到1978年，在中共十一届三中全会之前的20年时间，我国经济发展迟缓，人民生活改善不大，社会主义制度的优越性未能充分发挥出来，其根本原因就在这里。十一届三中全会以后，由于实现了把党和国家的工作中心转移到经济建设的轨道上来，实行了改革开放的方针政策，我国的经济和社会发展取得了举世瞩目的巨大成就，我国的经济实力和综合国力增强，人民的生活水平提高，充分显示了社会主义的生机与活力。从前后的对比中，我们更加深刻地认识到，放弃“以阶级斗争为纲”，实行以经济建设为中心任务的极端重要性。当然，看不到一定范围内长期存在的阶级斗争，丧失警惕性也是错误的。摆正两者之间的关系，正确处理好一定范围内存在的阶级斗争问题，为社会主义建设创造安定的社会环境和条件，一心一意地、全力以赴地把我国的经济建设搞上去，这是几十年来的根本历史经验。根据邓小平1992年初南方谈话精神，中共十四大明确指出：“牢牢把握党的‘一个中心，两个基本点’的基本路线，一百年不动摇，国家就能长治久安，中国就大有希望。”中共中央这个论断，是我国几十年来社会主义经济建设历史经验的总结，是当代中国发展的最主要的战略思想。

## 三、必须采取与国情相适应的特殊的政策和办法

新民主主义革命胜利后，采取什么样的方针和方法，由新民主主义过渡到社会主义，并推进社会主义事业的发展，这是以毛泽东为代表的中国共产党人反复思考的重大问题。1948年9月，毛泽东在中共中央政治局会议上对新中国成立之后的主要矛盾、经济建设的构想等问题做了讲话，提出“我们努力发展国民经济，由发展新民主主义经济过渡到社会主义”，而“至于经济成分的分析还要考虑”[①]。在这次会议上，刘少奇就新中国成立后的经

①薄一波:《若干重大决策与事件的回顾》上卷,中共中央党校出版社1991年版,第22页。

济构成、主要矛盾，以及如何由新民主主义向社会主义过渡等问题做了发言。毛泽东赞同刘少奇的意见，并嘱托他对新中国经济成分的分析做进一步思考，草拟文件提请中共七届二中全会讨论。1949 年 3 月 5 日，毛泽东在中共七届二中全会上做的报告，是一篇建设新中国的纲领性文献。他依据中国的国情，阐明了战略上、策略上和政策上的一系列问题，精辟地分析了新民主主义的五种经济成分，及其党在建国后所应采取的基本方针，为如何由农业国变为工业国绘制了一幅清晰的蓝图。

中共七届二中全会之后，刘少奇在《关于新中国的经济建设方针》等重要著作中，在分析中国国情的基础上，对新中国经济建设的构想及其一系列经济建设的基本方针和政策做了进一步的阐发。

刘少奇提出，在推翻帝国主义及国民党的反动统治以后，新中国的国民经济主要由以下五种经济成分构成:(1)国营经济;(2)合作社经济;(3)国家资本主义经济;(4)私人资本主义经济;(5)小商品经济和半自然经济。这五种经济成分中，小商品经济与半自然经济占着绝对的优势。合作社经济在当时还很少，但可以很快地发展。国家资本主义经济也很少，但可能在一个颇大程度上去组织。国营经济在当时也是一个可观的但还是很小的成分，不过它可以使社会的经济命脉操在国家手中，而居国民经济的领导地位。

刘少奇指出，上述五种经济成分构成新民主主义经济。在这种新民主主义经济内部，是存在着矛盾和斗争的，这就是社会主义的因素和趋势与资本主义的因素和趋势之间的斗争，就是无产阶级与资产阶级的斗争。这就是在消灭帝国主义势力及封建势力以后，新中国内部的矛盾和斗争，“这种矛盾和斗争，将要决定中国将来的发展前途到底是过渡到社会主义社会，抑或过渡到资本主义社会？我们认为新民主主义经济是一种过渡性质的经济”①。这种过渡所需要的时间，将比社会生产力比较先进的人民民主国家长得多。

刘少奇认为，合作社经济是国营经济的同盟者和带有决定意义的助手，

①《刘少奇选集》上卷，人民出版社 1981 年版，第 427 页。

国家资本主义也可以在一定程度上成为国营经济的助手，而小商品经济及半自然经济则是一种动摇的力量。国营经济是社会主义性质的经济，国家资本主义经济是十分接近社会主义的经济，而私人资本主义经济则是资本主义发展趋势的基础。

根据上述分析，刘少奇认为，新中国的经济建设方针是：五种经济成分中，除开那些投机操纵的经营及有害于新民主主义的国计民生的经营之外，都应加以鼓励，使其发展。但在这种发展中，必须以发展国营经济为主体，扶助独立的小生产者并使之逐渐地向合作社方向发展。组织国家资本主义经济，在有利于新民主主义的国计民生的范围以内，允许私人资本主义经济的存在和发展，而对于带有垄断性质的经济，则逐步地收归国家经营，或在国家监督下采用国家资本主义的方式经营，对于一切投机操纵及有害于国家民生的经营，则用法律禁止之。这就是说，“在可能的条件下，逐步地增加国民经济中的社会主义成分，加强国民经济的计划性，以便逐步地稳当地过渡到社会主义”。但是“这种过渡，是要经过长期的激烈的艰苦的斗争过程的”。[①]在40多年前，刘少奇从我国国情出发，提出的这些经济建设基本方针、政策和方法，不仅在当时是正确的，就是在今天看来也是无可非难的。

十月革命后，列宁明确指出：“在一个小农生产者占人口绝大多数的国家里，实行社会主义必须通过一系列特殊的过渡办法。”[②]列宁还说：“既然我们还不能实现从小生产到社会主义的直接过渡，所以作为小生产和交换的自发产物的资本主义，在一定范围内是不可避免的，所以应该利用资本主义（特别是要把它引导到国家资本主义的轨道上去）作为提高生产力的手段、道路、方法和方式。”[③]列宁这些论述，实际上是提出了在小生产占优势的经济文化落后的国家里，搞社会主义革命和建设应该注意的一个带普遍性的重大问题，就是如何更加重视和利用资本主义已经创造的物质技术管理和文化

①《刘少奇选集》上卷，人民出版社1981年版，第428页。

②③《列宁全集》第32卷，人民出版社1972年版，第203、342页。

条件的问题。现在看来，刘少奇在当时的一些想法是从列宁的这些论述中受到了启发的。1956 年 12 月，在人大常委会第 52 次会议上，刘少奇对毛泽东关于利用资本主义发展社会主义的思想做了进一步发挥。他说，如果资本家要盖工厂，是否可以准许他盖呢？可以的。“我们国家有百分之九十几的社会主义，有百分之几的资本主义，我看也不怕，它是社会主义经济的一个补充嘛！……有这么一点资本主义，一条是它可以作为社会主义经济的补充，另一条是它可以在某些方面同社会主义经济作比较。”[①]后来，当毛泽东、刘少奇等中央领导同志发觉资本主义经济成分结束得过早和对资本主义的技术和管理经验利用得不够时，几次想采取措施进行补救，但未能如愿。这个问题真正解决得比较好，还是在中共十一届三中全会提出实行改革开放的政策以后。经过十几年的改革开放，我国已经形成以公有制为主体的多种经济成分并存的格局，生产力蓬勃发展，蒸蒸日上。邓小平强调说：“社会主义要赢得与资本主义相比较的优势，就必须大胆吸收和借鉴人类社会创造的一切文明成果，吸收和借鉴当今世界各国包括资本主义发达国家的一切反应现代社会化生产规律的先进经营方式、管理方法。”[②]显而易见，邓小平建设有中国特色的社会主义理论，是对马克思列宁主义、毛泽东思想的继承、运用和发展，是当代中国的马克思列宁主义、毛泽东思想。

---

①《刘少奇论新中国经济建设》，中央文献出版社 1993 年版，第 326~327 页。

②《邓小平文选》第 3 卷，人民出版社 1993 年版，第 373 页。

# 论中国社会主义发展的客观规律性

## ——刘少奇与邓小平社会主义建设思想的比较研究[①]

邓小平反复讲，什么叫社会主义，怎样建设社会主义，是我们党长期未搞清楚的问题。这个问题的实质是点明了，对中国社会主义发展的客观规律性，我们党长期未认识，并为此进行了艰苦的探索，付出了巨大的代价。刘少奇和邓小平作为党和国家的重要领导人，新中国成立前后一直探索这个问题，并提出了许多有价值的理论观点。从实践来看，刘少奇的许多理论观点是邓小平理论的重要来源，而邓小平理论是对刘少奇思想理论的继承和创造性发展。我们把他们的思想理论加以比较研究，对深入认识中国社会主义发展的客观规律，推进有中国特色社会主义事业的发展，其意义是重大而深远的。

### 一、生产力达不到高度发展的水平，私有制是“根绝”不了的

生产关系要适应生产力的发展水平和状况，是人类社会发展的客观规律。刘少奇在新中国成立前后相当长的历史时期里，所思考的重点就是怎样依据这个马克思主义基本原理，把我国建设成为强大的社会主义国家。在建国前后，他先后提出的“不要过早地采取社会主义政策”“不要过早地动摇、削弱直至否定私有制”“在一定历史条件下的剥削是有进步性的”等理

①载《社会主义研究》2000 年第5 期。

论观点，以及60年代初他支持农民“三自一包”的行动，都是以生产关系的变革必须适合我国生产力发展的实际状况为依据的。社会主义建设的实践证明，刘少奇的这些理论观点和做法是正确的，无可非议的。

马克思在《〈政治经济学批判〉序言》中精辟地指出：“无论哪一种社会形态，在它们所能容纳的全部生产力发挥出来以前，是决不会灭亡的；而新的更高的生产关系，在它存在的物质条件在旧社会的胎胞里成熟以前，是决不会出现的。”①马克思这段论述清楚地说明，任何生产关系的变革都不是由人们的主观意志决定的，而是由社会生产力的发展水平决定的。我们党依据这条原理，领导全国各族人民推翻了帝国主义、封建主义、官僚资本主义的反动统治，建立了中华人民共和国。但是，建国后到底要建设一个什么样的国家？能不能马上“采取社会主义政策”？这是摆在全党面前的重大的历史性课题。刘少奇认为，我们的经济文化相当落后，“是一个小生产占极大优势的国家，还是一个农业国”。当时，我国的国民经济包括自然经济、小生产经济、资本主义经济、半社会主义经济、国家资本主义经济以及国营的社会主义经济等五种经济成分。国营经济“是整个国民经济的领导成分”，但是在数量上顶多占国民经济的百分之十至百分之二十。这样的实际经济状况不允许我们“过早地采取社会主义政策”，即不允许在民主革命胜利后立即转入社会主义革命。

“不要过早地采取社会主义政策”问题的实质，是怎样正确对待私有制和资本主义剥削现象问题。我们过去只是“套书本子”，认为共产党的历史任务就是要“消灭私有制”和“消灭剥削”，甚至认为消灭得“越早越好”“越彻底越好”。毛泽东早在1953年就提出，我们共产党人“就是使帝国主义绝种，封建主义绝种，资本主义绝种，小生产绝种”②。他还依据急于叫“资本主义绝种”的认识，制定了一系列“批资本主义”“割资本主义尾巴”

①《马恩著作选读》(哲学)，人民出版社1988年版，第293~294页。

②薄一波：《若干重大决策与事件的回顾》上卷，中共中央党校出版社1991年版，第351页。

的方针政策，以至于发动“大跃进”、人民公社化运动和“文化大革命”，给社会主义建设事业造成重大损失，教训是极其沉痛的！

从历史的观点和社会主义的实践来看，刘少奇关于“不要过早地否定私有制”的理论观点，从本质上来看“还是对的”①。依据马克思列宁主义的基本理论，我们共产党人干社会主义是要消灭阶级、消灭剥削、消灭私有制，进而实现共产主义。但是，这个历史任务的最后完成，不是单靠群众运动和政治斗争的办法所能奏效的，而是归根结底要靠社会生产力的高度发展。马克思认为，阶级、私有制、剥削现象的产生、发展和灭亡，有其自身的发展规律，即与社会生产的发展相联系。它们是在社会生产有了发展，而又发展不足的基础上产生的，而它们的最后消亡有待于社会生产的高度发展。社会生产的发展达不到高度发达的水平，阶级、剥削、私有制是“根绝”不了的。一个国家可以单独建成社会主义，而不可能单独进入无私有制、无阶级的共产主义社会。我们共产党人对这个重大的理论和实践问题，应该有个清醒的认识了。马克思明确说：“人类始终只提出自己能够解决的任务，因为只要仔细考察可以发现，任务本身，只有在解决它的物质条件已经存在或者至少是在形成过程中的时候，才会产生。”②毛泽东在长期的社会实践中，依据马克思主义这一原理，也提出过一些很好的思想。比如，早在《论联合政府》中，他就明确讲过：“没有一个由共产党领导的新式的资产阶级性质的彻底的民主革命，要想在殖民地半殖民地的废墟上建立起社会主义来，那只是完全的空想。”他还说：“有些人不了解共产党人为什么不但不怕资本主义，反而在一定条件下提倡它的发展。我们的回答是这样简单：拿资本主义的某种发展去代替外国帝国主义和本国的封建主义的压迫，不但是一个进步，而且是一个不可避免的过程。它不但有利于资产阶级，同时也有利于无产阶级，或者说更有利于无产阶级。现在中国是多了一个外国帝国主

①薄一波：《若干重大决策与事件的回顾》上卷，中共中央党校出版社 1991 年版，第 199 页。
②《马恩著作选读》（哲学），人民出版社 1988 年版，第 293~294 页。

义和一个本国的封建主义，而不是多了一个本国的资本主义，相反地，我们的资本主义是太少了。”[①]1953年，他在提出过渡时期总路线时，又明确说：“鉴于资本主义经济在数量上是不可忽视的……所以目前一脚踢开资本主义是不可能的，也没有资格。现在，一辆汽车、拖拉机……不能造，就发野心一脚踢开不对。”[②]直到1956年12月，他同工商界人士谈话时，还明确说：“可以开设投资公司，还本付息。可以搞国营，也可以搞私营。可以消灭了资本主义，又搞资本主义。”[③]毛泽东这些好思想是从中国的客观实际出发的，是与刘少奇主张在中国“不要过早地否定私有制”的观点在本质上是一致的。可惜，毛泽东这些好思路由于种种原因未能贯彻始终，致使犯了急于叫“私有制绝种”的“超历史阶段”的错误。

邓小平对社会主义建设的发展规律也一直在进行探讨。早在1962年7月，针对当时不顾生产力发展的实际状况，主观随意地变革生产关系的历史教训，他就明确指出：“在生产关系上不能完全采取一种固定不变的形式，看用哪种形式能够调动群众的积极性就采用哪种形式。”[④]由于种种原因，这种好思路未得到贯彻执行。对这个重大的理论和实践问题，我们党真正有了正确的认识并解决得比较好，是党的十一届三中全会以后，特别是党的十五大，以江泽民同志为核心的第三代领导集体，以邓小平理论为指导，在总结建国以来特别是十一届三中全会以来经验教训的基础上，确立了在我国现阶段实行“以公有制为主体、多种所有制经济共同发展的经济制度”，把生产关系的变革切实建立在社会生产力的发展实际水平和客观需要的基础上，促使个体经济、私营经济、外资企业等非公有制经济迅猛发展，增强了国民经济的活力，进而把对我国社会主义发展规律的认识，提高到了一个新的科学水平。

---

①《毛泽东邓小平论中国国情》，中共中央党校出版社1992年版，第284页。

②③薄一波：《若干重大决策与事件的回顾》上卷，中共中央党校出版社1991年版，第64、434页。

④《邓小平文选》第1卷，人民出版社1994年版，第316页。

## 二、“社会主义不是平均主义，共产主义也不是平均主义”

在对社会主义和共产主义的理解上，我们党内不少同志混淆了社会主义、共产主义与平均主义的原则界限。在新中国的经济建设中，刘少奇旗帜鲜明地揭露和批判了“农民的绝对平均主义”，并明确提出“社会主义不是平均主义，共产主义也不是平均主义”的科学论断，从另一个侧面深刻揭示了中国社会主义的发展规律，其理论价值和实践意义是重大而深远的。

“农民的绝对平均主义”长期影响着我们党内不少同志的思想。1950年和1951年，刚完成土改任务不久的东北局和中共山西省委制定的“净身出组，车马留互助组”；用增加“公共积累”并规定“一人一票，出组不带”的歧视单干的经济政策及措施，就是“农民绝对平均主义”的表现。在土改后新的历史条件下，刘少奇对这种错误的思想和做法及时地做了批评，并严肃地提出，在农村社会主义事业的确立和发展进程中，要十分注意警惕把社会主义混同于农民的绝对平均主义的危害性。实践证明，这个问题提得很重要很及时。可惜，由于这个问题在党内未能形成普遍的共识，因而切实纠正和避免这种错误思想对我们党的危害性，不仅未能达到预期的目的，而且仍然延续和泛滥。1958年“大跃进”刮的“共产风”，实际上是农民“贫富拉平，平均分配”的绝对平均主义之风。当年张春桥曾写《破除资产阶级的法权思想》的文章，否定建国后改供给制为薪金制的必要性，鼓吹“供给制”“吃饭不要钱”是共产主义的因素。还有人把我国古代“三国”时期张鲁搞的“大路上的公共宿舍”“道路上饭铺里吃饭不要钱”看作是“开了我们人民公社公共食堂的先河”，[①]而把“计件工资”“奖金”“商品”“货币”“工资制度”，以及“各尽所能，按劳分配”制度视作资产阶级法权加以抵制和批判。如果平均主义思想在民主革命中还有动员贫苦农民向封建土地占有

①薄一波:《若干重大决策与事件的回顾》下卷，中共中央党校出版社1993年版，第776页。

制冲击的某些积极作用的话，那么在社会主义革命和建设中，它就没有了任何积极作用。1958 年发生的平均主义大泛滥，对社会主义生产力的发展造成了巨大的破坏。1962 年 1 月 27 日，刘少奇在“七千人大会”上总结这一历史的经验教训时明确提出：“社会主义不是平均主义，共产主义也不是平均主义。在社会主义阶段，我们的分配原则，是按劳分配；我们的交换原则，是等价交换。到共产主义阶段，我们的分配原则，将是按需分配。否认社会主义阶段的按劳分配和等价交换的原则，把平均主义和社会主义、共产主义混淆起来，甚至认为平均主义就是社会主义或者共产主义，这是极端错误的，是同人民的利益根本抵触的。”①

我们国家是小农生产经济占极大优势的农业大国，以“均贫富，等贵贱”为特色的农民平均主义思想，在我国漫长的历史和社会生活中有着极为深厚、广泛、长久的影响。康有为的《大同书》中关于“公农”“公工”“公商”的主张，章炳麟的“均田一事，合于社会主义”，孙中山的“民生主义的社会主义”等，就是中国近代资产阶级思想家自觉不自觉地接受和反映了农民的平均主义要求，并且以其塑造资产阶级的“社会主义”。可以说，中外的空想社会主义理论都是建立在抽象的人性论基础上的绝对平均主义。这种思想也势必影响到处于小农经济汪洋大海包围之中的中国无产阶级及其政党。应该肯定，我们党在民主革命过程中，对农民平均主义的思想还是有一定警惕和斗争的，进而保证了民主革命和土改运动的顺利发展。早在 1948 年 4 月 1 日，毛泽东就明确说：“现在农村中流行的一种破坏工商业，在分配土地问题上主张绝对平均主义的思想，是一种农业社会主义的思想。这种思想的性质是反动的、落后的、倒退的。我们应当批判这种思想。”他还说，我们赞助农民平分土地的要求，“是为了便于发动广大的农民群众迅速地消灭封建地主阶级的土地所有制，并非提倡绝对的平均主义。谁要是提倡绝对

①《刘少奇选集》下卷，人民出版社 1985 年版，第 365 页。

的平均主义，那就是错误的”①。而当土地改革的任务基本完成之后，转入新中国的经济建设时期，我们党内不少同志却混淆了社会主义与平均主义的界限。可以说，不少同志头脑里的社会主义甚至共产主义，实际上是农民的绝对平均主义。因此，在相当长的时期里，我们放松了对平均主义思想的抵制和批判，助长了“吃大锅饭”，端“铁饭碗”的思潮，否认商品经济和市场机制的作用，严重阻碍了社会主义生产力的发展。

这个问题真正得到了较好的解决是党的十一届三中全会之后。早在1978年底，邓小平在总结建国以来经验教训的基础上，明确提出了“让一部分地区、一部分人先富起来”的这个“大政策”②。“部分先富”的政策是按劳分配原则、实行多种所有制经济和多种分配方式，以及发展市场经济的客观要求，是邓小平对事物发展不平衡规律的创造性运用。“部分先富”理论的实质，是从政策上鼓励诚实劳动和合法经营，使先富的地区和人带动、帮助后富的地区和人，逐步达到共同富裕。这种充分调动劳动者积极性和发挥创造精神的激励机制，是从理论和政策上对把平均主义和社会主义混同起来的错误观念和政策的彻底否定。这个“大政策”同“两极分化”有本质的区别。部分地区和部分人先富起来，是达到共同富裕的捷径，是促进生产力发展的“大政策”，是符合人民根本利益的大政策。我们中国共产党代表先进生产力的发展要求、代表人民群众的根本利益，就要拥护这个“大政策”，坚决而全面地贯彻和执行这个“大政策”。

江泽民同志依据邓小平理论，在党的十五大报告中把我国现阶段的分配制度概括为“坚持按劳分配为主体，多种分配方式并存的分配制度”。强调“依法保护合法收入，允许鼓励一部分人通过诚实劳动和合法经营先富起来，允许和鼓励资本技术等生产要素参与收益分配”。一切符合“三个有利于”的所有制形式和分配方式，“都可以而且应该用来为社会主义服务”。这就

①《毛泽东选集》第4卷，人民出版社1991年版，第1314页。

②《邓小平文选》，人民出版社1994年版，第152页。

从理论和政策上彻底否定了在小农经济基础上产生的平均主义思想，把社会主义与平均主义彻底划清了界限。这充分说明，我们党对在小农经济占极大优势的农业大国，建设和发展社会主义客观规律的认识，上升到了一个新的理论高度。

## 三、中国社会主义是“相当长的历史阶段”

早在建国前夕，刘少奇在认真研究国情的基础上就明确提出，我们中国建设社会主义新生活的任务是极其艰难的，它所需要的时间，将比经济文化较发达的国家建设社会主义“长得多”[①]，可以说是一个“相当长的历史阶段”。刘少奇关于中国社会主义长期性的论断，实践证明是完全正确的，这充分显示了他那种高深的理论思维能力和求是创新的科学态度。

刘少奇认为，正确认识和判断我国的实际国情，认清我国社会主义事业的艰难性和长期性，是我们进行社会主义建设的基本依据和基本出发点，是制定一切方针政策的前提。十一届三中全会之前，我们党在社会主义建设中出现失误的根本原因之一，就在于对我国社会主义发展的长期性认识不足，提出的一些任务和政策超越了“历史阶段”。实事求是地说，在建国前后那段时期里，我们党对建设社会主义的艰巨性和长期性，还是有一定的认识的。党的七届二中全会就确定了新中国发展的基本方向是由农业国转变为工业国、由新民主主义社会发展到将来的社会主义社会，这期间要有二三十年的时间。到了 1953 年，我们党提出的过渡时期的总路线，还打算从 1953 年算起，大约用三个五年计划，即 15 年左右，逐步实现对农业、手工业和对资本主义工商业的社会主义改造，并逐步实现国家的社会主义工业化。但是，从 1955 年夏季开始，以批判“小脚女人走路”为先导，农业社会主义改造一马当先，带动了资本主义工商业和手工业改造高潮，大体只用一年的时间，就完成了本来需要 12 年左右（从 1956 年算起）才能完成的任务。接

①《刘少奇选集》上卷，人民出版社 1981 年版，第 427 页。

着，经过1957年“整风反右”运动，1958年“大跃进”和人民公社化运动。1958年8月23日，北戴河政治局扩大会议通过的《公社决议》明确宣布：“共产主义在我国的实现已经不是什么遥远将来的事情了。”以此为依据制定了一系列“超历史阶段”的方针政策，鼓动人们“大干快上”，要“跑步进入共产主义”，结果给工农业生产造成了灾难性的损失。

我们党在相当长的时期里，没有充分认识社会主义的长期性，原因是多方面的，如原苏共领导人“急性病”的影响等，而从历史和现实来看，其根本原因在于没有深刻认识刘少奇所分析的在“小农生产占极大优势的农业大国”建设社会主义的艰难性。毛泽东本来是十分重视研究国情的，这是他领导中国人民取得民主革命成功的根本原因所在。而在建国之后搞社会主义，特别是1955年之后，他没有认识到，在一个小生产占极大优势的农业大国，要建成社会主义，比发达资本主义之后的国家建设社会主义，要艰难千百倍，在时间上“要长得多”。我们国家的资本主义未得以充分发展，是小生产占极大优势的农业大国，经济文化相当落后，各地区的发展也相当的不平衡。我们在这样的历史条件下实行社会主义，必须采取与这种国情相适应的特殊的过渡办法。正如列宁所讲：在小生产占优势的落后的农业国，试图“直接过渡到纯社会主义的经济形式和纯社会主义的分配”是“力所不能及的”。[①]列宁从实践中认识到，“在一个小生产者占人口绝大多数的国家里，实行社会主义革命必须通过一系列特殊的过渡办法”[②]。他明确提出，我们的政策要建立在引导人们“对个人利益的关心”[③]的基础上，要发展商品经济，允许自由贸易，利用资本主义经济成分来发展经济。列宁说：“既然我们还不能实现从小生产到社会主义的直接过渡，所以作为小生产和交换的自发产物的资本主义，在一定范围内是不可避免的，所以我们应该利用资本主义（特别是要把它引导到国家资本主义的轨道上去）作为小生产和社会主义

①③《列宁全集》第33卷，人民出版社1957年版，第380、39页。

②《列宁全集》第32卷，人民出版社1958年版，第203页。

之间的中间环节，作为提高生产力的手段、道路、方法和方式。”[①]他还说：“我们必须同资本主义经济成分并存一个时期。”[②]为了发展大工业，列宁还主张实行租让制，搞国家资本主义。他认为“国家资本主义，就是我们能够加以限制、能够规定其活动范围的资本主义”[③]。只要国家政权和主要经济命脉掌握在无产阶级手中，国家资本主义也同样不可怕，只会对无产阶级有利。刘少奇曾依据列宁的这些正确思想明确提出，在我们经济文化落后的中国建设社会主义，不要怕资本主义的适当发展，因为“我们大门的钥匙放在自己的口袋里，要开多少，关多少，都由自己决定。这件事，我们的老祖宗几百年来经过多少次流血斗争，都没有做到。今天我们一定要做到，也可以做到，只要把钥匙拿到自己手里，开关如意，中国工业就有了大保障”[④]。他这是说，国家政权已经掌握在无产阶级手中，中国人民大众在共产党领导下，已经成了国家的主人，这是决定性的。实践证明，列宁和刘少奇这些重要思想是科学真理，是对小生产占极大优势的农业大国建设社会主义客观规律的深刻揭示。然而，在过去相当长的时间里，我们党对列宁和刘少奇这些重要思想没有好好学习和掌握，急于“让资本主义绝种”“让小生产绝种”，犯了违背客观规律的错误，严重阻碍了社会主义经济的发展。

社会实践证明，正确认识社会主义历史阶段的艰巨性和长期性，是关系社会主义前途和命运的问题。十一届三中全会之后，邓小平领导全党总结了历史的经验教训，明确提出了“社会主义是共产主义第一阶段，当然这是一个很长很长的历史阶段”，而我国正处于“社会主义初级阶段”。[⑤]江泽民同志以邓小平理论为指导，在十五大报告中对社会主义初级阶段的性质、任务和特点从九个方面做了透彻的分析之后，又明确提出：“社会主义是共产主义的初级阶段，而中国又处于社会主义的初级阶段，就是不发达的阶段。”

---

①《列宁全集》第32卷，人民出版社1958年版，第342页。

②③《列宁全集》第33卷，人民出版社1957年版，第269、244页。

④《刘少奇论新中国经济建设》，中央文献出版社1993年版，第96页。

⑤《邓小平文选》第3卷，人民出版社1993年版，第171页。

这是一个相当长的历史时期，“这样的历史进程，至少需要一百年时间。至于巩固和发展社会主义制度，那还需要更长的时间，需要几代人、十几代人，甚至几十代人坚持不懈地努力奋斗”。他还说：“近二十年改革开放和现代化建设取得成功的根本原因之一，就是克服了那些超阶段的错误观念和政策，又抵制了抛弃社会主义基本制度的错误主张。这样做没离开社会主义，而是在脚踏实地地建设社会主义，使社会主义在中国真正活跃和兴旺起来，广大人民从切身感受中更加拥护社会主义。”

## 四、“中国搞社会主义，是谁也动摇不了的”

刘少奇和邓小平是我们党的重要领导人，是伟大的共产主义战士，他们终生为共产主义事业而奋斗。从他们半个多世纪的实践活动来分析，其思想主旨是探索在小农生产占极大优势的经济文化落后的中国，不能搞“纯社会主义的经济形式和纯社会主义的分配方式”的社会主义，而是要搞发展生产力的社会主义，并要善于利用资本主义发展社会主义，但绝不允许搞“私有化”。邓小平曾针对资产阶级自由化思潮多次指出：“中国搞社会主义，是谁也动摇不了的。”①我们选择社会主义道路是正确的，私有化不能救中国，“所以我们不会容忍有的人反对社会主义”②。当今世界，从本质上说是社会主义与资本主义对立统一的世界，两者之间是相互依赖、相互渗透、相互利用的，任何一方都不能离开自己的对立面单独存在和发展。我们要善于利用资本主义社会中有利于社会主义的因素发展自己，这是马克思主义辩证历史观的客观要求。因此，我们学习资本主义的某些好东西，包括经营管理方法，在我们身边的“小范围内容许资本主义的存在”③等，但“不等于实行资本主义”④。

1991 年 8 月 20 日，邓小平同志同以江泽民同志为核心的第三代领导集体几位负责同志谈话时，明确指出：“反对资产阶级自由化还是要讲。我们

①②③④《邓小平年谱》，中央文献出版社 2004 年版，第 439、377、305、139 页。

搞改革开放，把工作重心放在经济建设上，没有丢马克思，没有丢列宁，也没有丢毛泽东，老祖宗不能丢啊！问题是要把什么叫社会主义搞清楚，把怎么样建设和发展社会主义搞清楚。”①这说明，中国共产党三代中央领导集体的奋斗目标是一致的，就是共同探索在小农生产占极大优势的经济文化落后的中国，怎样建设、巩固和发展社会主义这一重大的历史性课题，就是探索中国社会主义发展的客观规律性。

①《邓小平年谱》，中央文献出版社 2004 年版，第 457 页。

# 论刘少奇的坚强党性原则[①]

刘少奇是中国共产党杰出的马克思主义理论家。在我国新民主主义革命、社会主义革命和建设的长期斗争中，他对中国共产党的建设，不仅在理论上和实际工作的指导上有重要的建树，而且在实际生活中身体力行，为我们增强党性修养树立了光辉的榜样。正如邓小平在刘少奇追悼会上的悼词中所指出的："刘少奇同志言行一致。他在《论共产党员的修养》中对广大党员提出的党性锻炼的要求，自己都以身作则地实践了。文如其人，《论共产党员的修养》一书，是一部优秀共产党员在艰苦卓绝的斗争中形成的高尚品格的结晶，也是刘少奇自己理想信念、道德风貌的写照。"

## 一、实事求是是党性的集中体现

刘少奇的坚强党性原则，集中体现在他一贯用实事求是的思想原则处理实际工作和社会生活中的问题。他在半个多世纪的革命生涯中，对实事求是的党性原则，不仅从理论上做了大量的精辟阐述，而且在实践中身体力行。

刘少奇认为，必须把树立实事求是的思想作风，作为加强党性的第一个标准。在工作上不采取实事求是的态度，那就是反科学的反马克思主义的态度。我们必须坚持马克思列宁主义的态度，一切从实际出发，充分估计到客观可能，不要做那些确实办不到的事情。否则，不从实际出发，就是主观主义作风。"主观主义作风，是党性不纯的表现"，只有实事求是，一切从实

①载《毛泽东思想论坛》(湖南)1997 年第 3 期。

际出发，才“是一个党性坚强的党员的起码态度”。[①]党内有的干部，为了争名誉，出风头，不惜向党作假报告，故意弄虚作假，瞒上欺下，有意夸大成绩，隐瞒缺点，掩盖错误。刘少奇批评说，这是极端恶劣的作风，是完全违反党的纪律的行为，这“不但是同我们党的实事求是的作风不相容，也不止是党性不纯的表现，而且是丢掉了共产党人应该有的忠诚老实的态度，是丧失党性的表现”[②]。

坚持和发扬实事求是的作风，关键在领导。各级领导同志支持什么，鼓励什么，批评什么，这是至关重要的。在“五风”盛行的年代，有些领导对说老实话、做老实事、敢于反映真实情况、敢于实事求是说出自己意见的人，不仅不支持，不表扬，反而进行批评或打击；有些不说老实话、作假报告、夸大成绩、隐瞒缺点的人，不仅没有受到批评和处分，反而受到表扬和提拔。这就在党内不少干部的心目中，造成了一种不正常的印象，以为“谁老实就吃亏”，有些人甚至把作假当作聪明，把老实当作愚蠢。刘少奇说：“我们必须用很大的努力，彻底改变这种情况。”[③]各级领导机关和领导人应改正自己的错误，表扬那些受过批评和打击的老实人，并且向他们道歉；批评那些不说老实话、作假报告的人，并且要他们切实改正错误。我们要正告那些不老实的人，必须迅速地彻底地改正错误，做一个真正有共产主义理想的共产党员。否则，他们的前途是很危险的。

## 二、发扬党内民主，必须反对官僚主义，严格党的纪律

刘少奇经常说，如果我们“在工作中充分地发扬民主作风，恭恭敬敬地当群众的学生，有事很好地同群众商量，认真地倾听群众的意见，特别是倾听不同的意见，很多错误是有可能不犯的”[④]。刘少奇这个科学结论，是他在长期的革命斗争中对实践经验教训的总结。

刘少奇认为，为了扩大党内民主生活，必须开展反对官僚主义的斗争。

---

①②③④《刘少奇选集》下卷，人民出版社 1985 年版，第 397、398、399、376 页。

因为官僚主义者往往是独断专行，称王称霸，不关心群众的疾苦，损害人民的民主权利。这种作风，根本不是共产党的作风，而是极端恶劣的国民党作风。这种国民党作风，是人民的大敌，是无产阶级的大敌，是共产党的大敌。我们必须清醒地认识到，反对官僚主义是一个长期的斗争。封建残余不是在短时间内可以彻底消灭的，现在还腐蚀着我们队伍中的一些不坚定的人。为了建设社会主义，我们必须把共产党作风同国民党作风严格地区别开来，必须继续向存在于我们党内和政府工作中的官僚主义作风作战，并且保持最高度的警惕。刘少奇认为，只有这样，“我们才能够发扬人民民主，最密切地联系人民群众”[①]。同时，刘少奇还指出，反对官僚主义不要怀疑和反对我们的社会主义制度，在我们的社会主义制度下，官僚主义的病害一定会逐渐被消除。

我们强调发扬党内民主，还必须把严格党的纪律结合起来。我们讲的发扬广泛的民主，绝不是极端民主化，而是集中指导下的民主，它要求个人必须服从组织，少数服从多数，下级服从上级，全党服从中央。当然，这不是盲从，任何人有不同意见，可以提出讨论或向上级控告。在民主基础上强调严格党的纪律，并不是排斥或者剥夺党员的民主权利，只是要求党员对中央决定了的东西，党组织决定了的东西，在组织上没有改变之前，必须服从，不允许对党的路线、方针、政策任意散布不信任、不满以及反抗的情绪，不允许党员自以为是，自行其是，妨碍党的统一意志。

## 三、艰苦奋斗是共产党人的本色

艰苦奋斗的精神和作风是共产党员应有的本色，它既关系着无产阶级革命能否胜利，又关系着无产阶级革命的胜利果实能否巩固和发展。所以，刘少奇几十年如一日地艰苦奋斗，特别强调执政的共产党，保持和发扬艰苦奋斗的作风，对社会主义事业的巩固和发展有特殊的意义。

---

①《刘少奇选集》下卷，人民出版社 1985 年版，第 375 页。

全国革命胜利后，刘少奇站在防止“使革命失败”、巩固和发展社会主义制度的高度，反复教育全党，要保持和发扬民主革命时期那种艰苦奋斗的革命精神。他指出，党所处的执政地位，为在我国建设社会主义新制度和新生活，创造了空前有利的条件。但是，由于出现了一些新的情况和复杂因素，也使我们党面临一些新的考验。革命的胜利和成功，国家的权力和地位，和平建设的社会环境，国内外资产阶级思想从四面八方的侵袭，不可避免地使党内某些党员和干部受到腐蚀，或者居功骄傲，或者消沉颓废，或者腐化变质，从而玷污了工人阶级先锋战士的光荣称号。由于党所处的执政地位，一些人便产生了误解，以为加入党不必吃苦，不必勤奋工作，不须献身和牺牲一切，反而可以得到地位、荣誉、利益、享受。刘少奇认为，共产党员对此必须有清醒的认识。社会主义是伟大而艰巨的事业，我们共产党的干部，为了祖国的建设，为了全国人民的幸福，应该下决心吃苦。在社会主义制度下，不但要保障职工群众的主人翁地位，而且要在发展生产的基础上逐步改善职工生活。比如，解决住房问题、交通问题等。刘少奇反复强调解决这个问题的极端重要性。所有这些都要求全党艰苦奋斗，经受住执政党地位的考验，领导全国人民发展社会主义建设事业。

## 四、个人利益必须服从党的利益

刘少奇在《论共产党员的修养》中指出：“党的利益高于一切，这是我们党员的思想和行动的最高原则。”①他希望共产党员在任何时候、任何问题上都要无条件地服从党的利益。

为了论证共产党员把党的利益看得高于一切的极端重要性，刘少奇批评了在某些共产党员中存在的浓厚个人主义和自私自利的思想意识。他说，有些共产党员在解决各种具体问题时，常把个人利益摆在前面，而把党的利益摆在后面；对于个人总是患得患失，计较个人的利益；假公营私，借着党的

①《刘少奇选集》上卷，人民出版社 1981 年版，第 130 页。

工作去达到他私人的某种目的；借口原则问题，借口党的利益，用这些大帽子去打击、报复他所怀恨的同志；讲到待遇、享受和其他个人的生活问题，总是企图要超过别人；在同志关系方面，他们好出风头，好居功，盛气凌人，不可一世，企图压倒别人，总想把走在自己前面的人拉下来，用损害别人的方法去达到抬高自己的目的；这种人往往“看人看势说话”，“顺风转舵”，毫无原则，简直像寓言中的蝙蝠一样，看哪一方面行时，他就投到哪一方面去，实际上这是“非驴非马”“两面三刀”的人；在党内生活中，他们常常是搞无原则的派别斗争，或者故意地打击某些人，或者互不得罪，互相隐瞒，互相吹嘘；而讲到工作，就和不如他的人比较，有吃苦的事，设法避开，有危险的时候，就企图逃去；这种个人主义和自私自利的思想意识与党的利益高于一切的思想是格格不入的，在党内是不允许存在的。

强调党员的个人利益要服从党的利益，为了党的利益，还要求党员在必要的时候牺牲个人利益。“但是，这并不是说，在我们党内，不承认党员的个人利益，要抹煞党员的个人利益，要消灭党员的个性。党员总还有一部分私人的问题需要自己来处理，并且也还要根据他的个性和特长来发展他自己。”[①]因此，党允许党员在不违背党的利益范围内，去建立他个人的以至家庭的生活，去发展他个人的个性和特长。同时，党在一切可能的条件下，还要帮助党员根据党的利益的要求，去发展他的个性和特长，保护党员个人的不可缺少的利益。

## 五、不能乱用党和人民给的权力

刘少奇是党和国家的重要领导人，在长时间里，他手中握有很大的权力。但是他认为，权力是党和人民给的，决不容许乱用。他坚决反对领导干部乱用党和人民给的权力，搞特殊化。

刘少奇不仅一贯严于律己，而且对他自己身边的秘书等工作人员也要求

①《刘少奇选集》上卷，人民出版社 1981 年版，第 135 页。

很严。他希望自己身边的秘书等工作人员要“坐得住”和“靠得住”。所谓“坐得住”，就是安心工作，安心在中央机关做一名普通的工作人员，全心全意为中央服务，不要打算在中央机关为自己搞点什么名堂。如果企图利用党的工作条件为自己捞名誉地位，那是要摔跤的。所谓“靠得住”，就是要遵守纪律，保守党的机密，在中央机关工作的同志，听到的多，看到的多，但不许随便乱讲。凡是中央没有公开发表或下达的决定，不许乱传，凡不是中央规定工作范围的事，不许擅自去办。他要求在他身边的工作人员参加会议或外出办事，一定要讲原则，不许随意发表意见，不许对有关部门指手画脚，不许以“少奇同志”的名义去压人家，更不许以“少奇同志”的名义去伸手向人家要东西。

在党的关系方面，刘少奇倡导“一律称同志”。党中央曾经决定，党内不管职位高低，一律不称官衔，而称同志。对这个决定，刘少奇是一直坚持的。虽然担任了中央人民政府副主席，后来又先后当选为人大常委会委员长和国家主席，但在他身边工作的人，谁也没有称过他的官衔。刘少奇这种作风，充分体现了党的无产阶级性质，干部之间和干群之间平等的革命关系。

刘少奇对亲属及其子女要求很严。刘少奇把自己看成是人民的儿子。他最自豪的，就是能做人民的好儿子。他认为，对领导干部来说，最大的报酬是人民的信任。对于这种信任，他感到骄傲，但从不滥用这种信任，从不滥用党和人民赋予他的权力。他把自己看作人民中的一员，也要求亲属及其子女这样做。1959 年国庆节期间，刘少奇的亲戚看到他当了国家主席，就到北京要求他给办点事。在有些人看来，帮助安排个合适的工作，这是他一句话的事。然而，刘少奇就是不说这一句话。他认为“这样不好，我们不能乱用党和人民给的权力，不能搞特殊”[1]。

①转引自《缅怀刘少奇》，中央文献出版社 1988 年版，第 417~418 页。

## 六、共产党人要为人民分忧

1945年5月，刘少奇在党的七大上所作的关于修改党章的报告中，依据毛泽东关于“全心全意为人民服务，一刻也不脱离群众”的基本思想，对党的群众路线做了系统阐述。刘少奇说，群众路线是我们党的根本工作路线、组织路线、政治路线和思想路线，我们党的一切组织和一切工作必须密切地与群众相联系，必须用正确的态度对待人民群众，必须用正确的方法去领导人民群众，否则，“先锋队如果脱离人民群众，就不能成其为人民的先锋队，就不独不能实现它解放人民群众的任务，而且有直接被敌人消灭的危险”①。

为了教育我们的党员和干部不脱离群众，全心全意为人民服务，刘少奇经常给干部讲述《联共（布）党史简明教程》“结束语”中引用的安泰的故事。安泰是希腊神话中的大力士，他的力量来自抚育他成长的母亲——“地神”，当他接触地面时，力大无穷，而脱离地面时，力量就消失了。有一次，敌人利用这个弱点设法把他诱到半空时，使他脱离了地面，终于把他勒死了。1942年12月9日，刘少奇在晋西北干部会议上说，我们革命，不是为老婆，为吃饭，为出风头，而是为了人民群众的解放。一切为了群众，否则，革命就毫无意义。他强调：“共产党什么都不怕，就怕脱离群众，只要共产党永远依靠群众，就是不可战胜的。”②

新中国成立后，毛泽东、刘少奇等党的领导人，更是一再提醒和教育全党不要脱离群众，防止产生新的“贵族阶层”。1956年，鉴于波匈事件的教训，刘少奇在党的八届二中全会上着重讲了不要脱离群众，防止产生新的“贵族阶层”的问题，认为这是执政党面临的最严峻的考验。党之所以要进行整风，主要就是要解决这个问题。刘少奇说，在干部中间进行整风，就是要用整风的办法进行教育，批评部分党员在执政的情况下产生的特殊的思

①②《刘少奇选集》上卷，人民出版社1981年版，第344、234页

想，即脱离人民群众，主观主义跟命令主义的思想，官僚主义的思想。

为了贯彻党的群众路线，我们必须树立一切为了人民群众的观点，一切向人民群众负责的观点，相信群众自己解放自己的观点，向人民群众学习的观点。刘少奇说，这一切就是我们党的群众观点，其核心是全心全意地为人民服务。刘少奇指出，树立为人民服务的观点，必须注意以下三点：其一，为人民服务是具体的。我们的同志应在各种工作岗位上，直接地去为部分的、具体的人民服务，汇合于为全中国人民服务的一个共同目标上。其二，必须照顾多数，必须照顾中间状态与落后状态的群众，否则先进部分就会孤立起来，什么事也办不好。其三，主要地就是照顾农民。刘少奇说："我们的群众观点与农村观点，是密切联系着的。中国的工人阶级在目前情况下，如果看不见中国的农民，如果不着眼于中国农村的解放，是一定不能完成自己的任务的。"①

刘少奇说："一切共产党员，不论职位多高，都是人民群众的勤务员，都应该把自己看成普通劳动者，没有任何特权，都必须关心群众生活，和群众同甘共苦。"②他很欣赏范仲淹说的"先天下之忧而忧，后天下之乐而乐"。他认为古人能做，难道共产党人还办不到吗？他平时常说："人民信任你，你就决不能辜负人民的信任"，"人民给你多大的权力，你就要负多大的责任"。③1961年，他在湖南家乡蹲点调查时，发现老百姓吃、穿、住都有极大困难，心情沉痛，百感交集，内疚地说："我们革命的目的，是要解决广大人民群众的吃饭、穿衣和住房问题。人民受了这么多苦，要为他们分忧啊！不然，要我们共产党人干什么？"④刘少奇是这样讲的，也是这样做的。在几十年的革命生涯中，他始终与人民群众保持着血肉联系。

---

①《刘少奇选集》上卷，人民出版社1981年版，第356~357页。
②《刘少奇选集》下卷，人民出版社1985年版，第401页。
③转引自《缅怀刘少奇》，中央文献出版社1988年版，第261页。
④转引自《湖南党史月刊》1989年增刊，第6页。

刘少奇是一个纯洁正直、光明磊落、道德高尚的共产党员，是在国内外享有崇高威望的杰出领导人。我们学习他的坚强党性原则，学习他的革命精神和高尚的道德品格，对于反对拜金主义、享乐主义，反对形形色色的腐败现象，弘扬全心全意为人民服务的精神，加强党的建设，提高党的战斗力，推进艰难而伟大的建设有中国特色的社会主义事业的发展，具有重大而深远的历史意义。

# 刘少奇对唯物辩证法理论的论述和主要贡献[①]

刘少奇的唯物辩证法思想是很丰富的。在革命实践活动中，他对毛泽东的哲学思想进行了创造性地运用和深刻地发挥。

## 一、唯物辩证法的基本法则

什么是哲学？刘少奇说："哲学是研究自然、社会、思想的一般的发展法则的学问。""我们的哲学叫辩证唯物论，或唯物辩证法。"刘少奇强调哲学是唯物论和辩证法的统一，是"研究自然、社会、思想的一般的发展法则的学问"。

客观世界有哪些世界法则呢？刘少奇在《人为什么犯错误？》一文中阐述道：第一，世界是物质的，"人类的思想是物质的属性，是发展到最高度的头脑的运动"。第二，一切物质都是运动的，而不是静止的、固定不变的。"一切事物都是过程，都有其空间性和时间性。任何过程永不重复。"运动乃是螺旋的运动形态，曲线的运动，不是单纯的循环。第三，一切事物，一切现象，都互相联系、互相制约、互相影响着。"物质的存在及其可认识性，就是由于事物之间相互关联、相互依存、相互制约、相互矛盾，而又相互影响。"第四，一切事物内部都是矛盾的结构，"因此，事物的运动，是其内部运动，矛盾之相互制约、斗争，就是事物之运动、发展"。从事物矛盾内

①载《宁夏社会科学》1992年第6期。

部去观察，才能认识事物的本质。第五，矛盾的形式可分为两大类：一类是表现为对抗性的矛盾，“这一矛盾的发展，一定表现为外力的冲突，与不可调和的状态”；一类是表现为非对抗的矛盾，“可以调和的矛盾，可以相互斗争，又可以相反相成的矛盾”。第六，任何一个矛盾，都有同一性和斗争性。“矛盾的最基本的性质就是矛盾的统一性。”两个相反的东西，在一定条件下可以结合成为一个新东西。但是，“矛盾的结合，不是把两种对立矛盾消灭，而是保持着两种矛盾的性质……它们仍然相互矛盾着斗争着”。第七，任何矛盾都是普遍性和特殊性的统一。任何事物从发生、发展到死亡的全过程，都是矛盾的。“矛盾不是在事物发展中间半途插进去的，而是随事物之出现就发生了的。”“差别亦是矛盾之一种形态。”但是不要把“差异就是矛盾”简单化。任何矛盾都具有特殊性。“世界上没有两个完全相同的东西，绝对相同的东西（数学上的符号）是假说的”，这样就构成了事物的多样性。“事物的这种多样性，是由于矛盾的特殊性规定的。”

刘少奇认为，这些基本观点和基本法则都是对客观物质世界的反映，人们遵循它们，就能有效地认识世界和改造世界；违背它们，在社会实践活动中就受挫折或招致失败。人们犯错误，就是对唯物辩证法基本观点和基本法则的背离。唯物辩证法要求人们按照事物的一般法则去观察事物和处理问题，按照客观事物的发展和联系的规律，全面地客观地去看问题，从而得出正确的结论，作为我们行动的正确向导；而形而上学却习惯于从事物的静止的、孤立的状态去看事物，片面地主观地看问题，因而不能得出正确的结论，不能提出指导我们行动的正确方针。

## 二、主观对于客观矛盾所起的作用

刘少奇在《人为什么犯错误？》一文中指出，观察事物和分析矛盾的时候，“我们要客观”。但是，“当我们去处理事物（矛盾）时，则是主观的（有一定的立场，为了一定的利益）”。因此，我们在处理事物或解决矛盾时，要特别注意“主观对于客观矛盾所起的作用”。刘少奇这个思想是很深刻的。

唯物主义认为，客观决定主观，主观反映客观物质世界的发展规律。从这种意义上说，客观对主观有决定性。但是，主观对客观也不是无所作为的。刘少奇认为："主观，在客观所决定的范围内，也有决定性。主观可能推动不对抗的矛盾成为对抗的矛盾，同时，亦可以缓和对抗的矛盾，使对抗的不对抗。"在处理复杂的社会矛盾时，人们往往把不对抗的矛盾弄成对抗的，而把对抗的矛盾弄成不对抗的，在这里主观的作用是很大的。

刘少奇强调主观对客观矛盾所起的作用，不是说人们可以随心所欲地处理问题和解决矛盾，而是说：第一，矛盾的存在及其性质都是客观的，我们的主观愿望要符合矛盾的客观实际。第二，人们确定解决矛盾的方针和方法，要根据客观矛盾的实际性质。对抗的或敌对的矛盾，其解决方法是暴力或革命的；而不对抗的矛盾，用调和的、改良的、协商的等温和的手段来解决。第三，主观对客观矛盾的作用，更重要地表现在，如果不正确地发挥主观作用，在一定条件下，主观可以推动不对抗的矛盾成为对抗的；如果正确发挥主观的作用，也可以使对抗矛盾成为不对抗。在土地革命时期，王明"左"倾冒险主义者在党内外实行"残酷斗争，无情打击"的政策，把许多不对抗的矛盾弄成对抗的，给党的事业造成极大损失。在新中国成立后的多次政治运动中，特别是在"文化大革命"中，这方面的教训更是难忘。与此相反，只要我们正确发挥主观的作用，采取正确的方针和方法，可以使矛盾对抗的激烈程度缓和下来，甚至变成不对抗的。新中国成立以后，我们党对民族资产阶级所采取的方针就是非常成功的例证。在新的历史时期，我们党提出的"一国两制"的科学构想，努力争取用和平方式解决港澳和台湾问题，也是以此为哲学根据的。总之，刘少奇关于"主观对于客观矛盾所起的作用"的科学论断，是指我们要正确认识矛盾的客观性质，尽力利用和扩大矛盾的同一性，采取正确的方法，促使对抗性质矛盾的转化，以达到正确解决矛盾的目的。当然，这绝不是否认矛盾的斗争性。刘少奇讲："我们也不害怕斗争，在需要用强硬的斗争的办法来解决矛盾的时候，我们是不吝惜斗争的。我们采取什么方针和方法来解决矛盾，不是凭主观愿望决定的，而是由客观矛盾的性质决定的。”①

刘少奇认为，正确发挥主观对于客观矛盾的作用，其关键是确立正确的立场。他在《人为什么犯错误？》一文中谈道：“单是认识矛盾，还是不能决定我之处理方针。首先应当确定我之一定的立场，没有一定的立场，就没有一定的方针，只有确定立场之后，才能够决定我们的处理方针。”因为，你的立场决定你的利益，决定你的要求，决定你对矛盾的处理方针，“或是推动这一矛盾的发展，或是阻止这一矛盾的发展，或是毁灭这一矛盾，或者是使矛盾发展到一定的阶段而又使其停止，或者是使矛盾分裂，或者是保持其统一性”。可见，矛盾能否得到正确解决，主观的作用、立场的作用也是很重要的。在阶级和阶级斗争存在的社会中，人们总是处在一定的阶级地位，人们的立场也总是由阶级地位所决定。在当今的时代，人们只有站在无产阶级的立场上，才能正确认识和解决各种复杂的社会矛盾。

## 三、党内斗争的辩证法

刘少奇的辩证法思想，最突出地反映在他的关于党内斗争的理论体系中，人们常常称之为党内斗争的辩证法。刘少奇认为，党是矛盾的结构，我们要以矛盾分析的方法对待党内生活。一切事物都是矛盾的统一体，我们党的组织结构如同其他事物一样，也是矛盾的统一体。我们的党是由各个不同的党员结合而成的，它的基本结构是支部。一个支部有支部书记和支部成员，这就是矛盾的结合，即是领导者和被领导者的结合。就整个党来说，是党的各级领导机关和全体党员的结合，是党的中央和党的各部分、各机关以及各支部的结合，是党的领袖、党的干部和全体党员大众的结合。这种矛盾结合的具体形式是民主集中制，这种矛盾结合的思想基础是马克思列宁主义、毛泽东思想。民主集中制和马克思主义造成各个党员及其各个党组织的思想及行动的一致。所以，我们党是矛盾的统一体，不是联合会。

---

①《刘少奇选集》下卷，人民出版社 1985 年版，第 302 页。

党既然是矛盾的统一体，党内不同思想的对立和斗争是要经常发生的。正因为如此，就有一个党内斗争和团结的问题。而实现党内团结，必须对党内矛盾的性质和根源有一个正确的分析。刘少奇认为，党内矛盾固然有的是社会上阶级斗争在党内的反映，但是，大量是由于党员观察问题的思想方法不同而造成的，由于“党员看问题的方法不同，就使他们处理问题的方法也各不相同，就引起党内许多不同意见、不同主张的分歧和争论，就引起党内的斗争”①。对这种矛盾的处理，只能本着团结的愿望，用讨论的方法、批评与自我批评的方法来解决，绝不能用“无情打击”的强硬手段来解决，否则会影响党内团结，甚至导致党的分裂。

当然，党内斗争也是很复杂的。在我们党内，有阶级异己分子混进来，也有蜕化变质分子和其他分子产生。党对于这种人必须在组织上加以清洗，不如此，就无法保持党的纯洁性和先进性。但是，在我们党内经常发生的、大量存在的是在根本利益和革命目标一致的基础上产生的种种矛盾。这些矛盾是属于思想认识和工作作风等方面的是非问题。“这种党内斗争，主要是思想斗争，它的内容是思想原则上的分歧与对立。”②毛泽东曾提醒全党注意“党内无产阶级思想和非无产阶级思想之间的矛盾，即马克思主义和非马克思主义思想之间的矛盾”③。刘少奇进一步发挥了这个观点，他说：“在我们党内，最本质的矛盾，就是无产阶级思想与非无产阶级思想的矛盾，其中最主要的是无产阶级思想与农民、小资产阶级思想的矛盾。”④因此，“在党内，只能允许合法的斗争，只能允许思想斗争，一切违犯党章党纪的斗争方式，都是不能允许的”⑤。

党内矛盾也和其他事物的矛盾一样，总是同时存在着同一性和斗争性这两个方面。因此，刘少奇认为，在处理党内矛盾的问题上，既要讲斗争，又要讲团结。他在批评在党内斗争问题上犯绝对主义错误的人时指出，这些人

①②④⑤《刘少奇选集》上卷，人民出版社 1981 年版，第 153、179、327、214 页。

③《毛泽东选集》第 3 卷，人民出版社 1991 年版，第 1056 页。

认为“党内斗争的必要，就否定了党内和平”①，似乎“任何党内和平，即使是在原则路线上完全一致的党内和平，也是要不得的”②。这种认识是完全违反辩证法的形而上学。刘少奇认为，党内斗争和党内和平是辩证的统一，不能强调党内斗争，就“否定原则上一致的党内和平”。

纵观国际共产主义运动的历史，对待党内斗争大致有三种不同的态度。第一种，对党内矛盾采取调和主义的态度，主张无原则的和平，这是党内斗争问题上的右倾机会主义。第二种，对党内斗争采取绝对主义的态度，主张残酷斗争，无情打击，否认和反对任何“和平”，这是党内斗争问题上的“左”倾机会主义。第三种，坚持党内斗争和党内团结的革命辩证法，即主张党内的原则斗争，又承认在原则一致基础上的必要“和平与妥协”。这是在党内斗争问题上唯一正确的马克思主义态度。刘少奇主张对党内斗争采取这种态度。这里讲的“党内和平”，实际上是指党的统一和团结。刘少奇关于“党内和平”的思想，是对历史经验教训的总结，它深刻说明了党内斗争基本上是一种思想斗争，揭示了党内斗争和团结的辩证法。

刘少奇认为，党内矛盾既有对抗性的，也有非对抗性的，不把一切的矛盾都看成是对抗的。他说：“原则上思想上的对立，和组织上方式上尽可能的不对立，是我们应该采取的党内斗争的正确方法。”③他还认为：“党内斗争不是斗得愈厉害愈好，而应有适当限度，应讲求适当，‘过’与‘不及’都是要不得的。”④他主张用非对抗的方式，解决党内存在的原则分歧，增强党的团结。

刘少奇还认为，党内矛盾常常表现为党的利益和党员个人利益的矛盾。在处理这个矛盾的时候，既要坚持党的利益高于一切的原则，又要承认党员个人利益的合法性。他说：“在我们党内，党员的个人利益要服从党的利益，还要求党员在必要的时候牺牲自己的个人利益。但是，这并不是说，在我们党内，不承认党员的个人利益。”他认为，党员的个人利益“应该完全

---

①②③④《刘少奇选集》上卷，人民出版社 1981 年版，第 187、162、211、212 页。

溶化在党和无产阶级的一般利益和目的之中”。这对于我们引导党员正确地处理集体利益和个人利益之间的矛盾是富有启发意义的。刘少奇关于党内斗争和团结的理论，概括了党的矛盾运动和发展的规律，是对马克思主义唯物辩证法形象而生动的阐述，丰富和发展了毛泽东哲学思想。

# 论刘少奇哲学思维方法的鲜明特色及其时代意义[①]

刘少奇是伟大的马克思主义理论家，善于把具体问题提到哲学理论的高度加以分析和概括，能自觉地运用马克思主义哲学思维方法指导自己的实践活动。刘少奇在长期的实践活动中，之所以取得了巨大成功，是与他具有深湛的哲学思维方法密切相关的。

## 一、“实事求是”是一种哲学方法

早在1937年3月4日，刘少奇在给张闻天的信中，谈到对白区工作的看法时指出：“‘左’倾错误是八七会议以来就有的”，“这种错误的根源，一方面固然是对于形势的估计错误，另一方面还是一种思想方法、哲学方法上的错误，还是我们的行动有了原则，还应否实事求是，应否估计形势，以及如何估计形势的问题。”[②]这就是说，人们做事情，处理问题，只有原则还是不够的，还必须有从客观实际出发，实事求是这种哲学的思维方法。刘少奇在这里不仅较早地使用了“实事求是”这个科学的概念，而且还把它提到哲学思维方法的高度加以概括，这是一个具有深远意义的理论上的创见。

实事求是的哲学方法，要求我们看问题、办事情必须从实际出发，而不

---

①载《刘少奇百周年纪念——全国刘少奇生平和思想研讨会论文集》，中央文献出版社1999年版。

②《刘少奇年谱》(1898—1969年)上卷，中央文献出版社1996年版，第176页。

能“从主观想象出发”。刘少奇特别强调“实际”这两个字。他对那种不注意了解客观实际情况，只从“原则”和“条条”出发的教条主义者深恶痛绝，讥笑他们是把“原则”当作圣经，是实践中的唯心主义，是假马克思主义。

刘少奇特别强调，坚持实事求是的哲学方法，必须注重条件，不顾客观条件是否许可，单凭头脑发热和狂热的激情去干，是同实事求是的哲学方法相违背的。1959年他针对人们那种不顾及客观条件，单凭狂热的激情盲目蛮干的做法，明确讲：“政治鼓动不是生产力，只是解放生产力。如说‘人有多大胆，地有多大产’，好像人的‘胆’就是生产力，这是唯心的。”[①]马克思列宁主义从来就是重视条件的，必要的客观条件和必要的主观条件都成熟了、都具备了，问题才能解决，事情才能办好。

实事求是的哲学思维方法要求我们，无论是搞革命，还是搞经济建设，都要从中国的具体国情出发。早在民主革命时期，毛泽东就明确指出：“认清中国的国情，乃是认清一切革命问题的基本的根据。”[②]新中国建立前夕，毛泽东分析了我国当时的基本国情，指出了我国生产力发展水平的落后性。他还强调指出：“谁要是忽视或轻视了这一点，谁就要犯‘左’倾机会主义的错误。”[③]刘少奇对毛泽东这一科学论断，表示极力支持和赞同。在新中国建立前后，他一再强调，搞社会主义建设一定要从中国的实际国情出发，“我们应该学会自己走路，应该根据中国的特点，采取适合中国情况的方法来进行建设”[④]。他还依据列宁关于在一个小农生产占优势的落后的农业国，要实行社会主义，必须善于采取利用资本主义发展社会主义这个“特殊的过渡办法”，“我们必须同资本主义经济成分并存一个时期”[⑤]的战略思

①《刘少奇年谱》(1898—1969年)下卷,中央文献出版社1996年版,第449页。
②《毛泽东著作选读》上册,人民出版社1986年版,第324页。
③《毛泽东著作选读》下册,人民出版社1986年版,第658页。
④《刘少奇选集》下卷,人民出版社1985年版,第423页。
⑤《列宁全集》第33卷,人民出版社1957年版,第269页。

想，明确提出了我们要“坚持社会主义国民经济的主导地位和五种经济成分各得其所”的战略方针。这个战略方针的实质是，民主革命胜利后，还“不能马上直接采取社会主义的实际步骤”。他认为，“过早地采取社会主义的政策是要不得的”，“过早地消灭资本主义的办法，则要犯‘左’倾的错误”①。几十年的社会实践证明，刘少奇这一战略方针，是马克思主义历史辩证法和实事求是哲学思维方法的光辉体现。马克思主义认为，私有制、阶级的产生、存在和发展，与社会生产力的发展相联系。私有制的产生是社会生产力有了发展而又发展不足的结果；而私有制的彻底消灭，有待于社会主义生产力的高度发展。社会主义生产力达不到高度发达的水平，就急于叫资本主义“绝种”，是违背历史规律的。刘少奇从我国实际国情出发，提出的利用资本主义发展社会主义的战略思想，不仅在当时是正确的，就是在今天，对我们建设有中国特色的社会主义也有重大的指导意义。

刘少奇坚持和倡导实事求是哲学思维方法的一个最大的特色，就是强调“坚持实事求是，必须有高度的革命精神、革命勇气才能做到”②。“没有勇气，就不敢实事求是。”③这是因为，实事求是作为无产阶级的哲学思维方法，它是具有强烈的党性的。刘少奇通过总结历史经验，分析干部和群众的思想状况，揭示了坚持实事求是思维方法同个人思想意识修养的密切关系，这对于提高全党干部贯彻党的正确思想路线的自觉性，加强党的思想建设，无疑是具有重大意义的。

## 二、善于自觉地利用矛盾的统一性解决社会矛盾和问题

1941年10月，刘少奇在所作的《人为什么犯错误？》④的哲学报告中，在

①薄一波:《若干重大决策与事件的回顾》上卷,中共中央党校出版社1991年版,第47~48页。

②《刘少奇选集》上卷,人民出版社1981年版,第313页。

③《刘少奇选集》下卷,人民出版社1985年版,第438页。

④《刘少奇年谱》(1898—1969年)上卷,中央文献出版社1996年版,第375~377页。

分析矛盾的基本属性时指出：“矛盾的同一性和斗争性是矛盾的两重性”，而“矛盾的最基本的性质是矛盾的同一性。”这在矛盾的斗争性与统一性的关系上，勇敢地向前迈了一步，树立起一面鲜明特色的思想旗帜，其理论价值和实践意义是重大而深远的。

“矛盾的最基本性质是矛盾的同一性”这个哲学论断，是对客观矛盾本性的深刻揭示，是对马克思主义矛盾法则的重要发挥。唯物辩证法认为，任何矛盾对立的两个方面，都不能孤立地存在和发展，而是一方的存在和发展必须以另一方的存在和发展为前提条件。矛盾双方“不可分离的内在联系性”这个哲学观点，黑格尔曾有过明确的表述。他说：“‘有’和‘无’这两种属性在变易这一表现里，又是不可分离的。所以变易就是有与无的统一。”列宁对黑格尔这一见解持肯定的态度。他在《哲学笔记》中指出：“不分性这个用语有时比统一更好。”①

从矛盾的同一性与斗争性的关系方面来分析，同一性是相对的，斗争性是绝对的。我们对“绝对和相对”的关系不能简单化地理解，“绝对也是有条件的。世界上只有相对的绝对的真理，没有绝对的绝对真理，只有在相对的条件下，才有绝对”。矛盾斗争性之存在是绝对的，但是，其斗争的性质、斗争的形式和方法，绝对不是没有任何条件的。绝对的斗争性总要受相对的统一性所制约。社会实践反复证明，不受同一性制约的斗争性，主观随意地胡乱斗争，不利于甚至破坏事物的存在和发展。

刘少奇在一生的社会实践活动中，十分重视并善于自觉地利用矛盾的统一性解决社会矛盾和问题，为党的建设和统一战线的巩固及发展做出了巨大贡献。他认为，任何事物（或矛盾）都有“两重性”，我们解决社会矛盾和问题经常是“强调某一方面，有时强调斗争方面，而有时则强调统一方面，即强调统一性”，而“不是只讲斗争性”。他还明确讲，解决非对抗性矛盾，解决党内问题，“我们的方针应是利用矛盾的统一性（不去扩大它的斗争

①列宁:《哲学笔记》,人民出版社 1974 年第 3 版,第 107 页。

性)”。他坚决反对那种“没有正确立场的‘打手’，无原则的‘斗争家’”①。民主革命时期，在建立、巩固和发展统一战线方面，刘少奇一再提醒全党同志注意策略方法，处理问题要考虑统一战线内部对立双方的“共同利益和共同要求”，采取又联合又斗争的方针。在民族统一战线问题上，我们既要反对右的危险倾向，又要反对“左”倾错误。为了“尽可能取得同盟者更多的帮助”，“我们在工作方式与斗争方式上要尽可能不故意刺激与吓退同盟者”②。“左”倾冒险主义者，不顾当时当地的环境条件和力量对比，总是一味要求“斗争”“进攻”，把“在相当条件下的结束斗争、复工、暂时退守、保存力量”的正确提议，把“利用敌人营垒内部的矛盾”，努力“争取中间阶级的力量”当作“怕死”“动摇”“投降”的“机会主义”来反对，结果使党脱离群众，把许多可以团结的社会力量赶到敌人那边去，“巩固了敌人反对我们的联盟，加强了敌人反对我们的总的力量”③。

新中国建立后，人民内部矛盾突出起来，并逐渐成了我国社会政治生活中的主要矛盾，这时刘少奇更加重视对矛盾统一性的研究和运用。早在1951年，他依据我国实际情况和阶级关系的新变化，明确指出，我们共产党人解决社会矛盾，特别是在无产阶级专政条件下，要自觉地“利用矛盾的统一性及双方的一切优点，来推动和促进这个矛盾的和解和妥协（经过适当的斗争），以达到双方团结一致，共同努力进行生产的目的”，而不要“利用矛盾的斗争性及双方的一切弱点，进行挑拨，来推动与促进这个矛盾的斗争和破裂，以达到他们反革命的破坏的目的”。④他还说，社会矛盾分两类，一类是在根本上敌对性的矛盾，另一类是“在根本上非敌对的可以和解的矛盾”⑤。对“工人阶级和人民内部的矛盾和关系”，“应该用同志的、和解的、团结的办法来处理”⑥。就是带有敌对性的矛盾，只要双方都采取“利用矛盾的统一性及双方的一切优点”，也就是“双方都采取使矛盾和解的方

---

①②③《刘少奇选集》上卷，人民出版社 1981 年版，第 187、96、29 页。

④⑤⑥《刘少奇选集》下卷，人民出版社 1985 年版，第 94、94、94 页。

针，那对于促进矛盾的和解是更有利的，可以得到相反相成的效果”。“因为任何矛盾的合作和和解都是相互的、有条件的，而促进矛盾的斗争则是只要一方面就可以的，是无条件的，绝对的。”[①]这就是说，只要一方面从错误的立场出发，主观任意地“扩大矛盾的斗争性及双方的一切弱点”，就会促使矛盾的冲突和破裂。由此可见，客观矛盾能否正确认识和解决，主观的作用是很大的。如果能够高度“自觉地利用矛盾的同一性及双方的一切优点”，可以减少阻力，使世界上和我国社会生活中许多错综复杂的矛盾，从死胡同里找到光明的出路。

必须指出的是，刘少奇强调矛盾的统一性及其作用，并不否定矛盾的斗争性及其在事物发展中的地位。他是马克思主义革命家，其一生是坚持革命的辩证法的。1957 年 4 月 27 日，他在中共上海市委召开的党员干部大会上的讲话中明确指出：“我们共产党人不是斗争的嗜好者，我们在主观上没有必要去故意地、人为地使斗争激烈化，使斗争紧张起来，似乎非要斗一下我们才舒服，不斗一下就不过瘾。但我们也不害怕斗争，在需要用强硬的斗争的办法来解决矛盾的时候，我们是不吝惜斗争的。我们采取什么方针和方法来解决矛盾，不是凭主观愿望决定的，而是由客观矛盾的性质决定的。只在必要的时候才采取强力的办法、压服的办法。”[②]可见，这与形而上学“调和论”“斗争绝对论”是有原则区别的，善于“自觉地利用矛盾的统一性”解决社会矛盾和问题，是刘少奇哲学思维方法的一个重大的理论特色。

## 三、“理论与实践同时并重”的精神实质是强调理论对实践的指导功能

理论和实践相统一问题，在刘少奇哲学思维方法中居于十分重要的地位。邓小平在刘少奇追悼大会上的悼词对此给予了很高的评价，指出：“刘少奇同志一贯重视研究马列主义理论。他善于根据理论原则，联系实际、周

①②《刘少奇选集》下卷，人民出版社 1985 年版，第 96、302 页。

密考察、具体分析问题，具有政治上的远见卓识。我们要学习他这种理论和实践相统一的科学态度。”

刘少奇关于理论和实践相统一的思想突出体现在1941年7月13日《答宋亮同志》一文中。在此文中，他针对当时党内轻视理论的错误倾向，明确提出：“理论和实践同时并重”这个引人注目的马克思主义认识论新观点。对这个新观点，我们应准确地全面地理解，并对其理论价值和实践意义给予充分的肯定。其一，“理论和实践同时并重”不是否定实践第一的唯心论，也不是哲学思维方法上的二元论，而是为了反对当时存在的两种错误意见：一种是过分强调实践，轻视理论对实践的指导作用；另一种是过分强调理论，轻视实践对理论的“基源性与优越性”。这两种错误意见的实质在于，“他们都没有把理论与实践的关系正确解决与正确联系”[①]。其二，“理论和实践同时并重”的精神实质是强调理论对实践的指导功能，是强调充分发挥马克思主义理论对社会实践的巨大指导作用。

刘少奇认为，从几十年的历史发展来看，中国共产党的艰苦奋斗的精神，以及英勇牺牲的精神都是很好的，党的组织能力也并不弱。然而，中国共产党有一个极大的弱点，就是党在思想上的准备、理论上的修养是不够的，是比较幼稚的。刘少奇正是基于这种深刻的认识，在长达半个多世纪的革命生涯中，不遗余力地倡导全党学习理论，并以极大的革命胆识和理论勇气提出“理论与实践同时并重”这个正确的意见。

基于对理论准备重要性的深刻认识和对我党理论准备不足的清醒估计，刘少奇明确指出，加强理论学习“是中国党一个极大的工作”[②]。为了搞好这项工作，刘少奇在党内做了充分的思想动员，唤起大家的注意。早在20世纪30年代，他就号召全党“学习！学习！再学习！”[③]在抗日战争、解放战争时期，为了加强全党的理论学习，他先后写了《论共产党员的修养》《对马列学院第一班学员的讲话》等一系列文章，系统而深刻地论述了学习马列

①②③《刘少奇选集》上卷，人民出版社1981年版，第218、222、71页。

主义的重要性。

新中国建立之后，我们国家进入一个新的历史时期，我们党所面临的革命和建设的历史任务更加繁重。为了推进社会主义建设事业的顺利发展，刘少奇又写了《学习态度和学习方法》，特别是党的八大政治报告及其1962年1月在党的“七千人大会”上的书面报告和讲话等文献，对全党学习理论的必要性做了进一步阐发。他指出，我们的党员干部，如果只满足实际工作的经验，而缺乏理论修养，遇到问题处理不好，驾驭不了，也难于担负更多更重要的工作。当然，只有理论没有实践要犯教条主义的错误；但是，理论是实际工作的指南，没有理论，工作就是盲目的，没有前途的。没有理论的人容易被“俘虏”，被人家天花乱坠的话所迷惑。在三年困难时期，我们党犯了严重的“急于求成”的“左”的错误。刘少奇对这一时期的错误做了理论上的反思，认为许多党员干部，“在主观上可能是好心好意，但是，思想方法根本不对头”①，对社会主义发展道路缺乏正确的理论认识。针对这个问题，刘少奇向全党提出“一项严重的任务，就是要认真地系统地学习社会主义建设。在全党展开一个新的学习运动”。这个学习运动的主要目的，“就是帮助全党干部，进一步认识和掌握我国社会主义建设的客观规律”，并强调说：“在社会主义建设中，还有许多事情是我们没有学会的。我们必须努力学习。”②

## 四、“好在历史是人民写的”

1967年7月18日，林彪、“四人帮”一伙趁毛泽东离开北京之际，组织批斗刘少奇夫妇，并实行抄家和人身迫害。刘少奇在被拉去批斗前对王光美说了最后一句肺腑之言：“好在历史是人民写的。”③这是刘少奇坚信“人民群众是历史的创造者”的集中体现，是其哲学思维方法的根基和出发点。

---

①《刘少奇选集》下卷，人民出版社1985年版，第398页。

②③《刘少奇年谱》(1898—1969年)下卷，中央文献出版社1996年版，第527、657页。

毛泽东认为，我们共产党人与最广大的人民群众取得最密切的联系，是我们党区别于其他任何政党的一个显著标志。刘少奇对毛泽东这一重要思想，在长期的革命实践中做了创造性运用和发挥。可以说，他在一生的革命实践中，始终坚信"人民群众的创造力是无穷无尽的"。早在 1922 年领导安源路矿工人大罢工时，他就立下了为广大劳苦人民办事，"就是死了也光荣"①的誓言。刘少奇认为，我们必须正确建立党和群众的关系。中国共产党是用马克思列宁主义理论武装起来的无产阶级先锋队，是群众的领袖，而群众是党的智慧和力量的源泉。"群众是共产党的母亲，党是群众的儿子。所以，我们的党无论在任何时间、任何地方都要与劳动群众结合起来，依靠自己的群众，依靠自己的阶级。"②刘少奇认为，共产党什么都不怕，就怕脱离群众，只要共产党永远依靠群众，就是不可战胜的。民主革命胜利后，他更加强调党必须与人民群众保持血肉联系，否则，胜利成果会丧失，共产党会垮台。1948 年 12 月，革命胜利前夕，他意味深长地说："我们打倒蒋介石、打倒旧政权后，要领导全国人民组织国家，如果搞得不好，别人也能推翻我们的。"在中国这个落后的农业国家，一个村长，一个县委书记，可以称王称霸。胜利后，一定会有些人腐化、官僚化。如果我们党注意到这一方面，加强思想教育，提高纪律性，就会好一些。1956 年 12 月 4 日，在各省、市、自治区党委组织部长会议上，他要求各级党委切实"要把成为'统治阶层'的几十万干部管好"。刘少奇认为，我们党的干部保持与人民群众的血肉联系，对社会主义事业的巩固和发展有特殊的意义。

刘少奇不仅特别重视教育全党保持与人民群众的血肉联系，而且自己身体力行，把自己置于普通劳动者的地位。他常说"国家主席也是人民的勤务员"，国家主席如同售货员、保育员、护士一样，"也是侍候人的，只不过可能侍候得更多一些"。他平时常说："对领导干部来说，最大的报酬是人

①黄峥:《刘少奇一生》,中央文献出版社 2008 年版,第 28 页。

②《刘少奇年谱》(1898—1969 年)上卷,中央文献出版社 1996 年版,第 398 页。

民的信任”，“人民信任你，你就决不能辜负人民的信任”，“人民给你多大权力，你就要负多大的责任”。“我们不能乱用党和人民给的权力，不能搞特殊。”[①]刘少奇在长达半个多世纪的革命生涯中，手中握有很大权力，得到党和人民很大的信任，但是，他从不滥用这种权力和信任。他把自己看作人民中的一员，实心实意为人民着想。1961 年他在湖南家乡蹲点调查时，发现老百姓吃穿住都有极大的困难，心情沉痛，百感交集，内疚地说：“我们革命的目的，是要解决广大人民群众的吃饭、穿衣和住房问题。人民受了这么多苦，要为他们分忧啊！不然，要我们共产党人干什么?”[②]他还恭恭敬敬地向群众脱帽鞠躬。共和国主席向平民百姓脱帽鞠躬，这在中外历史上还没有过！这不仅表现了他那种高超的调查研究艺术，而且更重要的是表达了他对劳动人民的深厚情感。

---

①转引自《缅怀刘少奇》，中央文献出版社 1988 年版，第 261、418 页。

②转引自《党史月刊》（湖南），1989 年增刊，第 6 页。

# 论刘少奇对新中国经济建设道路的理论探索

## ——利用资本主义发展社会主义[1]

刘少奇是我党善于理论思维的马克思主义理论家。无论在民主革命时期，还是在新中国经济建设时期，他都有许多独创性的理论阐述。本文仅就他关于探索新中国经济建设要利用资本主义发展社会主义有关几个重大的理论问题作一研究，并阐明刘少奇这些理论探索的实质是利用资本主义发展社会主义，进而深入理解邓小平理论的科学体系以及党的十五大战略决策的正确性。

### 一、关于“不要过早地采取社会主义政策”问题

新民主主义革命成功以后，到底要建设一个什么样的国家？是革命一胜利就马上搞社会主义，还是搞一段新民主主义？我们党从1948年9月政治局扩大会议起到1949年3月七届二中全会这段时间，比较集中地思考这个问题。在这段时间，对这个问题思考最多的是刘少奇，而集中体现是他在1948年9月13日在中央政治局扩大会议上作的《新民主主义经济建设问题》的报告和同年12月25日在华北财经委员会的会议上作的《新中国经济的性质与经济建设方针》的报告。这两篇报告中的观点，概括起来就是民主革命胜利后，还不能马上直接采取社会主义的实际步骤。他明确说：“还要严格地说一句，过早地采取社会主义政策是要不得的。”当时，毛泽东完全赞同

①载《刘少奇与新中国》，中共党史出版社2000年版。

刘少奇的观点，并特别插话补充说："到底何时开始全线进攻？也许全国胜利后还要十五年。"[①]由此可见，我们党在思索民主革命胜利后什么时候转入社会主义革命问题方面，意见是一致的，这为胜利地完成革命转变的任务奠定了坚实的思想理论基础。

刘少奇提出不要过早地采取"社会主义的政策"的理由是什么呢？从他在这段时间的大量论述来分析，大概有以下几个方面：

第一，客观的实际经济状况不允许。刘少奇在1948年9月13日的中央政治局会议上，分析了国民经济包括自然经济、小生产经济、资本主义经济、半社会主义经济、国家资本主义经济以及国营的社会主义经济等多种经济成分后，明确指出，国营经济"是整个国民经济的领导成份"，但是在数量上"顶多占国民经济的百分之十至二十"。毛泽东还插话说："连资本主义工业在内，整个近代机器工业的生产量顶多占百分之十至二十，光是国家经济还不会有这样多。"刘少奇说："正因为这一部分数量很小，困难就来了，为什么不能实行社会主义革命即由于此。"[②]这样的实际经济状况不允许我们在民主革命胜利后立即转入社会主义革命。

第二，搞社会主义革命，"我们不要去套书本子，要从我们的阶级关系出发"[③]。因为俄国二月革命后，资产阶级完全站到反革命一边去了，所以俄国在资产阶级民主革命胜利后，立即开始了社会主义革命；而中国则不然。"中国资产阶级没有被推翻，一般说来，他们没有当过政，因此也无须乎推翻。"[④]而且，中国的民族资产阶级历来受帝国主义、封建主义、官僚资产阶级的压迫，具有革命性的一面。民族资产阶级和我们联合进行了反帝反封建的斗争，感情一直没有破裂。所以，民主革命胜利后，我们不仅不是马上反对资产阶级，而且还要请他们的代表人物"参加我们的政府"[⑤]。因此，我们没有必要采取俄国那样立即推翻资产阶级，取消资本主义生产资料私有

①②③④⑤《刘少奇论新中国经济建设》，中央文献出版社1993年版，第7、1、47、47、47页。

制的做法。

第三，客观上还要利用资本主义工商业来发展国民经济。从当时的五种经济成分来看，资本主义工商业在当时还占着较大比重，是整个国民经济中不可缺少的部分，它的适当发展，对于国民经济也是有利的。为了发展整个国民经济，对那些不危害国计民生的资本主义工商业还要允许其发展。刘少奇明确说，我们革命胜利后，只要资产阶级不“暴动”，不来“推翻我们”，我们与他们便可以至少“搭伙十年到十五年”[①]；而如果过早地消灭资产阶级，困难很多，“消灭了以后你还要把它请来的”[②]。从历史的发展趋势来看，“将来全世界都要消灭资产阶级的，这要在可能与必要条件下才消灭”。民主革命胜利后，“把资产阶级保留一个时期，十五年内诚恳地发展它，对无产阶级是有利的”[③]。

第四，中国“是一个小生产占极大优势的国家，还是一个农业国”[④]。在这样的国家中，把千千万万的分散的独立的生产者组织起来，以提高小生产者的生产力，并经过一种商业关系把他们联系起来，使他们与大工业联系起来，完成在极广大的范围内改造小农生产成为大生产的历史任务，是异常艰难的。毛泽东在《组织起来》《论合作社》等著作中，把完成这种历史任务与历史作用，比喻为在肃清封建制度的第一个革命后的第二个革命。刘少奇还着重指出，民主革命胜利后的新民主主义经济既有社会主义因素，又有资本主义因素，“这是一种特殊的历史形态”[⑤]。在这一历史阶段存在着资本主义经济成分与社会主义经济成分的矛盾和斗争。如何处理这一矛盾和斗争，刘少奇主张用“和平的经济竞争”来解决。在这个竞争中，无产阶级手中有领导权，并且掌握了国家的主要经济命脉，只要引导得当，是一定可以取得胜利的。但是“在这个斗争中，决定的东西是小生产者的向背，所以对小生产者必须采取最谨慎的政策”[⑥]。因为小生产者是动摇的，可以跟着资产阶

①②③④⑤⑥《刘少奇论新中国经济建设》，中央文献出版社 1993 年版，第 48、48、48、11、47、5 页。

级走，也可以跟着无产阶级走，“我们的任务就在于采取谨慎的政策，巩固地团结他们，领导他们”。所以，单是给小生产者以土地，只是建立了领导权，还须进一步使他们成为小康之家，否则，领导权仍不能巩固。在这里，合作社是团结小生产者的最有力的工具，“合作社办得好不好，就是决定的关键”①。刘少奇要求共产党人，对于小生产者，“无产阶级必须是不怕麻烦不怕困难地实行十分谨慎的政策，并须善于在适当时机向他们作适当的让步，以便在长时期内帮助、教育和组织他们，使他们跟随无产阶级逐步地前进”②。毛泽东对刘少奇的这些分析是基本肯定的。在当时，毛泽东明确指出：“新民主主义与社会主义问题，少奇同志的题纲分析很具体，很好，两个阶段的过渡也讲得很好，各位同志回中央局后，对这点可作宣传。”③他还提出，对这个问题要作进一步的思考和分析，请刘少奇同志做准备，草拟文件，提到党的七届二中全会上讨论。由此可见，在新中国成立前夕，我们党的第一代中央领导集体，在民主革命胜利后如何建设新中国，实现由新民主主义向社会主义转变的问题上，头脑是十分清醒的，政策是相当稳妥的，充分体现了求实创新的科学态度和革命精神。

## 二、关于资产阶级“剥削有功”问题

刘少奇于 1949 年 4—5 月间到天津调查研究时，他深入机关、工厂、学校听取汇报，同干部、职员、工人、资本家等各方面人士座谈，做了多次报告和讲话。其中，对资本家曾讲到“剥削有功”“剥削越多越好”等言词。这些讲法曾引起党内争议，也有不少人迷惑不解。“文化大革命”中，林彪、“四人帮”曾抓住这个问题，对刘少奇发动了残酷的批判斗争。其实，刘少奇在这里讲的问题，是与他提出的不要过早采取“社会主义的政策”密切相关的，是为了贯彻和落实七届二中全会的路线、方针和政策。

---

①②《刘少奇论新中国经济建设》，中央文献出版社 1993 年版，第 5、18 页。

③薄一波：《若干重大决策与事件的回顾》上卷，中共中央党校出版社 1991 年版，第 49 页。

其一，刘少奇讲这个问题的出发点，是要消除民族资本家的疑惧心理，尽快恢复和发展农业生产。

当时，在工业生产中，国营经济成分仅占34.7%，私营工商业还占着相当大的比重，恢复和发展工业生产，自然不容忽视资本家的私营企业。但是，当时在处理公私、劳资等关系方面，存在着严重问题。工人、店员误认为我们党允许分厂、分店，进行清算斗争。天津解放一个月内，曾发生过53次清算斗争，使资本家产生了极大的疑惧心理。资本家脑子有三怕：一怕清算，二怕共产党只管工人利益，三怕以后工人管不住，无法生产。因此，他们抱着消极等待、观望的态度，甚至跑去香港。据统计，当时天津私营企业开工的不足30%。这种情况必须迅速扭转。可以说，向工人、干部和资本家阐明七届二中全会确定下来的城市政策，澄清工人中的模糊认识，消除民族资本家存在的疑惧心理，已经到了刻不容缓的地步。就是在这样的历史背景下，刘少奇从党的根本利益出发，明确提出：“今天在我国资本主义的剥削不但没有罪恶，而且有功劳。”①有的资本家认为“剥削多，罪恶大，要审判，要枪毙”。刘少奇说：“这种想法是错误的”，“今天不是工厂开得太多，剥削的工人太多，而是太少了。你们有本事多开工厂多剥削一些工人，对国家人民都有利，大家赞成。你们当前与工人有很多共同利益”。②当时的工人也说：“有人来剥削比没人剥削好”，“没人来剥削，我们就失业了，失业还不如有业”。“如东亚毛纺织厂资本家现在剥削一千二百人，要能多办工厂，剥削两千人、两万人那更好。工人要求复工就是要求剥削。”③“目前的主要问题，便是恢复与发展生产。政府的方针，就是改善与发展生产，只有这样，国家才能富强。”④刘少奇天津之行的讲话精神，就其实质而言，是以此为出发点的。

其二，“资本家在生产方面占很高的地位”，保护他们，“实际上就是

①②③④《刘少奇论新中国经济建设》，中央文献出版社1993年版，第107、107、90、96页。

保护生产”。[①]当时，天津的工商业将近四万家，光是搞生产的工业就有上万家，有好几十万工人，社会上很多的必需品，吃的、穿的、用的、鞋子、袜子、牙刷、牙粉……都要他们供给，“他们是社会上的一个很大的生产力，这个生产力是很重要的，今天没有他们还不行”[②]。毛泽东在与上海商人谈话时，上海商人说：“你们一讲资本家、剥削者，我们就浑身发抖。”上海资本家自称“产业界”。毛泽东当即表示：“你们产业界在新中国是四个朋友之一，我们是联合你们的，四个朋友缺一不可。”他们问：“那么产业界的地位摆在哪里呢?”毛泽东说：“讲革命当然是无产阶级第一，他们无所顾忌，坚决斗争，农民也不错。但在城市里讲生产，还是你们第一。”刘少奇依据毛泽东的这些重要观点，指出：“我们要注意把工人放在第一，但也要照顾资本家，特别是在生产上、经济上，资本家比我们有办法，发展生产应该首先和资本家合作，资本家在城市生产方面占很高的地位。”[③]我们国家的“生产不发达”，不是工厂太多，而是太少，“在新民主主义的经济条件下，在劳资两利的条件下，还让资本家存在和发展几十年，这样做，对工人阶级的好处多，坏处少”[④]。由此可见，尽快恢复、保护和发展生产，改善和提高人民的物质文化生活水平，使国家富强起来，是我们党的总方针和总原则。

其三，资产阶级剥削与奴隶主和地主阶级剥削相比，是一种历史的进步。

在人类历史上，曾先后出现过以奴隶主阶级、地主阶级、资产阶级为代表的三个阶级社会形态，而资产阶级与奴隶主和封建地主阶级相比，进步得多、文明得多、革命得多，对人类文明发展史的贡献也大得多。就是在这个意义上，马克思和恩格斯在《共产党宣言》里明确讲，近100年中，资产阶级

---

①②④薄一波:《若干重大决策与事件的回顾》上卷,中共中央党校出版社1991年版,第52、52、53页。

③《刘少奇论新中国经济建设》,中央文献出版社1993年版,第81页。

将生产力空前提高，比有史以来几千年创造的全部生产力还要多。刘少奇正是依据马克思主义这一基本理论，明确指出：“关于剥削问题，这不是几个资本家可以负责的，剥削行为不是意识决定的，而是历史发展的必然，是整个社会制度问题。中国工人阶级还要忍受一个时期的剥削痛苦。”①封建剥削除去以后，资本主义剥削是有进步性的。刘少奇对民族资本家说：“资产阶级在历史上是有过功劳的”，“今天中国资本主义是在年轻时代，正是发挥它的历史作用、积极作用和建立功劳的时候，应赶紧努力，不要错过”。②“现在私人资本是有积极作用的，必须充分发挥。将来到中国的工业生产过剩的时候，就是要搞社会主义的时候，到那时候，私人资本的积极作用已经用完了，但那将是几十年以后的事情。”③他还说：“今天工人痛苦，不是资本主义发展才受痛苦，而是资本主义不发展才受痛苦。在中国目前的条件下，私人资本主义经济的若干发展是进步，对于国民经济是有利的，对于中国是有利的，对于工人也是有利的。”④他还讲：“我国民族资产阶级有功有过，今天是功大于过。”“不论怎样讲剥削是事实。但在一定历史条件下的剥削是有进步性的。”⑤

其四，刘少奇设想“将来可以和平转入社会主义”。关于过渡的方式，他多次讲过，中国可以不采取苏联、东欧推翻资产阶级的流血方式。他认为，中国经过一段新民主主义时期，工业逐步发展起来了，中国民族资产阶级也就“与我们一起走入社会主义”。这就是说，“将来从新民主主义社会到社会主义社会，就可以和平地走去，不必经过流血革命。这个工作，从现在起就搞，就是实行劳资两利，发展生产”。将来生产发展，工业发展了，到那时资本家的前途只有两条路，一条是帝国主义的路，一条是社会主义的路，第三条道路是没有的。100 多年前，马克思、恩格斯这样的大学问家，终生研究这个问题，“我研究这个问题也有二三十年，如果说你们在办工厂

---

①②③④⑤《刘少奇论新中国经济建设》，中央文献出版社 1993 年版，第 92、107、104、90、91 页。

方面是专家，那么我在这方面倒也是专家。我们认为非走社会主义的路不可”[①]。他在同宋棐卿等人谈话时表示，希望他们多办工厂，一个变两个，两个变四个，以至八个、十六个，办得越多，贡献越大，将来大势所趋，把工厂交给国家。国家不是没收，而是给以代价，还可以发给高薪，请资本家继续办工厂。刘少奇还问宋棐卿干不干？宋先生说：“那当然干！”刘少奇明确说：“将来召集大家来开大会，讨论怎样转变为社会主义，大家一定不会皱着眉来，一定是眉开眼笑地来开会。”[②]这时，刘少奇已想到了“和平赎买”的办法。实践已证明，“将来可以和平转入社会主义”是符合实际的科学构想。

在当时，刘少奇为什么强调“不要怕资本主义的适当发展”？关键是政权已经掌握在无产阶级手里。中国人民大众在共产党的领导下，成了国家的主人，手中有了政权，这是决定性的。他说：“我们大门的钥匙放在自己的口袋里，要开多少，关多少，都由自己决定。这件事，我们的祖宗几百年来经过多少次流血斗争，都没有做到。今天我们一定要做到，也可以做到。只要把钥匙拿到自己手里，开关如意，中国工业就有了大保障。”[③]可见，刘少奇的天津讲话，是以人类历史发展规律为依据的，是从中国当时的历史条件出发的。他讲的“剥削有功”“剥削越多越好”的本意，是要向工人、资本家说明，在生产力发展水平相当低的历史条件下，剥削是难以“根绝”的，我们应懂得这个历史的辩证法。

## 三、关于“不要过早地动摇、削弱直至否定私有制”问题

与不要过早地采取“社会主义的政策”相关联的另一个问题，就是如何对待生产资料私有制问题。我们过去理解的社会主义，是要消灭私有制、建立社会主义生产资料公有制，这在一般意义上讲是对的。但是，究竟何时消灭私有制，在什么历史条件下消灭私有制，却是一个重大的理论问题和实践

①②③《刘少奇论新中国经济建设》，中央文献出版社 1993 年版，第 104、105、96 页。

问题。不少国家的共产党对此都做过艰辛的探索，走了许多弯路。

我们党在如何对待私有制问题上，早在20世纪50年代就发生过三次大的争论。第一次是1950年春天围绕东北富农问题展开的争论。高岗主张土改后立即起步向社会主义过渡，无须有一个新民主主义阶段。他认为“单干不合法”，强迫农民参加互助组，并要“把互助合作组织提高一步”。刘少奇不同意高岗的主张，认为“东北土改后农村经济开始向上发展了”，“今天东北的变工互助是建筑在破产、贫苦的个体经济基础上，这是一个不好的基础。将来70%的农民有了三匹马，互助组就会缩小，因为中农更多了，他能够单干了。这是好现象”。他还认为，“党员雇工与否、参加变工互助与否，应有完全的自由，党组织不得强制，其党籍亦不得因此停止或开除”。“党员生产发家了”，“将来在实行集体化时，又能交公，这种富农党员也是好党员”。“现在的农民党员，是可以单干的。我们的党规党法上允许党员单干而且允许雇人，认为党员便不能有剥削，是一种教条主义的思想。”①当毛泽东得知他们的争论后，对刘少奇表示“不满”②。后来，高岗以及林彪、“四人帮”都抓住这个问题，向刘少奇发起了猛烈的攻击。

第二次是1951年围绕山西发展合作社问题而展开的争论。山西省委主张，扶植与增强互助组内“公共积累”和“按劳分配”两个新的因素，以逐步战胜农民的自发趋势，引导互助组走向更高一级的形式，并明确规定“公共积累，按成员享有，一人一票，出组不带”。农业生产合作社“按土地分配的比例不能大于按劳力分配的比例，并要随着生产的发展，逐步地加大按劳分配的比例”。这“虽然没有根本改变私有基础，但对私有制是一个否定的因素。对于私有基础，不应该是巩固的方针，而应当是逐步地动摇它、削弱它，直至否定它”。刘少奇对这种主张表示反对，并做了批评。他说：

---

①《刘少奇论新中国经济建设》，中央文献出版社1993年版，第155页。

②薄一波：《若干重大决策与事件的回顾》上卷，中共中央党校出版社1991年版，第198页。

“现在采取动摇私有制的步骤，条件不成熟。没有拖拉机，没有化肥，不要急于搞农业生产合作社。”“这种合作社是有社会主义性质的，可是单用这一种农业合作社、互助组的办法，使我们中国的农业直接走到社会主义化是不可能的。”“农业社会化要依靠工业。”他还批评说，有人主张“应该逐步地动摇、削弱直至否定私有基础，把农业生产互助组织提高到农业生产合作社，以此作为新因素，去‘战胜农民的自发因素’。这是一种错误的、危险的、空想的农业社会主义思想”。“没有强大的国营工业，就不能有全体规模的集体化。”“在互助组内逐步动摇、削弱直至否定私有财产，来达到农业集体化，这样的集体化道路，是一种完全的空想。”当毛泽东得知此事后，明确表示支持山西省委的意见，并批评了“互助组不能生长为农业生产合作社的观点和现阶段不能动摇私有基础的观点”，还说：“既然西方资本主义在其发展过程中有一个工场手工业阶段，即尚未采用蒸汽动力机械、而依靠工场分工以形成新生产力的阶段，则中国的合作社，依靠统一经营形成新生产力，去动摇私有基础，也是可行的。”①刘少奇接受了毛泽东的批评，并在不同场合做了检讨。

第三次是 1955 年 6 月下旬，围绕农业生产合作社发展速度问题展开的争论。刘少奇和邓子恢主张由现有的 65 万个农业生产合作社，再增加 35 万个，即“发展到 100 万个以后就关一下门”，并强调“在合作化工作中必须坚持贯彻自愿互利的原则”；而毛泽东主张在现有 65 万个的基础上，再增加一倍左右，即达到 130 万个左右的合作社。为此发生了大发展和小发展之争。这次争论，从形式看是合作社发展速度之争，但实质上是两种指导思想之争。刘少奇、邓子恢强调生产关系的改造一定要同生产力的发展需要相适应，要考虑客观条件提供的可能性，要有利于达到增加生产的目的；而毛泽东则侧重强调要通过加快生产关系的改造来大力发展生产力。早在 1953 年

①薄一波:《若干重大决策与事件的回顾》上卷,中共中央党校出版社 1991 年版,第 191 页。

6月15日，毛泽东在中央政治局会议上作党在过渡时期的总路线的讲话时，就批评了刘少奇的“巩固新民主主义制度”的观点，并明确提出：“所谓过渡时期，就是很剧烈很深刻的变动。按照它的社会的深刻性来说，资本主义到十五年基本绝种了。过去枪炮激烈，不决定资本主义绝种。”①在这场争论中，当他在谈到加快合作化动因时又说：“在这件事情上，我们是很没有良心哩！马克思主义是那么凶哩，良心是不多哩，就是要使帝国主义绝种，封建主义绝种，资本主义绝种，小生产也绝种。在这一方面，良心少一点好。我们有些同志太仁慈，不厉害。就是说，不那么马克思主义。”②他的这种批评，似乎是说生产关系的改变可以不顾生产力的发展状况，而且改变得越快，就越发展生产力。从此之后，加快了“三大改造”的步伐。从1955年夏季开始，以批判“小脚女人走路”为先导，农业社会主义改造一马当先，带动了资本主义工商业和手工业改造高潮，大体只用了一年的时间，就完成了本来需要12年左右（从1956年算起）才能完成的任务。接着，经过1957年“整风反右”运动，1958年发动了“大跃进”和人民公社化运动。依据急于叫“资本主义绝种”的认识，制定了一系列“批资本主义”“堵资本主义”“割资本主义尾巴”，鼓励人们“大干快上”，要“跑步进入共产主义”的一系列方针政策，给工农业生产造成了重大损失。

在20世纪50年代，我们党发生三次争论的实质，就是在土改后的农村，广大农民获得了土地，极大地调动了农民群众的生产积极性，农业生产有了较大发展的情况下，农村乃至全国要不要立即向社会主义过渡，能不能立即动摇、削弱或否定私有制的基础？这是一个重大的理论问题和实践问题。从历史的观点和50年来的社会主义实践来看，刘少奇关于不要过早地动摇、削弱直至否定私有制基础的观点，尽管有些个别言词“走了火”，“但本质上还是对的”。③

---

①②③薄一波：《若干重大决策与事件的回顾》上卷，中共中央党校出版社1991年版，第65、350~351、199页。

在那个时期，我们党还没有切实把发展生产力作为社会主义的根本任务，而是教条式地理解马克思、列宁关于消灭阶级和私有制的论断。社会主义是要消灭阶级和私有制，进而实现共产主义。但是，这个历史任务的最后完成，不是单靠群众运动和政治斗争的办法所能奏效的，而要靠社会生产力的大发展。马克思主义认为，阶级、私有制的产生、发展和灭亡，有其自身的发展规律，即与生产力的发展相联系。私有制、阶级是在社会生产力有了发展，而又发展不足的基础上产生的，而它们的最后灭亡有待于社会生产力的高度发展。社会生产力的发展达不到相当高的水平，私有制是“根绝”不了的。一个国家可以单独建成社会主义，而不能单独进入无私有制、无阶级的共产主义社会。我们共产党人对这个重大的理论问题，应该有个清醒的认识了。应该说，早在50年代，刘少奇关于东北土改后，允许农民“拴车马雇工”，鼓励党员“带头致富”的观点，批评山西省委关于用“公共积累”和“按劳分配”的办法，过早地“动摇、消弱，直至否定私有制基础”的观点，以及农业集体化必须以国家工业化为条件的观点等等，从本质上说，都是以这一历史唯物主义基本原理为依据的。

马克思在《〈政治经济学批判〉序言》中精辟地指出：“无论哪一个社会形态，在它们所能容纳的全部生产力发挥出来以前，是决不会灭亡的；而新的更高的生产关系，在它存在的物质条件在旧社会的胎胞里成熟以前，是决不会出现的。”“人类始终只提出自己能够解决的任务，因为只要仔细考察可以发现，任务本身，只有在解决它的物质条件已经存在或者至少是在形成过程中的时候，才会产生。”[①]毛泽东在领导中国的民主革命和社会主义建设过程中，依据马克思主义这一基本理论，也提出过一些很好的思想。比如，早在《论联合政府》中，他明确讲：“没有一个由共产党领导的新式的资产阶级性质的彻底的民主革命，要想在殖民地半殖民地的废墟上建立起社会主义社会来，那只是完全的空想。”他还说：“有些人不了解共产党人为什么不但

①《马列著作选读》(哲学)，人民出版社1988年版，第293~294页。

不怕资本主义，反而在一定的条件下提倡它的发展。我们的回答是这样简单：拿资本主义的某种发展去代替外国帝国主义和本国封建主义的压迫，不但是一个进步，而且是一个不可避免的过程。它不但有利于资产阶级，同时也有利于无产阶级，或者说更有利于无产阶级。现在中国是多了一个外国的帝国主义和一个本国的封建主义，而不是多了一个本国的资本主义，相反地，我们的资本主义是太少了。”①1953 年 6 月 15 日，他在中央政治局会议上提出过渡时期总路线时又说道：“鉴于资本主义经济在数量上是不可忽视的……所以目前一脚踢开资本主义是不能的，也没有资格。现在，一辆汽车、拖拉机……不能造，就发野心一脚踢开不对。”②到 1956 年 12 月，他在同工商界人士的谈话中还明确提出：“可以开设投资公司，还本付息。可以搞国营，也可以搞私营。可以消灭了资本主义，又搞资本主义。”③毛泽东这些好思想是从中国的客观实际出发的，实际上是想在中国继续实行一段“新经济政策”，这与刘少奇主张在中国不要过早地否定私有制基础的观点是一致的。

邓小平 1980 年指出：“有人说，过去搞社会主义改造，速度太快了。我看这个意见不能说一点道理也没有。比如农业合作化，一两年一个高潮，一种组织形式还没有来得及巩固，很快又变了。从初级合作社到普遍办高级社就是如此。如果稳步前进，巩固“一段时间再发展，就可能搞得更好一些”④。这个问题真正得到了比较好的解决，是在党的十一届三中全会之后，特别是党的十五大，以江泽民同志为核心的第三代中央领导集体以马列主义、毛泽东思想和邓小平理论为指导，在总结建国以来特别是十一届三中全会以来经验教训的基础上，确立了在我国现阶段实行“以公有制为主体，多种所有制经济共同发展的经济制度”，进而把生产关系的变革切实建立在社

①《毛泽东邓小平论中国国情》，中共中央党校出版社 1992 年版，第 284 页。

②③薄一波：《若干重大决策与事件的回顾》上卷，中共中央党校出版社 1991 年版，第 64、434 页。

④《邓小平文选》第 2 卷，人民出版社 1991 年版，第 316 页。

会生产力的发展水平和客观需要的基础上，这是对马列主义、毛泽东思想和邓小平理论的创造性运用和发展。

## 四、关于社会主义不是“平均主义”问题

在对社会主义和共产主义的理解上，我们党内不少同志混淆了社会主义、共产主义与平均主义的原则界限。在新中国的经济建设中，刘少奇旗帜鲜明地揭露和批判“农民的绝对平均主义”，并明确提出“社会主义和共产主义不是平均主义”，其理论价值和实践意义是重大而深远的。

“农民的绝对平均主义”长期影响着我们党内不少同志的思想。1950 年和 1951 年，刚完成土改任务不久的东北局和中共山西省委制定的“净身出租，车马留互助组”，用增加“公共积累”并规定“一人一票，出组不带”的歧视单干的经济政策及措施，就是“农民绝对平均主义”的表现。在土改后新的历史条件下，刘少奇对这种错误的思想和做法，做了尖锐的批评，并严肃地提出，在农村社会主义事业的确立和发展进程中，要十分注意警惕把社会主义混同于农民的绝对平均主义的危害性。实践证明，这个问题提得很重要很及时。可惜，由于这个问题在党内未能形成普遍的认识，因而切实纠正和避免这种错误思想对我们党的危害性，不仅未能达到预期的目的，而且仍然延续和泛滥。1958 年“大跃进”年代刮的“共产风”，实际上是农民“贫富拉平，平均分配”的绝对平均主义之风。当年张春桥曾写《破除资产阶级的法权思想》的文章，否定建国后改供给制为薪金制的必要性，胡说“薪金制保护了不平等的资产阶级法权”，“打击了无产阶级的革命传统”；鼓吹“供给制”“吃饭不要钱”是共产主义的因素。还有人把我国古代“三国”时期张鲁搞的“大路上的公共宿舍”“道路上饭铺里吃饭不要钱”看作是“开了我们人民公社公共食堂的先河”；而把“计件工资”“奖金”“商品”“货币”“工资制度”，以及“各尽所能，按劳分配”制度视作资产阶级法权加以抵制和批判。如果平均主义思想在民主革命中，还有动员贫苦农民向封建土地占有制冲击的某些积极作用的话，那么，在社会主义革命和建设中，

它就没有任何积极作用了。1958 年发生的平均主义大泛滥，对社会主义生产力的发展造成了巨大破坏。1962 年 1 月 27 日，刘少奇在“七千人大会”上总结这一历史的经验教训时明确提出：“社会主义不是平均主义，共产主义也不是平均主义。在社会主义阶段，我们的分配原则，是按劳分配；我们的交换原则是等价交换。到共产主义阶段，我们的分配原则，将是按需分配。否认社会主义阶段的按劳分配和等价交换原则，把平均主义和社会主义、共产主义混淆起来。甚至认为平均主义就是社会主义或者共产主义，这是极端错误的，是同人民的利益根本抵触的。毛泽东同志说，平均主义的思想，‘它的性质是反动的、落后的、倒退的’。无论何时何地，我们在分配和交换原则上，在拟定政策和执行政策的时候，都不能忘记毛泽东同志的这个马克思主义的观点。”①

我们国家是小农生产经济占优势的农业大国，以“均贫富，等贵贱”为特色的农民平均主义思想，在我国漫长的历史和社会生活中有着极为深厚、广泛、长久的影响。康有为的《大同书》中关于“公农”“公工”“公商”的主张，章炳麟的“均田一事，合于社会主义”，孙中山的“民生主义的社会主义”等，就是中国近代资产阶级思想家自觉不自觉地接受和反映了农民的平均主义的要求，并且以其塑造资产阶级的“社会主义”。可以说，古今中外的空想社会主义理论都是建立在抽象的人性论基础上的绝对平均主义。这种思想也势必影响到处于小农经济汪洋大海包围之中的中国无产阶级及其政党。应该肯定，我们党在民主革命过程中，对农民平均主义的思想还是有一定的警惕和斗争的，进而保证了民主革命和土改运动的顺利发展。早在 1948 年 4 月 1 日，毛泽东就明确说：“现在农村中流行的一种破坏工商业，在分配土地问题上主张绝对平均主义的思想，是一种农业社会主义的思想。这种思想的性质是反动的、落后的、倒退的。我们应当批判这种思想。”他还说，我们赞助农民平分土地的要求，“是为了便于发动广大的农民群众迅速地消

①《刘少奇论新中国经济建设》，中央文献出版社 1993 年版，第 473~474 页。

灭封建地主阶级的土地所有制，并非提倡绝对的平均主义。谁要是提倡绝对的平均主义，那就是错误的”[①]。而当土地改革的任务基本完成之后，转入新中国的经济建设时期，我们党内不少同志却混淆了社会主义与平均主义的界限。可以说，不少同志头脑里的社会主义甚至共产主义，实际上是农民的绝对平均主义。因此，在相当长的时期里，放松了对平均主义思想的抵制和批判，助长了“吃大锅饭”、端“铁饭碗”的思潮，否认商品经济和市场机制的作用，严重阻碍了社会主义生产力的发展。

这个问题真正得到解决是在党的十一届三中全会之后。早在1978年底，邓小平在总结建国以来经验教训的基础上，明确提出了“让一部分地区、一部分人先富起来”这个“大政策”[②]，并领导全党批判了绝对平均主义的危害性，同绝对平均主义决裂，进而极大地调动了广大农民群众乃至全国人民群众的生产积极性，促进了社会主义生产力的大发展。

20年来改革开放的伟大实践表明，随着计划经济体制向市场经济的过渡和我国基本经济制度的创新，我国的分配制度也发生了相应的深刻变化。党的十五大把这种变化概括为“坚持按劳分配为主体，多种分配方式并存的分配制度”，并强调“依法保护合法收入，允许鼓励一部分人通过诚实劳动和合法经营先富起来，允许和鼓励资本技术等生产要素参与收益分配”。客观地说，这种分配制度及其积极作用正是市场经济的分配体制在我国的具体体现，是对在小农经济基础上产生的平均主义思想的彻底否定，是走向共同富裕的必由之路。

江泽民同志在十五大报告中已明确宣布，一切符合“三个有利于”的所有制形式和分配方式，“都可以而且应该用来为社会主义服务”。这就从理论上彻底突破了以往那种在所有制结构和分配体系上追求“纯而又纯”的思想束缚，从根本上摆脱了把社会主义的基本经济制度理想化，并简单地等同

①《毛泽东选集》第4卷，人民出版社1991年版，第1314页。

②《邓小平文选》第2卷，人民出版社1994年版，第316页。

于生产资料公有制和按劳分配的传统观念，进而使我国的社会主义生产关系更加符合当今社会生产力发展水平的客观要求。这充分说明，我们党对什么是社会主义，在经济文化落后的当代中国如何建设、巩固和发展社会主义的认识，上升到了一个新的理论高度。

# 《刘少奇哲学思想研究》评介[1]

张钟和

近年来，研究刘少奇的哲学思想已成为我国哲学界的一个重要课题，各地的哲学刊物已发表了不少研究论文。华东师范大学哲学系副教授商孝才从八十年代初即投入这项研究工作，收集了丰富的资料，进行了系统的研究，理出了刘少奇哲学思想的总的轮廓，使研究成果条理化，写成了《刘少奇哲学思想研究》一书。全书分为十七部分，全面论述了刘少奇哲学思想的基本体系，深入地阐述了刘少奇哲学思想的基本特点。

第一，本书比较完整系统地揭示了刘少奇哲学思想的基本内容和体系，从分析阐述刘少奇关于实事求是、能动的矛盾学说、人民内部矛盾的学说、党的建设的辩证法、党的策略的辩证法、经济建设的辩证法、文化建设的辩证法、反倾向斗争的辩证法等方面揭示出了刘少奇哲学思想的体系，既在中国革命和建设的重大问题中运用马克思主义哲学基本原理指导实践，又在总结经验的基础上丰富和发展了马克思主义哲学，进而揭示了刘少奇哲学思想的基本特点——就在于真正做到了把马克思主义哲学变成了革命群众手中有力的思想武器。

第二，本书的基本特点是紧密结合刘少奇的革命实践探讨他的哲学思想的形成和发展。对每个基本问题，作者都在全面考察刘少奇在不同历史时期

①载《毛泽东邓小平理论研究》1993 年第 1 期。

的有关论述的历史背景下，研究刘少奇是如何根据特定的客观条件运用马克思主义哲学原理解决实际问题的，从中分析他的哲学思想。作者采用的方法是把刘少奇的哲学思想的形成和发展与中国革命史紧密结合起来加以阐述，这样的研究方法水到渠成地揭示了刘少奇哲学思想的基本特点，即把马克思主义哲学与中国革命的实践紧密结合。

第三，作者在研究方法方面进行了大胆探索。作者立足于丰富的资料，在深入研究的基础上，把功夫下在探讨刘少奇如何运用马克思主义哲学解决中国革命和建设的实际问题，通过具体的材料分析，揭示了刘少奇的哲学思想。作者不是根据哲学教理的框架来安排实例，这样的写作方法也正反映了作者从实际出发、实事求是的科学研究方法和治学精神。

作为伟大的马克思主义者，刘少奇在哲学理论上有着独到的见解，为了适应实际斗争的需要，总结实践经验，对马克思主义哲学原理做了深刻的发挥，对马克思主义哲学的发展贡献是多方面的，需要研究的问题也是多方面的。

# 参考文献

马克思，恩格斯. 马克思恩格斯选集[M]. 北京：人民出版社，1972.

列宁. 列宁选集[M]. 北京：人民出版社，1972.

毛泽东. 毛泽东选集：第 1 卷. 2 版[M]. 北京：人民出版社，1991.

毛泽东. 毛泽东著作选读[M]. 北京：人民出版社，1986.

毛泽东，周恩来，刘少奇，等. 毛泽东　周恩来　刘少奇　朱德　邓小平　陈云思想方法工作方法文选[M]. 北京：中央文献出版社，1990.

刘少奇. 刘少奇选集：上卷[M]. 北京：人民出版社，1981.

刘少奇. 刘少奇选集：下卷[M]. 北京：人民出版社，1985.

刘少奇. 刘少奇论党的建设[M]. 北京：中央文献出版社，1991.

中共中央文献研究室. 刘少奇年谱：1898—1969[M]. 北京：中央文献出版社，1996.

中共中央文献研究室. 刘少奇传[M]. 北京：中央文献出版社，1998.

邓小平. 邓小平文选[M]. 北京：人民出版社，1993.

邓小平. 邓小平论党的建设[M]. 北京：人民出版社，1990.

薄一波. 若干重大决策与事件的回顾：上卷[M]. 北京：中共中央党校出版社，1991.

薄一波. 若干重大决策与事件的回顾：下卷[M]. 北京：中共中央党校出版社，1993.

中共中央党史研究室. 中国共产党历史：上卷[M]. 北京：人民出版社，1991.

胡绳. 中国共产党的七十年[M]. 北京：中共党史出版社，1991.

湖南人民出版社. 怀念刘少奇同志[M]. 长沙：湖南人民出版社，1980.

缅怀刘少奇编辑组. 缅怀刘少奇[M]. 北京：中央文献出版社，1988.

龙平平，张宁. 毛泽东　周恩来　刘少奇　朱德　邓小平　陈云哲学思想概要[M]. 北京：高等教育出版社，1990.

王爱玲，邬正洪，丑立本. 刘少奇的思想概述[M]. 长沙：湖南人民出版社，1988.

韩树英. 马克思主义哲学纲要：修订本[M]. 2 版. 北京：人民出版社，1990.

# 后 记

《刘少奇哲学思想研究》这部学术著作，是我终生的一大精神追求，它几乎耗费了我毕生的精力。

撰写《刘少奇哲学思想研究》这部学术著作，是一项重大的理论研究工程，困难是很多的。幸运的是，在这项哲学理论研究过程中，我得到了许多领导同志、专家、学者的热情鼓励、大力支持和帮助。中共中央党校原副校长、我国著名哲学家韩树英教授，不仅对本书的第一版进行认真审改，而且还在百忙中为第一版作“序”，充分肯定刘少奇哲学思想的理论价值和当代意义，以表示对本书出版的大力支持；中共中央党校牛甲英教授和中共中央研究室高风同志，对第一版的研究和撰写工作给予了极大的关心和支持，帮我解决了许多具体问题。华东师范大学领导同志，不仅在精神上鼓励我努力完成这一研究课题，还帮我解决了许多具体困难。华东师大社科处于1992年把我研究刘少奇哲学思想作为课题立项，予以支持；华东师大原副校长、红军老干部林远同志，不仅多次同我交谈研究刘少奇哲学思想的重大意义及其研究思路，而且还认真审改了第一版的部分文稿；华东师大原哲学所所长、博士生导师丁祯彦教授，不仅帮我解决了许多具体困难，还认真审改了第一版的全部文稿。尤其是宁夏人民出版社领导同志，一直关心和支持我完成这项研究课题。时任责任编辑、副编审张钟和先生为本书的出版真是呕心沥血，不仅认真审改第一版的全部文稿，还为第一版写“跋”[①]，充分体现了他对刘少奇哲学思想的深厚功底和深切情感。现在，这部学术著作能够再

---

①第一版“跋”的作者肖冰同志，即为张钟和先生。

版，也是出版社领导同志竭尽全力支持的结果。责任编辑杨海军、管世献同志，不仅对本书再版时的全部文稿认真审改、精心编排，使全书的内容结构体现出布局的合理性、内在的逻辑性和科学性，而且还依据出版管理规定，报请中央相关部门审批。这充分体现了出版社领导同志和编辑同志对宣传党的理论的坚定决心，积极、慎重、严谨的科学态度和高度负责的精神。可以说，《刘少奇哲学思想研究》能够再版面世，是各方面领导、专家、学者和同志们大力支持和热情帮助的结果。为此，我向一切关心、支持和帮助《刘少奇哲学思想研究》能够得以再版的同志们，致以真诚的感谢！

我把《刘少奇哲学思想研究》这部学术著作，奉献给广大读者，诚请广大读者来检验。由于我的学识水平有限，不妥之处在所难免，希望广大读者不吝赐教！

商孝才

2020 年 6 月于上海